根据教育部《高等学校学生心理健康教育指导纲要》编写
大学生通识拓展课程系列丛书

芳菲心灵：
大学生心理健康教程

FANGFEI XINLING DAXUESHENG XINLI JIANKANG JIAOCHENG

主　审　黄乃文
主　编　袁一平　秦　喆　王新香
副主编　林炳橼　程云玮　刘　妍　江　平
　　　　吴三美　卢　瑶　屈玮雯　袁贝梦

高等教育出版社·北京

图书在版编目（CIP）数据

芳菲心灵：大学生心理健康教程 / 袁一平, 秦喆, 王新香主编. —北京：高等教育出版社, 2019.8（2020.8 重印）

ISBN 978-7-04-052179-5

Ⅰ.①芳… Ⅱ.①袁… ②秦… ③王… Ⅲ.①大学生—心理健康—健康教育—高等学校—教材 Ⅳ.①G444

中国版本图书馆CIP数据核字（2019）第137289号

策划编辑	时俊龙　徐　瑜	责任编辑	时俊龙　张晶晶
封面设计	张文豪	责任印制	高忠富

出版发行	高等教育出版社	网　　址	http://www.hep.edu.cn
社　　址	北京市西城区德外大街4号		http://www.hep.com.cn
邮政编码	100120		http://www.hep.com.cn/shanghai
印　　刷	江苏德埔印务有限公司	网上订购	http://www.hepmall.com.cn
开　　本	787 mm×1092 mm　1/16		http://www.hepmall.com
印　　张	16.75		http://www.hepmall.cn
字　　数	323千字	版　次	2019年8月第1版
购书热线	010-58581118	印　次	2020年8月第2次印刷
咨询电话	400-810-0598	定　价	35.00元

本书如有缺页、倒页、脱页等质量问题，请到所购图书销售部门联系调换

版权所有　侵权必究

物　料　号　52179-00

前言

信息化社会给我们的生活方式带来了前所未有的变化，电子邮件、校园BBS、微博、微信等交流平台让信息传递越来越快捷，世界变成了地球村。与此同时，21世纪出生的"00后"进入大学校园学习，我国的高等教育进入新时代。

通过对广东省高职院校学生的对比分析研究，我们发现"00后"相比于"80后"和"90后"，成长、生活环境明显不同，呈现出"自我意识显著化、价值观念多元化、人际交流网络化、生活环境社会化"等特点。调查发现，面临9月的大学入学季以及一个全新的学习和生活环境时，"00后"表现出的适应能力令人堪忧。"00后"出现的一些心理健康问题严重地影响着其身心发展，尤其是"00后"在异地求学以及军训期间出现的心理问题，如因自我意识强而难以融入班级或团体，因缺乏团结合作精神而被他人拒绝等，都会令"00后"大学生倍感焦虑、抑郁和易怒，有些甚至出现了酗酒、网恋等问题。为此，我们组织长期在第一线从事心理健康教育的专家和教师编写了本书，其目的是把大学生具有普遍性、典型性的"心理问题"整理出来，通过一个个鲜活的案例加以解析，让"00后"大学生去思索和感悟。我们希望本书更像一个指示牌，提示大学生们能做什么，不能做什么，怎么做才是人生正确的选择。

面向新时代，为做好本书编写工作，编写组从新要求、新成果、新模式、新学情四个方面入手大胆创新，使得本书具有时代性强、科学性强、针对性强、互动性强等特色。

（1）**编写目标上突出新要求，使本书更具时代性**。通过对2008年至2018年正式出版的216本大学生心理健康教育教材的对比分析，我们发现，不同时期的高校心理健康教材，体现出不同时期的时代特性。特别是2016年12月，原国家卫生计生委、教育部等22部门联合印发《关于加强心理健康服务的指导意见》（国卫疾控发〔2016〕77号），对高校学生心理健康教育提出新任务、新要求；2017年12月，中共教育部党组印发了《高校思想政治工作质量提升工程实施纲要》(教党〔2017〕62号)，将"心理育人"纳入高校十大育人体系，打通高校育人"最后一公里"的瓶颈；2018年7月，中共教育部党组又印发了《高等学校学生心理健康教育指导纲要》(教党〔2018〕41号)，这是送给高校学生"自尊自信、理性平和、积极向上"的健康心态"大礼包"。本书在编写目标上全面贯彻落实上述指导意见、实施纲要、指导纲要的要求，凸显出本书的时代性。

(2) **内容选择上融入新成果，使本书更具科学性**。在内容选择上，本书以大学生的自我认知、自我成长和自我发展为主线，汇集了校园适应、学会学习、认识自我、学会沟通、管理情绪、恋爱与性心理、珍爱生命、生涯规划等内容。我们把大学生的心理健康与成长教育相结合，力促学生健康和谐发展；注重吸收国内外心理健康研究的新成果，反映当代大学生的新特点；融入了长期从事心理健康教育工作者的经验和体会。例如，在"导引单元二"中，我们增加了"高职生心理健康维护"；又如，在"项目1单元一"，我们对"00后"大学新生进行调查，分析其校园适应不良的种种表现，对其提出相应改进措施。这些从"00后"大学生中调查得来的科研成果，凸显出本书的科学性。

(3) **编写体例上体现新模式，使本书更具针对性**。本书编写分为导引和八个项目，每个项目下设三或四个单元，其中一个单元为"心理训练与素质拓展"。各项目设计的逻辑思路为：学习知识—参与体验—掌握方法，由此形成了三个相互联系、逐步递进的环节：知识学习环节—活动体验环节—心理感悟环节。具体栏目有：学习目标、学习指导、心灵小语、案例导读、主题学习（含知识窗）以及心理训练（含心灵思考）与素质拓展（包括心理测试、心灵探索、艺文鉴赏）等。书中设有较多的二维码，能够拓展大学生的知识面。这种编写体例能够体现新时代大学生心理健康教育工作的新内容、新变化，也构成了在逻辑上环环相扣、内容上彼此衔接、功能上优化整合的教育教学系统，凸显出本书的针对性。

(4) **语言表达上体现新学情，使本书更具互动性**。本书以大学生的心理热点问题入手，从心理认知和实践操作上给予指导，并设有相关的案例讨论、心理测试、活动分享等实践活动，使教师与学生、理论与实践、课内与课外能够形成互动。在语言表达上，我们考虑到大学生认知和接受能力的特点，尽量采用大学生能够接受的表达方式，让他们能够更好地接受并喜欢这本书，真正做到"实在地参与、开心地学习、真切地体验、快乐地生活"。

本书由主编统筹、集体讨论、分项目完成，黄乃文任主审，袁一平、秦喆、王新香任主编,林炳橼、程云玮、刘妍、江平、吴三美、卢瑶、屈玮雯、袁贝梦为副主编。最后由主编负责全书的统稿、定稿和润色修改工作。

在编写过程中,我们广泛阅读了国内外大量的文献资料,引用了有关研究成果,谨向这些文献资料的作者致以衷心的谢意!尽管我们以认真负责的态度对书稿进行了反复修改,但由于能力所限,书中不足甚至错误难以避免,我们恳请广大读者多提宝贵意见,以便今后进一步修改和完善。

本书编写组
2019年7月

目录

导 引

幸福人生从"心"开始：
做身心健康的高职生 ………… 001

单元一　走进心理健康 ………………………… 002
　　一、心理现象与心理健康 ……………………… 003
　　二、高职生心理健康 …………………………… 007
单元二　心理健康促成长 ……………………… 015
　　一、高职生心理健康维护 ……………………… 015
　　二、心理咨询保驾护航 ………………………… 019
　　三、幸福人生 …………………………………… 022
单元三　心理训练与素质拓展 ………………… 024
　　一、心理训练 …………………………………… 024
　　二、素质拓展 …………………………………… 027

项目 1

校园适应　扬帆起航：
做随遇而安的高职生 ………… 033

单元一　校园适应面面观 ……………………… 034
　　一、校园适应概述 ……………………………… 035
　　二、高职新生适应不良 ………………………… 038
单元二　校园适应调适策略 …………………… 042
　　一、确定目标定位 ……………………………… 043
　　二、做好生活规划 ……………………………… 044
　　三、掌握时间管理 ……………………………… 045
单元三　心理训练与素质拓展 ………………… 048
　　一、心理训练 …………………………………… 048
　　二、素质拓展 …………………………………… 051

项目 2

学会学习　走向成功：
　　做个会学爱学的高职生 …………… 057

单元一　高职生学习面面观 ……………… 058
　　一、高职生学习概述 …………… 058
　　二、高职生学习类型与学习困惑 …… 062
单元二　做个会学爱学的高职生 ………… 066
　　一、做快乐学习的高职生 ……… 066
　　二、做高效学习的高职生 ……… 070
单元三　心理训练与素质拓展 …………… 075
　　一、心理训练 …………………… 075
　　二、素质拓展 …………………… 076

项目 3

认识自我　接纳自我：
　　做悦纳自我的高职生 …………… 081

单元一　自我意识面面观 ………………… 082
　　一、透视自我意识 ……………… 082
　　二、高职生自我意识偏差 ……… 085
单元二　给自己点个"赞" ……………… 092
　　一、正确认识自我 ……………… 092
　　二、欣然悦纳自我 ……………… 094
　　三、合理调控自我 ……………… 095
　　四、实现理想自我 ……………… 096
单元三　心理训练与素质拓展 …………… 098
　　一、心理训练 …………………… 098
　　二、素质拓展 …………………… 100

项目 4

学会沟通 促进交往：
做人际和谐的高职生 ……………… 105

单元一　理解人际交往 ……………………… 106
　一、人际交往概述 ……………………… 107
　二、高职生人际交往困扰 ……………… 109

单元二　人际交往"金钥匙" ……………… 116
　一、把握人际交往原则 ………………… 116
　二、善用人际交往效应 ………………… 118
　三、化解人际交往冲突 ………………… 119
　四、掌握人际交往技巧 ………………… 120

单元三　心理训练与素质拓展 …………… 126
　一、心理训练 …………………………… 126
　二、素质拓展 …………………………… 128

项目 5

主宰情绪 科学调控：
做情绪健康的高职生 ……………… 135

单元一　问世间"情"为何物 ……………… 136
　一、理解情绪 …………………………… 136
　二、高职生情绪困扰 …………………… 140

单元二　做健康情绪的主人 ……………… 146
　一、学会情绪表达 ……………………… 147
　二、学会情绪管理 ……………………… 148

单元三　心理训练与素质拓展 …………… 153
　一、心理训练 …………………………… 153
　二、素质拓展 …………………………… 155

项目 6

花开真爱　为爱导航：
　　做知性懂爱的高职生 …………… 161

单元一　理性对待爱情 …………… 162
　　一、理解爱情 …………… 163
　　二、高职生恋爱特点与困惑 …………… 167
单元二　阳光健康知"性" …………… 172
　　一、高职生的性心理 …………… 173
　　二、高职生的性困惑 …………… 176
单元三　培养爱的能力 …………… 180
　　一、爱的基石 …………… 180
　　二、爱的能力 …………… 182
单元四　心理训练与素质拓展 …………… 186
　　一、心理训练 …………… 186
　　二、素质拓展 …………… 189

项目 7

珍爱生命　应对危机：
　　做活出精彩的高职生 …………… 195

单元一　认识生命，珍爱生命 …………… 196
　　一、感受生命意义 …………… 197
　　二、提升生命价值 …………… 199
单元二　敬畏生命，应对危机 …………… 201
　　一、心理危机概述 …………… 202
　　二、应对心理危机 …………… 206
　　三、培养感恩之心 …………… 210
单元三　心理训练与素质拓展 …………… 216
　　一、心理训练 …………… 216
　　二、素质拓展 …………… 217

项目 8

生涯规划　行稳致远：
　　做有创业梦的高职生 …………… 223

单元一　我的职业我选择 …………… 224
　一、发现并面对自己 …………… 224
　二、探索世界 …………… 228
　三、职业角色 …………… 230

单元二　创新，创业的动力 …………… 235
　一、创新意识概述 …………… 236
　二、创业心理素质培养 …………… 238
　三、创业压力管理和挫折应对 …………… 241

单元三　心理训练与素质拓展 …………… 244
　一、心理训练 …………… 244
　二、素质拓展 …………… 245

导 引
幸福人生从"心"开始：做身心健康的高职生

➡ 学习目标

知识目标：
1. 了解心理健康的概念，理解心理健康的内涵，了解高职生常见心理问题。
2. 了解心理咨询相关知识，掌握心理健康标准与调控方法。

技能目标：
正确识别自身心理问题，学会辨别心理正常与异常，有效维护自身的心理健康。

素质目标：
树立全面、科学健康观，理性审视自己的心灵，能积极乐观地面对自身问题，明确幸福人生从"心"开始，做一名身心健康的现代高职生。

➡ 学习指导

学习方法：
通过阅读相关书籍、登录心理网站查询等方式，了解心理健康的含义、标准，对自己的心理状况进行分析，学会调适方法，有效维护自身心理健康。

学习结构图：

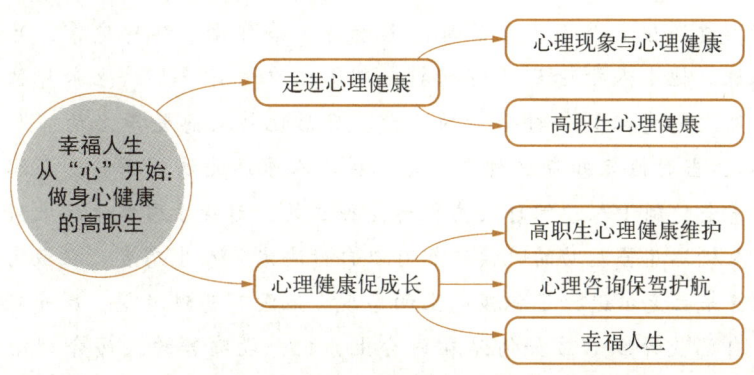

单元一　走进心理健康

➔ 心灵小语

　　世界上最宽阔的是海洋，比海洋更宽阔的是天空，比天空更宽阔的是人的心灵。

——雨　果

　　记住，心灵是你一生的宝藏，你要不断地挖掘它。

——卡耐基

➔ 案例导读

　　维克多·埃米尔·弗兰克尔（Viktor Emil Frankl）是享有盛誉的心理学家，他所发明的意义疗法是西方心理治疗的重要流派之一。

　　弗兰克尔原本是一位受弗洛伊德心理学派影响颇深的决定论心理学家，弗洛伊德心理学派认为一个人的本性在幼年时期即已定型，而且会左右人的一生，日后改变的可能性微乎其微。但是，弗兰克尔在纳粹集中营里经历了一段凄惨的岁月后，却开创出了独具一格的心理学流派。

　　弗兰克尔由于身为犹太裔心理学家，第二次世界大战期间被关进纳粹集中营，遭遇极其悲惨。其父母、妻子与兄弟都死于纳粹魔掌，只剩下唯一的妹妹。他本人则受到严刑拷打，朝不保夕。有一天，他赤身独处于囚室，突然之间意识到一种全新的感受。日后他将此感受命名为"人类终极的自由"，当时他只知晓这种自由是纳粹军人永远无法剥夺的。在客观环境上，他完全受制于人，但自我意识却是独立的，超脱于肉体束缚之外。他发现一个人极端痛苦无助的时候依然可以自行决定其人生态度。在最为艰苦的岁月里，弗兰克尔选择了积极向上的态度。他没有悲观绝望，反而在脑海中设想，自己获释以后该如何站在讲台上，把一段痛苦的经历介绍给自己的学生。

　　凭着想象与记忆，弗兰克尔不断锻炼自己的意志，直到心灵的自由终于超越了纳粹的禁锢。这种超越也感召了其他的囚犯，甚至狱卒。他协助狱友在苦难中找到意义，寻回自尊。处在最恶劣的环境中，弗兰克尔运用难得的自我意识天赋，发掘人性最可贵的一面，那就是人有"选择的自由"。

美国富兰克林·罗斯福总统的夫人曾说："除非你同意，任何人都不能伤害你。"以印度民族主义者和精神领袖圣雄甘地的话来说就是"若非拱手让人，任何人无法剥夺我们的自尊"。因此，令人受害最深的不是悲惨的遭遇，而是"默许"那些遭遇发生在自己的身上。

弗兰克尔在狱中发现的思维准则，正是我们每一个追求成功的人所必须具备的人生态度。

一、心理现象与心理健康

（一）心理现象的本质

人的心理是非常复杂和奇妙的。心理现象人皆有之，比如为什么在多年之后你仍能不费吹灰之力立刻想起小学老师的名字？为什么有些人会害怕乘坐飞机？为什么有人觉得蹦极太刺激，有人却视为噩梦？为什么你会决定帮助一个摔倒的人？为什么妈妈离开时婴儿会哭？为什么喝咖啡能让你感觉舒服？为什么你会反复梦回中学时代，而又莫名其妙地忘了穿内裤？……当你试着去回答这些问题时，你的大脑就产生很多心理现象或心理活动。

人的心理产生必须具备三个基本条件：大脑、客观现实和人的实践活动。其中，大脑是产生心理活动的物质基础，客观现实是产生心理活动的决定性因素，而人的实践活动则是把上述两者联系起来的桥梁。心理现象本质上是人脑的功能，即人脑对客观事物的主观反映。

心理现象分为两大类，即心理过程和个性心理。

认知活动是心理过程的基础。认知开始于感觉，之后是知觉、记忆和思维等活动。比如眼前有一个苹果，人脑对这个苹果的颜色、气味等个别特征的反映就是感觉。人脑对苹果颜色、形状、质感、味道等多种特征的整体、综合反映即为知觉；种种感觉、知觉的信息在人脑中的储存就成为记忆；在记忆的基础上，借助语言，人脑可以对客观事物进行抽象和概括的反映，即思维。上述过程就是人的整个认知过程。人在认知中所接收的信息经过大脑的加工，然后传导至下丘脑和边缘系统，就产生了对这些信息的内心体验，表现在外就成为人的情绪。根据这些信息，大脑还会产生一个意志过程，即建立意图、编制活动程序、确定目标，然后调节和控制人体行为以实现目标。认知、情绪情感和意志是以过程的形式存在的，它们都要经历发生、发展和消失的不同阶段，所以属于心理过程。

个性心理也称人格或个性，是指一个人区别于他人的、在不同环境中一贯表现出来的、相对稳定地影响人的外显行为模式的心理特征的总和，包括需要、动机、能力、气质、性格等。在一定意义上，人格不是独立存在的，而是通过心理过程表现出来的。

根据以上对人的心理活动的描述，可把人的心理现象进行分类（图0-1）。

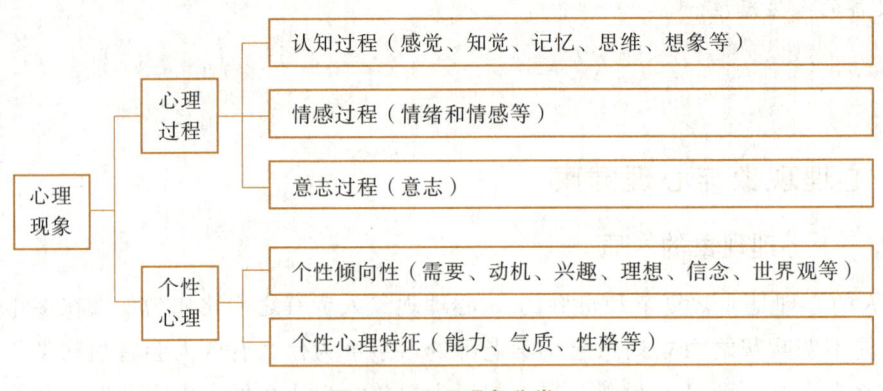

图0-1 心理现象分类

（二）健康的概念

古往今来，人人都希望健康，因为健康总是和家庭幸福、事业成功联系在一起。没有健康，一切都无从谈起。那么，什么是健康？世界卫生组织（WHO）1946年在《世界卫生组织宣言》中开宗明义地指出："健康不仅仅是没有疾病，不体弱，而是一种躯体、心理和社会功能均臻良好的状态。"国际初级卫生保障大会所发表的《阿拉木图宣言》（1978）重申："健康不仅是疾病与体弱的匿迹，而是身心健康社会幸福的总体状态。"世界卫生组织在1989年进一步提出了21世纪健康新概念：健康不仅仅是没有疾病，而且包括躯体健康、心理健康、社会适应良好和道德健康。这种新的健康观念从单一的生物医学模式演变为"生物-心理-社会"医学模式，其中心理健康和社会健康是有力的补充和发展，既考虑到人的自然属性，又考虑到人的社会属性。可见，人们对健康的理解越来越科学而深刻，现代健康观越来越受到重视和关注。

为加深对健康的认识，世界卫生组织明确提出了健康的10条具体标准（图0-2）。

世界卫生组织提出的健康标准	→	1. 有足够充沛的精力，能从容不迫地应付日常生活和工作压力 2. 处事乐观，态度积极，勇于承担责任，不论事情大小都不挑剔 3. 善于休息，睡眠良好 4. 能适应外界环境的各种变化，应变能力强 5. 能够抵抗一般性的感冒和传染病 6. 体重适当，身体匀称，站立时，头、肩、臂的位置协调 7. 反应敏锐，眼睛明亮，眼睑不发炎 8. 牙齿清洁，无空洞、无痛感、无出血现象，牙龈颜色正常 9. 头发有光泽，无头屑 10. 肌肉丰满，皮肤有弹性

图 0-2 世界卫生组织提出的健康标准

从上述标准可看出，健康包括身体和心理两方面的健康，人体健康是生理健康和心理健康的统一，两者相互影响，相辅相成，缺一不可。当生理产生疾病时，其心理也必然受到影响，会出现情绪低落、烦躁不安、容易发怒等状况，从而导致心理不适。同样，心理健康状况也会影响身体，甚至比身体健康状况对心理健康的影响更大。我国古代医书《黄帝内经》中就有"怒伤肝，喜伤心，思伤脾，忧伤肺，恐伤肾"的记载。也就是说，喜、怒、忧、思、悲、恐、惊是人类最基本的情绪情感体验，但如果太过强烈，都会伤及身体。总之，身体健康是心理健康的基础和载体，心理健康又是身体健康的条件和保证。生理活动与心理活动是相互联系、相互影响、相互制约的。消极不健康的心理状态，使人容易患生理疾病；积极健康的心理状态，则有益于身体健康。

对于正在成长发展中的高职生而言，身体健康固然重要，但心理健康更有着其突出的地位。"心理健康是健康的一半"的理念正在被越来越多的人所接受。现在人们普遍接受这样一个观念：人的健康是多维度的，包括躯体健康、心理健康、社会适应和道德健康等，任何一方面的欠缺都不能成为真正的健康。

世界卫生组织还提出了人的身心健康的"五快"和"三良"作为我们自测身心健康的指标。"五快"是食得快、便得快、睡得快、说得快、走得快，"三良"是指良好的个性、良好的处世能力和良好的人际关系。

知识窗：一只猴子的心理实验

（三）心理健康的内涵

1. 心理健康的含义

世界卫生组织（WHO）将心理健康定义为：心理健康不仅是无精神病，更可视为一种幸福状态。从广义上讲，心理健康是指个体具有一种持续、高效而满意的心理状态，在这种状态下，生命具有活力，潜能得到开发，价值得以实现。从狭义上讲，心理健康是指人的基本心理活动的过程内容完整、协调一致，即认知、情感、意志、行为、人格完整和协调，能适应社会，与社会保持同步。

2. 心理健康的标准

心理健康标准是心理健康概念的具体化，国内外学者提出心理健康的标准不尽相同。1946年，第三届国际心理卫生大会提出了四项心理健康的标准：① 身体、智力、情绪十分调和；② 能适应环境，人际关系和谐；③ 有幸福感；④ 在工作中能充分发挥自己的能力，过有效率的生活。

人本主义心理学家马斯洛（A. H. Maslow）等提出了心理健康的十条标准：① 有充分的安全感；② 能充分了解自己，并能恰当地评价自己的能力；③ 能与周围环境保持良好的接触；④ 生活的理想切合实际；⑤ 能保持自身人格的完整与和谐；⑥ 善于从经验中学习；⑦ 能保持适当和良好的人际关系；⑧ 能适度地表达和控制自己的情绪；⑨ 能在不违背团体要求的前提下，有限度地发挥个性；⑩ 能在不违背社会规范的前提下，适度满足个人的基本要求。

我国学者马建青主编的《心理卫生学》一书提出了心理健康的七条标准：① 智力正常；② 善于协调与控制情绪，心境良好；③ 具有较强的意志品质；④ 人际关系和谐；⑤ 能动地适应和改造环境；⑥ 保持人格的完整与健康；⑦ 心理行为符合年龄特征。

3. 正确理解心理健康

（1）心理健康是一个相对的概念。

人的心理健康与不健康是相对而言的，从心理健康到心理不健康有着较大的量的变化。绝对健康和绝对不健康的人是没有的，高心理健康水平和心理疾病的人都是极少数，绝大部分人都落在中间区间。人的心理健康水平状况分布大体符合正态分布曲线。

（2）心理不健康不能完全等同于不健康的心理和行为。

判断一个人的心理健康状况，不能简单地根据一时一事下结论。心理健康是较长一段时间内持续的状态，心理健康者并非毫无瑕疵。一个人偶尔出现一些不健康的心理和行为，并非意味着此人一定心理不健康。

（3）心理健康是一种持续的、积极的心理状态。

心理健康与心理不健康之间不是泾渭分明的对立面，而是一种连续的状态。从良好的心理健康状态到严重的心理疾病之间存在着巨大的量的变化区间。在许多情况下，异常心理与正常心理之间没有绝对的界限，只有程度上的差异。

知识窗：一颗自我发现的心

（4）心理健康是一个文化的、发展的概念。

在同一时期，心理健康标准会因社会文化标准不同而有所差异，特定的社会文化对心理健康的要求，取决于这种社会文化对心理健康的各种特征的价值观。心理健康不是一种固定不变的状态，而是一个变化和发展的过程。

二、高职生心理健康

（一）心理正常与异常

1. 区分几个概念

心理正常、心理不正常、心理健康、心理不健康，这是在学习时经常会遇到的概念。只有将这些概念区分清楚，把它们之间的联系梳理通顺，才能更好地学习由此延伸的知识。

这里说的"心理正常"，是指具备正常功能的心理活动，或者说是不含有精神障碍症状的心理活动。而"心理不正常"或称为"心理异常"，是指有典型精神障碍症状的心理活动。

显然，"正常"和"异常"是用来讨论"有病"或"没病"等问题的一对范畴，而"健康"和"不健康"是另外一对范畴，是在"正常"范围内，用来讨论"正常"的水平高低和程度如何。可见，"健康"和"不健康"这两个概念，都包括在"正常"这一概念中。这一区分与实际情况相符，不健康不一定有病，不健康和有病是两类不同性质的问题。在临床上，鉴别心理正常和心理异常的标准与区分心理健康水平高低的标准也是截然不同的。

下图（图0-3）可以帮助大家更直观地理解上述的概念。

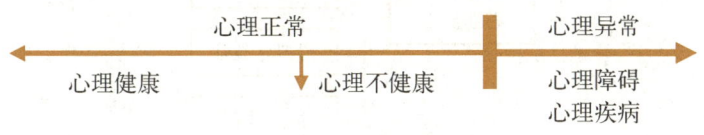

图0-3 心理正常与异常区分

如图0-3所示，"心理健康"和"心理不健康"都属于心理正常的范畴。从临床心理学的角度，可以把人的心理活动分别用"心理健康""心理不健康""心理异常"这三个概念来表达。

2. 心理正常与异常区分

我国心理学者郭念锋认为区分心理的正常与异常遵循三个原则：

（1）主观世界与客观世界的统一性原则。

如前所述，心理是对客观现实的反映，所以任何正常的心理活动，在形式和内容上必须与客观环境保持一致。如果一个人坚信看到或听到了什么，而在客观世界中，并不存在让他产生这种知觉的客观事物，那么就可以认为，他的精神活动不正常，产生了幻觉。如果一个人的思维内容脱离了现实，但他还是坚信不疑，或思维失去了逻辑性，则可以认为，他的精神活动不正常，产生了妄想。

（2）心理活动的内在协调性原则。

人类的精神活动可分为知、情、意、行，这四个部分是一个完整统一体。各种心理过程之间是协调一致的。如果有人用很欢快的语调或愉悦的表情向你诉说悲伤的事情，你一定会感到惊诧万分，这就是他的心理过程失去了协调性。

（3）人格的相对稳定性原则。

个体在长期的生活道路上，都会形成独特的人格特征。这种人格特征一旦形成，便有相对的稳定性，一般是不易改变的。但如果一个平时外向、热情、健谈的人突然变得很内向、终日沉默寡言、忧心忡忡，如果在他的生活中没有找到足以促使他发生这种改变的原因，那么，可以认为，他的精神活动已经偏离正常轨道了。

综上所述，我们把心理问题汇总，如下图（图0-4）所示。

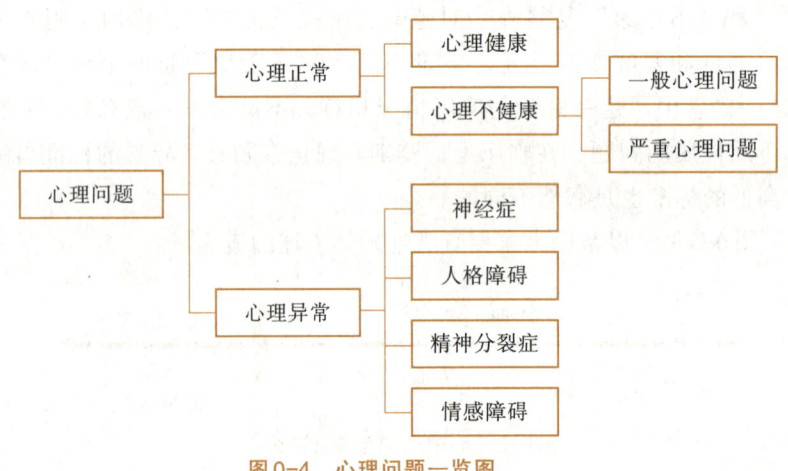

图0-4 心理问题一览图

（二）高职生心理健康标准

高职生普遍年龄在18～23岁之间，从心理学的研究对象看，正处于青年早期，具有青年早期的心理特点，但作为一个特殊群体，又不能完全等同于社会上的青年。结合我国心理学者王登峰、张伯源的观点，可以认为高职生心理健康的标准为以下几点。

1. **了解自我，悦纳自我**

心理健康的高职生能体验到自己存在的价值，既能积极探索自己、了解自己，又能接受自己，有自知之明，能对自己的能力、性格和优缺点做出恰当、客观的评价。努力发展自己潜能，即使面对自己无法补救的缺陷，也能泰然处之，心态平和、淡定。

2. **接受现实，适应环境**

无论升学成绩是否符合预期理想，无论自己是否进入心仪的院校、专业，心理健康的高职生总能正视现实、接受现实，并能很快地适应大学的新环境；总能对周围的事物做出客观的评价，并与现实环境保持良好的关系。

3. **接受他人，善与人处**

心理健康的高职生能与他人沟通和交往，认可他人的重要性和作用，同时也能为他人和集体所理解、接受；既能与人共享欢愉，也能安然独处；与人相处时，积极的态度总是多于消极的态度，有较强的适应力和较充足的安全感。

4. **心境良好，善于调节情绪**

心理健康的高职生，愉快、乐观、开朗、满意等积极情绪状态占据主导地位，心境良好。虽然也免不了因挫折和不幸产生悲、忧、愁、怒等消极情绪体验，但不会长期处于消极情绪状态中；善于适度地表达、调节和控制自己的情绪，喜不狂、忧不伤、胜不骄、败不馁。

5. **热爱生活，好学力行**

心理健康的高职生能珍惜和热爱生活，积极投入并尽情享受人生的乐趣；能保持良好的学习兴趣，学习目标明确，尽力发展潜能，使自己的学习、生活更有效率，也更有成效。

6. **人格完整、和谐**

心理健康的高职生的气质、能力、性格和理想、信念、动机、兴趣、人生观等各方面平衡发展，完整、和谐地表现出来；思考问题的方式适中而合理，待人接物能恰当而灵活，能与社会的发展步调保持一致，与集体融为一体。

7. **行为符合年龄特征**

年龄特征是指在一定的社会和教育条件下，不同年龄阶段的学生在身体和心理发展方面所表现出来的一般的、典型的和本质的特征。心理健康的高职生其心理特征和行为表现应符合高职生的年龄特点和性格特征。如果一个高职生总是显得老气横秋，心事重重，或者情绪喜怒无常，行为幼稚，则是心理不健康的表现。

高职生心理健康的标准是一种理想尺度，它一方面为高职生衡量心理是否健康提供了参考，同时也为进一步提高心理健康水平指出了方向。

知识窗：全国大学生心理健康日

（三）高职生常见的心理困惑

1. 适应不良问题

适应问题在大一新生中比较常见。由于与以往的家庭环境、社会环境、学习环境相差较大，进入大学后，学生在自我认知、同学交往、自然环境等各方面都面临着全面的调整和适应。在大学中，生活适应问题广泛存在，有的学生因为缺乏独立生活的能力，一时生活上不能自理；有的学生开支没有计划，经常月底出现"经济危机"；有的学生因缺乏集体生活的习惯，不懂得如何与他人相处；还有的学生不适应学校饮食方面的差异以及气候、语言环境与作息时间的变化等。高职新生在遇到这些问题时，常常束手无策，有的因思家恋旧，常常偷偷以泪洗面；有的厌学、彷徨，沉溺于无所事事；有的失眠、抑郁，在焦灼中挨日子；更有的则想休学、退学，打起了退堂鼓。

2. 自我意识问题

在高职生的自我发展中，既存在自我认识、评价与实际情况的差异，也存在理想自我与现实自我的落差。研究表明，理想自我与现实自我的不平衡往往是心理问题产生的重要因素。另外，过度的自我接纳与自我拒绝、过度的自尊与自卑、自我中心与从众心理、过度的独立意识与依赖心理等问题也是高职生自我意识问题的主要表现。

3. 人际关系问题

人际环境的转变是最为明显的。中学时代的人际关系相对单纯，大家更多关注学业，但进入大学，同学来自五湖四海，人际关系更为复杂，更具有独立性和社会性。良好的人际关系是高职生成长成才与良好社会化的重要支持，也是保持良好心理状态的必备条件，它使人获得安全感和归属感，给人精神上的愉悦和满足。但是受各种因素影响，有些学生人际交往能力较弱，再加上青春期心理固有的闭锁、羞怯、敏感和冲动，在人际交往过程中不可避免地遇到各种困难，从而产生自卑、焦虑等心理问题。

4. 情绪情感问题

稳定的情绪、积极适度的情绪反应，是高职生成才的重要因素，也是其心理健康的重要标准之一。情绪对人的影响具有双面性，既是人类生活的"发动机"，又会因发动机故障影响人的正常生活。高职生常见的情绪问题有抑郁、焦虑等。抑郁情绪主要表现为持久的情绪低落，沮丧、无精打采，做什么事情都提不起精神。焦虑情绪表现为担忧，如担忧自己是否能在新的环境独自学习和生活，担忧别人对自己的看法，担忧专业选择和未来就业等问题。情绪情感问题与自身心理素质有关，如自我认识片面，情感脆弱、怯懦、意志薄弱、虚荣、冲动、冷漠、固执、缺乏正确的人生观和价值观，缺乏积极的人生态度、挫折承受能力差、缺乏心理调节的技巧等。

5. 学业倦怠问题

在校学生的主要任务是学习，圆满地完成大学期间的学习任务几乎是每个学生的愿望。但学习压力过大、目标不明确、对所学专业不感兴趣、动力不足、注意力不集中、成绩不理想、方法不适应、对老师的授课方式不习惯、考试焦虑等学业问题或多或少地困扰着每一个高职生。有的学生进入大学后，一方面缺乏明确的学习目标、学习动机；另一方面学习独立性差，缺乏毅力和韧劲，出现较严重的学习倦怠现象，如学习情绪低沉、逃课、上课玩手机、抄作业、考试作弊、迷恋网络等，导致学习生活质量低下，缺乏应有的活力和热情。

6. 恋爱与性问题

爱情是令高职生心醉和神往的体验，也是引发高职生烦恼的主要原因。处在生理成熟期的高职生容易出现各种各样的恋爱和性心理问题，主要表现在以下几个方面。

（1）爱情困扰。

在爱情问题上，很多学生存在情感迷茫和不正确的恋爱观。"专业恋爱、业余学习""普遍撒网，重点培养，择优而谈""不在乎天长地久，只在乎曾经拥有""预约失恋""爱情与婚姻分离"等都是校园里较为普遍的现象与观念，同时也存在从众心理、攀比心理、游戏心理、放纵心理等不良恋爱动机。

（2）性生理适应不良。

青春期性生理的成熟，必然带来相应的心理变化，渴望获得异性的好感与承认，产生性幻想、性冲动等。由于性教育的严重缺失，很多学生不能正确认识正常的性反应，产生了堕落感、耻辱感与自责自罪感，把性与不洁联系起来。

（3）性心理压力。

青春期性心理与性生理密切相关，对异性的好感，希望在异性心目中确立良好的形象，获得认可。性的好奇、性无知、性贞洁感的淡化，甚至性与爱的困惑、分离以及由于性行为引起的后果及产生的心理压力，都是心理健康教育中值得重视的问题。

7. 生涯规划与就业问题

在高中阶段，很多人的目标就是考上大学，可进入大学之后就迷茫了，初心不在，失去了继续奋斗的动力，这是缺乏必要的生涯规划的表现。临近毕业时，有相当多的学生因缺乏足够且必要的就业心理准备，出现择业理想与社会现实脱节、自我能力与社会需求脱节、个人价值与社会价值的矛盾、急于求成与具备脚踏实地的敬业精神的矛盾、渴望竞争与缺乏勇气的矛盾，同时缺乏对挫折的耐受力，导致了一些心理矛盾和心理问题的产生，给自身择业创业带来了负面影响。

（四）影响高职生心理健康的因素

影响高职生心理健康的因素是多方面的。

1. 社会环境因素

当代高职生身处社会生活发生剧烈变化、多元价值观冲突的社会环境中。改革开放历经四十多年，整个社会的经济结构、运行方式、人们的价值观念、生活方式都发生了前所未有的巨大变化。如新旧观念的碰撞、传统文化与现代文明的冲突，常使他们感到困惑；理想与现实的反差，使他们感到茫然；竞争的加剧、生活节奏的加速，使他们产生了压力感；人际关系的淡漠，使他们感到孤独无助；就业的双向选择及选择的自主性，加剧了他们内心的冲突和无所适从感。

2. 学校因素

高职生的大部分时间都是在学校度过的，因而高职生的心理健康状况不可避免地受到学校的影响。

学校层面对高职生心理健康的影响包括以下几个方面：第一，大学校园复杂的人际关系。与中学生相比，高职生的人际交往更为复杂，更为广泛，独立性更强，更具社会性。如果一个学生处理不好大学复杂的人际关系，则会经常为苦闷、烦恼的情绪所困扰。第二，紧张的学习氛围。大学的学习既强调理论知识的学习，又注重动手能力的培养。适度的紧张与压力对于一个人的成才是必要的，但如果这种感觉超过一定限度，就会适得其反，成为一种心理负担。第三，学校的业余生活。高职生正处在情感丰富、喜动好玩的时期，如果学校缺乏足够的娱乐场所、活动形式，则会使学生感到单调沉闷，压抑烦躁。第四，学校心理素质教育不健全。在学校传统的应试教育中，重思想教育轻心理引导，这些都影响着高职生的全面发展。

另外，在大学里，人们普遍把高等教育作为大学生走向未来社会的资本，高等教育基本上是围绕着专业、为将来更好的就业而进行的。对于将来择业有用的东西，学生就学，将来择业没用的东西，学生们就不愿意学习。由于这种以实用为主的思想一直很盛行，因此在大学校园里，对学生心理方面的教育和引导一直处于被忽视的境地。

3. 家庭因素

家庭是人生的奠基石，父母是孩子的第一任老师。家庭对一个人成长与成才的影响长久而深远。家庭因素包括高职生的家庭经济状况、社会地位、父母的文化水平、生活习惯、父母关系等。在高职生的成长过程中，如果家庭教育过分重视子女学业，对孩子的心理关爱及对孩子尊重过少，对孩子的日常行为、品德规范教育放松，则容易造成孩子心理脆弱，行为放纵；特别是家庭不和、亲子关系紧张等因素，可能会造成孩子自卑、痛苦、嫉妒、逆反等不良心理反应。许多有经验的心理咨询专家认为，一个问题学生的背后一定有一个问题家庭。一些实验研究也证明家庭因素是造成高职生心理问题的重要因素。

4. 学生自身因素

高职生自身因素对个体心理健康的影响最大，并且表现形式多样，包括心理冲突、认知方式、价值观、心理承受能力等。

（1）心理冲突。

心理冲突是指一个人内心处于左右为难的矛盾状态。比如一些高职生被调剂到一个并不喜欢的专业，想退学，但又怕父母不同意，如再考一次又会给家庭带来经济压力。心理冲突会使个体处于痛苦、焦虑、抑郁、情绪不稳等消极情绪之中。

心理冲突的类型较多，其一，是两种动机之间抉择困境的动机冲突，例如专注于学习和参加兼职工作之间的矛盾等，所谓"鱼与熊掌不可兼得"。其二，是意识层面的超我与潜意识层面的本我之间的冲突，如恋爱中遵守性道德守则与性冲动之间的冲突。其三，是理想与现实之间的冲突与差距，如理想的职业工作与现实就业困难的差距。其四，是个人多重角色之间的冲突，使人不能左右兼顾，如高职生因缺乏独立的经济能力，只能从父母那里获得经济支持；但作为成年人，又想独立自主，为父母分忧，安心学习与兼职打工之间会产生时间上的冲突。

（2）认知方式。

认知是指人们看待事物的方式，包括人的思想观念、阐释事物的思维模式、评价是非的标准、对人对事的基本信念等。人们形成不同的心理状况，对同一件事物产生不同的情绪体验，都是因为认知方式的不同。高职生进入大学后，有的兴高采烈、乐观面对，有的却唉声叹气、悲观消极，这些不同的认知方式将导致不同的心理状况。消极的认知方式若不能及时得到调整，将导致不良情绪的产生，长期处于不良情绪的影响下就会导致心理问题的形成。

（3）价值观。

大学时代是人生观逐渐形成、确定的时期，也是面临多元化价值体系选择的时期。面对不同于以往的文化背景和多种价值选择，高职生时常感到茫然，容易导致人生价值观的动荡不定或出现偏差。

（4）心理承受能力。

有些家庭父母的过度保护和溺爱，使孩子丧失许多锻炼心理承受力的机会。当这些心理脆弱、缺乏挫折承受力的孩子进入大学，独立面对生活时，在学习、生活、交友、恋爱、择业等方面的小挫折便足以使他们中的一些人难以承受，以致出现心理问题。

案例 0-1

小红，女，某高职院校会计专业一名新生，开学一个月后，她找到辅导员，说："老师，我现在心里很压抑，后悔来到这里上学，更后悔选择高职院校，我觉得高中的同学容易亲近，现在很想回家，这几天总梦见上中学的情景。这一个月来，虽然身体没有什么毛病，但我总觉得没有精神，每天都不知自己做些什么。"

知识窗：大学里必做的十件事

分析 小红遇到的问题是高职新生经常遇到的心理困扰问题，心理学上称之为"回归心理"。产生的原因是小红不适应新环境，对新环境有极大的陌生感，具体表现为迷恋过去。"回归心理"的出现，应当说是一种正常现象。每一个离开自己熟悉的环境到一个陌生地方的人，都容易产生这种心态。但如果长期处在一种迷恋过去的心理状态中，就会造成心理上的不安，严重者甚至会失眠，影响正常生活和学习。

单元二　心理健康促成长

➡ 心灵小语

　　人最大的目标应该是身体健康、心智健康，这样你的思考才不会枯竭，你才独立，才能拥有品行端正的人生。

——叔本华

　　你的生活并不是全数由生命所发生的事情来决定的，而是由你自己对生命的态度以及你的心灵看待事情的态度来决定的。

——J. 米勒

➡ 案例导读

张红的故事

　　张红，大一女生，来自农村，家境贫寒。与她同宿舍的室友都来自城市，家境良好，因此，张红产生了自卑心理。不管是日常生活花费，还是业余时间消遣娱乐，她因为经济困难不能与宿舍其他同学比，随着时间推移，她由原来不怎么一起上课或出去玩发展到后来的不怎么说话聊天，以至于不想见人、不想上课。一个月过去了，她很焦虑，但惧怕心理咨询，害怕接触心理老师。好几次在课堂上看到心理老师却欲言又止，现在她不知道该怎么办。

　　[分析] 张红作为一名高职生因经济困难而自卑进而产生焦虑心理，影响正常学习、生活状况，这就需要外界帮助和引导。心理健康教育能够促进高职生健康成长。

一、高职生心理健康维护

　　高职生的心理健康维护，途径有两条：其一是他人帮助维护，如社会维护、家庭维护、学校维护等；其二是学生自我维护。前者属于外因，后者属于内因，两者

导引　幸福人生从「心」开始：做身心健康的高职生

不可缺少，都有着十分重要的意义。

（一）社会对学生心理健康的维护

社会对学生心理健康的维护应注重平抑社会环境的无序性。人类思维的基本形式是因果关系推理，因果关系协调与否使人产生肯定或否定的认识，并相应地形成积极或消极的心理。这种因果关系一旦失调，人们就会茫然不知所措，并随之产生消极心理，久而久之必会形成心理障碍。环境的无序必然导致因果关系失调，因果关系失调必然引发消极心理，尤其对于涉世不深的学生来讲，受到这种影响后产生的消极心理会更加明显。

（二）家庭对学生心理健康的维护

1. 积累家庭的"正能量"

常态的家庭结构、积极的家庭情感、优良的家庭教育风气等都会对学生的心理健康起到正面的作用，反之则不然。非常态家庭结构（即残缺家庭）是指家庭出现夫妻双亡或一方亡故，成人父母分居、离婚、再婚、在押等情况。非常态家庭结构会对学生造成重大的不良影响。此外，许多父母外出打工的"留守家庭"也会对学生造成不良影响。

2. 培育成长的"正情感"

积极的情感，不仅是指家庭成员之间所形成的一种其乐融融的温馨情感，更重要的是指为学生创设一种乐观向上、积极健康的情感体验。积极的情感体验有利于健康心理的形成，是成长的"正情感"；而消极的情感体验往往来自心理压力，同时又会加重心理压力。

3. 父母引导的"正教育"

父母的"正教育"就是指家庭教育的方式方法要科学合理。首先是不能溺爱孩子，避免孩子产生过度的依赖心理。其次是避免家庭暴力，既包括父母之间的家庭暴力，更指针对孩子实施的家庭暴力。第三是宽严有度，既不能对孩子放任不管，也不能要求过于苛刻。第四是避免相互矛盾的教育。在对孩子的教育上，经常会出现父母之间，或者是父辈与祖辈之间意见不一致的情况，这种教育会使孩子无所适从，久而久之容易使孩子形成投机取巧的心理。

4. 创设学习的"正保障"

学习的"正保障"主要是指家庭经济条件和家庭环境的建设要适度。这个"适度"并不是简单地指财富的多寡或物质条件的优劣，而是指花费在孩子身上的"硬件"要符合孩子成长的需要。特别是家庭过富或过贫两种极端状况，更要注意对孩子"硬件"的合理投入和金钱观、消费观的合理引导，避免使孩子形成过于自傲或自卑的不良心理。

（三）学校对学生心理健康的维护

1. 树立科学的健康观

以往的健康观认为只要身体健康就是健康，当今健康观认为心理健康也是健康的重要组成部分。高职生心理健康教育的内容，就是通过开设"心理健康教育"课程，对学生进行系统的心理健康知识教育，使其正确认识心理健康的重要意义；通过心理自测，让学生了解自己的心理健康现状，从而激发学生维护心理健康的意识。

2. 引导学生懂得感恩

感恩是社会上每个人应有的基本道德素质，是做人起码的修养，也是心理健康不可缺失的内容。通过向高职生进行感恩教育来引导和提升高职生的感恩意识，加深高职生对知恩、感恩、报恩和施恩的理解，让他们自觉自愿地接受和发现生活中的美好事物，以感恩的心态、积极的行动回报社会和他人对自己的关怀呵护。这对提高他们的道德修养、促进心理健康、增强社会的信誉度等具有重要意义。

3. 建立合理的生活秩序

许多高职生是头一次离家独自生活，一时间似乎得到了许多"自由"，但在现实中发现，滥用这种"自由"，或随心所欲，或负担过重，都会导致精神损伤。因此，必须建立合理的生活秩序。其一，学习负担适量。高职生主要任务是学习，而研究表明，个体在适度压力下可以提高思考力和敏捷度。学校可以激发他们的学习动机，从单纯的"学习知识"向"学会学习"转变，为他们以后的终身学习打下良好的基础。其二，生活节奏合理。大学校园生活是丰富多彩的，学校积极引导学生参加多种多样的文体活动，既可调节学生紧张的学习生活，又可开阔其眼界，促使其广交朋友，发挥潜能，增强自信。

4. 帮助制订生涯规划

通过心理辅导，学校引导学生对职业生涯规划知识进行学习，促使其不断地探索自我、了解自我，并结合自己的兴趣，制订切实可行的职业生涯规划，指导见习、实习、参加校园招聘会等活动，为以后走向社会打下基础。

（四）学生个人的自我维护

1. 正视现实，适应环境

正视现实就是应以较为客观、全面、公允、不偏执的态度对待周围的事物，不能脱离现实来谈自己的发展。适应环境是指对那些不可改变的事实就应勇敢地面对、适应和接受，而不是抱怨、绝望或放弃。

2. 悦纳自己，自尊自爱

俗话说"人贵有自知之明"，在成功的道路上，有时缺乏的不是机遇，而是"自知之明"。"天生我材必有用"，这就要求我们在正确认识自己的基础上，还应接纳自己、悦纳自己。一个人只有正确地认识自己，才能在人生的坐标系上找准自己的位置，进而才能确定发展的方向，才能谈得上生活的美好和事业的成功。

3. 学会和谐交往

通过进行有关待人接物、交往交友的人际关系心理知识和技能的学习，学生可以从亲子、同伴、师生三个方面来体会人际交往的原则，树立乐群、合群、益群等心理品质，成为一个充满爱心、值得信赖、善解人意、团结协作的人。心理学研究表明，那些心理健康水平高，有着良好人际关系的高职生，都有着一系列积极交往和建立良好人际关系的个性特点，如友好、可靠、替别人着想、温和、诚挚、善良、信任别人等。

4. 保持健康情绪

情绪对心理健康来说至关重要，几乎每一种心理疾病都有情绪症状。调查发现，情绪困扰是高职生中比较突出的问题。首先，要保持自我情绪最佳状态，学会合理宣泄，既不要压抑自己，也不要放纵自己；其次，学会妥善处理心理冲突；最后，锻炼自己的耐挫力。只有当我们把挫折与不幸看作生活的一部分，那么在遇到挫折和压力时才能坦然面对，才能正确地对待挫折与压力。

5. 形成良好人格

（1）拥有积极阳光的心态。

一个人有理想，有抱负，有明确的奋斗目标，就会有动力，就不会为一时不顺所困。一个人追求的层次越高，他的人生境界就越高，就不会为小事所累。积极阳光的心态作为幸福的阶梯，时时都在揭示着一个不变的真理："真正的光明绝不是没有黑暗的时间，只是不会永远被黑暗所掩蔽；真正的英雄不是没有卑下的情操，只是永远不被卑下的情操所屈服。"生活中的危机与转机不过是一念之间的事，唯一能够去做的是解决可解决的问题。也许你不能够阻止一个痛苦事件的发生，但是你可以把这个事件造成的痛苦阻断在神经系统的某一个部分，而不是任由它蔓延到全部的生活之中。

（2）拥有自强不息的品格。

每一个学生都渴望成功。心理学研究证明，一个人成功要具备"智商""情商""逆商"。智商是指聪明、智慧、推理判断。情商是指情绪和意志，包括了解自己、调整自己、管理自己、了解别人、和别人和睦相处。逆商是指不被逆境所吓倒，能够调整方向继续前进。这三个心理品质相互影响，相辅相成。只要你勇敢地面对新环境、培养积极乐观的心态，勤于学习，善于学习，探索心灵，挖掘潜能，你就可以拥有无憾无悔的大学生活。

二、心理咨询保驾护航

（一）何谓"心理咨询"

"咨询"一词在中国古代是分而言之的，最早见于《书·舜典》"咨十有二牧"，这里的"咨"就是商量的意思；《书·舜典》又载"询于四岳"，这里的"询"就是询问的意思。英语中的"counsel"是商讨、劝告、质疑的意思。

综合古今中外给心理咨询下的定义，可将心理咨询概括为："心理咨询者运用心理学的原理和技术，通过与来访者的交谈、探讨、协商、解释，帮助来访者找出引起心理问题的原因，寻求摆脱困境与解决问题的条件、途径和方法，进而帮助来访者提高环境适应能力，逐步学会以更加积极的方式对待自己和他人。"

（二）心理咨询的特点

1. 心理咨询是咨询者对来访者进行帮助的过程

咨询者运用专业技能及所创造的良好咨询气氛，帮助来访者以更为有效的方式对待自己和周围环境，促进个人的成长与发展。

2. 心理咨询是一系列心理活动的过程

从咨询者的角度看，帮助来访者更好地理解自己，更有效地生活。从来访者的角度看，在咨询过程中需要接收新的信息，学习新的行为，学会调整情绪以及解决问题的技能，做出某种决定，这都涉及一系列的心理活动。

3. 心理咨询是由专业人员从事的一项特殊服务

咨询者必须是受过严格专业训练、拥有这项服务所必需的知识和技能、得到权威机构认证的专业人员。

4. 心理咨询的服务对象是在心理适应和心理发展上需要帮助的人

心理咨询的服务对象（即来访者）不是有精神病、明显人格障碍、智力低下或脑器质性病变的患者，而是在心理适应和心理发展上需要帮助的人。

（三）心理咨询的作用

人与人之间需要温暖，需要心灵的沟通，但在现实生活中，常出现这种情景：当我们迫切需要找一个人倾诉心中的烦恼、不快时，竟找不到一个合适的对象。人们的困惑、忧虑、恐惧、孤独、压抑、悲伤……需要交流、诉说、安抚、宣泄，心理咨询就是打开人们心扉的钥匙。对于高职生来说，心理咨询的作用主要是提高整体心理素质，使他们健康、愉快、有意义地学习和生活。

心理咨询的作用包括以下方面：其一，帮助学生认识自己的内、外世界；其二，纠正不合理的欲望和错误观念；其三，帮助学生学会面对现实和应对现实；其四，使学生学会理解他人，增强自我认知；其五，协助学生建构合理的行为模式。

（四）如何接受心理咨询

接受心理咨询、取得心理咨询效果，需要方方面面的支持和配合。

1. 咨询前的准备

（1）来访者有主动咨询的愿望。

良好的咨询效果首先建立在来访者自愿的基础上，学生的求助动机越强，与咨询老师的配合越好，咨询的效果也会越明显。

（2）减少不必要的担心。

心理咨询要遵循保密原则和价值中立原则，这是心理咨询师最基本的职业道德。有些来访者担心谈话的内容外露，咨询时往往隐去某些问题，这样不利于咨询老师发现问题，做出评估和提供帮助。

（3）选择合适的咨询师。

咨询前，要了解咨询老师的情况，每个咨询老师的职业背景、职业经历、咨询擅长领域都有所差异，尽量找受过专业培训，具有从业资格的咨询师，如果与咨询老师接触后，感觉不合适，可以提出终止咨询或请求转介其他咨询师。

（4）了解咨询时间的规定。

根据来访者的心理问题程度和咨询师使用的方法不同，咨询次数不定，有的只需要1~2次就达到咨询目的；有的需要更长的时间，甚至1~2年。每次咨询的时间约50分钟，一般需要提前预约。

2. 咨询过程中的配合

（1）来访者要有自助意识。

心理咨询不是一般的帮助人的行为，而是"助人自助"的过程。咨询师不是"救世主"，只能起到分析、引导来访者改变的作用，不能替来访者作决定，心理咨询更需要来访者积极主动配合，只有这样他们最终才能走出心理困境。

（2）来访者要有耐心。

心理问题、心理疾病不是一两天形成的，原因也是多方面的，所以解决它需要一定的时间。心理咨询是一个循序渐进的过程，一般要经过来访者的问题评估、设立咨询目标、选择咨询方法、制订咨询方案、实施和反馈等过程。

（3）真诚坦率的交流。

心理咨询主要以语言沟通为基础，面对咨询老师，来访者要如实地、直截了当地讲述内心感受，即使分不清问题所在，也不用担心，咨询师会在倾听过程中捕捉一些信息点去询问。

3. 咨询过程后的作业

每次咨询过程后，一个重要的环节就是来访者按照咨询老师的要求，认真完成各种实践作业，这样有助于来访者的反思、醒悟，收到理想的咨询效果。

（五）消除心理咨询误区

1. 我的心理素质好，不需要咨询

无论你多么坚强、聪明、正直、博学多识，都不可能十分地了解自己，你需要借助于他人。而心理咨询是一面比较标准的镜子，可以不变形地从各个角度帮助你正确了解自己，而了解自己正是改变自己的开始。

2. 去做心理咨询"丢人"

很多人觉得进行心理咨询是一件很难为情的事，认为只有心理变态的人才要进行心理咨询，这是错误认知。历史和客观的因素使人们对自己心理世界不太了解，对心理咨询的惧怕与怀疑可能源于对"精神病"的无知，把去心理咨询当成"精神不正常"，把心理问题当成"心理病态"，这是对心理咨询的一大认识误区。

3. 心理咨询就是"聊天"

尽管心理咨询的方式主要是谈话，但它不同于一般意义上的"聊天"。心理咨询是利用心理学等专业知识，通过科学的理论体系和严格的操作规程，从而帮人解除心理困惑，促进人格的发展。这完全不同于朋友聊天、亲友的劝解安慰、老师的思想政治教育。

4. 心理问题可以一次解决

如前所述，心理问题不是一两天形成的，所以要解决它必然不是一两次咨询就可以的。心理问题解决需要多长的时间一般取决于两方面因素：其一是来访者的配合程度。俗话说"解铃还须系铃人"，如果来访者没有强烈意愿，或对咨询师不积极配合，就会拖延问题解决的时间。其二是病情程度和泛化程度。心理问题形成的时间越长，病情越重，对学习、生活、家庭等方面影响越大，解决起来需要的时间就越长。

5. 心理咨询师如同"算命先生"

个别人把心理学等同于神秘学说、占卜、特异功能等，认为心理咨询师如同"算命先生"。现在市场上就有人利用电子计算机打着心理测验的幌子进行骗人，还有人故意让心理医生去猜测自己的心理活动，并以此来衡量心理医生的水平高低，这是对心理咨询一大误区。所以，把心理咨询看得过于简单，"一次搞定"，是不对的，把心理咨询过分复杂化和神秘化同样也是错误的。

三、幸福人生

（一）何为"幸福"

什么是幸福（图0-5），不同的人有不同的体会和解释，如"人生得意须尽欢，莫使金樽空对月"，是李白对幸福的解释；"安得广厦千万间，大庇天下寒士俱欢颜"，是杜甫心中的幸福；对于患有身心疾病的人，也许健康就是幸福；对风烛残年的老人来说，活着就是幸福；对顽皮的小孩来说，能得到一件心仪的玩具就是幸福；而对流浪的盲人，有家就有幸福。

我国古代诸子百家各有自己的幸福观，如儒家倡导积极进取、奋发有为的人生，对内修身仁义礼智，向外齐家治国平天下，这样的人生就是幸福人生。道家主张清静无为，顺其自然，崇尚返璞归真，过自由自在的田园生活，认为这就是幸福。西方感性主义者则认为幸福是一种感觉，来自感性欲望的满足和快乐，提倡及时行乐。而理性主义者强调理性作用，追求道德完善和精神幸福。作为心理学术语，幸福是指个体根据各自的标准对其生活质量的主观的整体性评价。幸福作为一个非常主观、个人化的体验，需要个体自己的经营和创造。

图0-5　罗家琪《幸福的背后》

（二）提升幸福感的方法

1. 塑造积极人格

大量研究表明，幸福者的人格特征大多是乐观、外向、自尊和内控的，这些特征使乐观者比悲观者更易达到目标并获得成功。感恩是使用最广泛的幸福感提升策略。研究者认为，激发感恩之心可以提升人们的生活满意度，增强积极情绪和对未来的积极态度等。高职生处于气质和性格发展的重要时期，要努力发展乐观、外向、自尊、内控、感恩、希望、亲社会等积极心理品质，进而提升自我心理健康水平，增强个人幸福感。

2. 确立合理目标

研究表明，仅仅是书写理想化的可能自我，都能唤起人们更高的控制感和更多积极情绪，使人们更有动力，从而促进目标的实现，提升幸福感。生涯规划作为一种体现人的主动性、创造性的动态过程，已成为实现心理健康的行动方针，而心理健康作为具有相对稳定性的心理状态，是个体进行生涯规划的基础和保证。因此，高职生应结合自身实际进行生涯规划，合理确立自己的目标，有助于提升幸福感。

3. 获取社会支持

社会支持是指可为个体利用的重要外部资源，它可以提供物质或信息上的帮助，增强人们的喜悦感、归属感，提高人们的自尊感和自信心。当人面对应激性的生活事件时，可以阻止或缓解应激反应，从而增强积极情感，抑制消极情感，防止主观幸福感降低。

4. 提高幸福品味

品味是个体主动、用心地感受积极体验，延长和增强积极体验的过程。品味与健康的自我形象相关，有了健康的自我形象，就会有自尊、自信、自爱。有效的自我形象管理使得一个人既不盲目自大，也不妄自菲薄，对自己有一个恰当的定位，进而在学业和事业上发展自己，从而获得成就感和满足感，这是人的幸福感非常重要的来源。作为高职生如何理解幸福的内涵是提高自身幸福感的前提，切勿把金钱、物质等内容当作自己的幸福标准。

单元三　心理训练与素质拓展

一、心理训练

（一）心灵思考

寻找"钥匙"

每个人都希望过上幸福快乐的生活，但由于心理问题的产生具有一定的偶然性，无论是我们自己，还是同学、亲友都有可能遇到这样或那样的心理问题。那么，当自己在某个方面出了问题，又该到哪里去寻找打开心理之锁的钥匙呢？想一想，把你想到的结果写在下面，并与同学们分享。

1. 当我学业上遇到问题时，我可以求助于：_____、_____、_____。
2. 当我恋爱与性遇到问题时，我可以求助于：_____、_____、_____。
3. 当我与室友或父母关系出现问题时，我可以求助于：_____、_____、_____。
4. 当我个人发展遇到问题时，我可以求助于：_____、_____、_____。
5. 当我其他生活方面遇到问题时，我可以求助于：_____、_____、_____。

"心态"实验

一位心理学家想知道人的心态对行为到底会产生什么样的影响，于是，他做了一个实验：

首先，他让10个人穿过一间黑暗的房子，在他的引导下，这10个人皆成功地穿了过去。

然后，心理学家打开房内的一盏灯。在昏黄的灯光下，这些人看清了房内的一切，都惊出一身冷汗。这间房子里有一个大水池，水池里有十几条大鳄鱼，水池上方搭着一座窄窄的小木桥，刚才他们就是从小木桥上走过去的。

心理学家问："现在，你们当中还有谁愿意再次穿过这间房子呢？"没人回答。过了很久，有3个胆大的人站了出来。

其中一个小心翼翼地走了过去，速度比第一次慢了许多；另一个颤巍巍地踏上小木桥，走到一半时，竟趴在小木桥上爬了过去；第三个刚走几步就一下子趴下了，再也不敢向前移动半步。

心理学家又打开房内的另外9盏灯，灯光把房里照得如同白昼。这时，人们看见小木桥下方装有一张安全网，由于网线颜色极浅，他们刚才根本没有看出来。

"现在，谁愿意通过这座小木桥呢？"心理学家问道。这次又有5个人站了出来。

"你们为何不愿意呢？"心理学家问剩下的两个人。

"这张安全网牢固吗？"这两个人异口同声地反问。

思考并回答：

1. 这个"心态"实验说明了什么？
2. 举例说明良好的心态与成功有什么关系。

_____

_____

_____

（二）活动训练

大学初印象

初入大学，大学让你印象最深刻的是什么？是刻在石壁上的校训，还是学校的大门？是某一位师长、同学，还是图书馆、宿舍、运动场，抑或一棵树、一座亭、一池水？试着拿起画笔写下来或画下来"大学初印象"，它一定会成为你记忆深处最美的风景！

大学初印象

新 人 新 相

活动目的 开学第一课，活跃课堂气氛，同学之间尽快相互认识。

活动过程

1. 全班同学随机分成小组，各小组成员自由围成一圈，且各推选一名主持人。
2. 主持人宣读规则：

（1）每位同学先依次做自我介绍，并默默记下周边同学的姓名。

（2）主持人随机指定一位同学自报姓名"我是×××"，接着其右边的同学自报姓名"我是坐在×××的右边的×××"，依次类推，第二位自报姓名同学右边的同学继续自报姓名"我是坐在×××的右边的×××的右边的×××"，直至所有同学报完姓名。

（3）当每一位同学都清楚游戏的规则后，活动开始。

（4）宣布游戏开始后，过程中不允许提示，说错的同学需做一个小表演作为惩罚，表演结束后继续完成游戏。

活动分享

_____
_____
_____

寻找"有缘人"

活动目的
促进新生尽快沟通相识，发现共同爱好，寻找志同道合的朋友，形成团队，形成班集体。

活动介绍
1. 此活动比较适合于一个相互陌生的群体。
2. 多种颜色的小方形纸若干，每张纸分别剪成四小块彼此能相互契合的形状。选择欢快的乐曲作为背景音乐。
3. 纸片设计时可以四张相互契合拼成一个正方形，就会出现一人同时可以与两人相契合的情况。主持人可以要求第一个图形契合的人为"有缘人"，也可以要求只要是图形能契合的人都为"有缘人"。

活动过程
1. 在背景音乐的欢快气氛下，主持人要求每个参与者到场地中央的盘子里选取一张自己喜欢的纸片。
2. 根据自己所选纸片的颜色与形状，到群体中寻找能与自己图形契合的"有缘人"。
3. 有缘人可以是颜色相同、形状契合的人，也可以是颜色不同但形状契合的人，由学生自己理解决定。找到了"有缘人"后，两人坐在一起，相互介绍自己，通过交谈找出彼此间三个以上的共同点。
4. 游戏还可以继续深入，在两个"有缘人"的基础上接着做"成双成对"，继续寻找图形契合的另两个"有缘人"。找到后，四个"有缘人"通过交谈，寻找彼此间存在的三个共同点。

> **活动分享**

_____

_____

_____

二、素质拓展

（一）心理测试

心理健康自测量表

导语 通过心理健康自我测试，进一步认识自身的心理健康状况，引起对自身心理健康的重视。对下列各题做出"是"或"否"的回答，可大致看出你的心理健康状况。

1. 每当考试或提问时，会紧张和出汗。	是	否
2. 看见不熟悉的人会手足无措。	是	否
3. 心理紧张时，头脑会不清醒。	是	否
4. 常因处境艰难而沮丧气馁。	是	否
5. 身体经常会发抖。	是	否
6. 会因突然的声响而跳起来。	是	否
7. 别人做错了事自己也会感觉不安。	是	否
8. 经常做噩梦。	是	否
9. 经常有恐怖的景象浮现在眼前。	是	否
10. 经常会胆怯和害怕。	是	否
11. 常常稍不如意就会怒气冲冲。	是	否
12. 对自己的容貌缺乏信心。	是	否
13. 被别人批评时会暴跳如雷。	是	否
14. 在别人请求帮助时，会感到不耐烦。	是	否
15. 做任何事情都松松垮垮，没有条理。	是	否
16. 脾气暴躁焦急。	是	否
17. 一点也不能宽容他人，对朋友也是这样。	是	否
18. 被别人认为是很挑剔的人。	是	否
19. 总是会被人误解。	是	否
20. 经常犹豫不决，下不了决心。	是	否

21. 经常把别人交办的事弄错了。　　　　　　　　　　　　是　　　否
22. 会因不愉快的事缠身，而一直忧郁，解脱不开。　　　是　　　否
23. 有些奇怪的念头总是浮现脑海，虽知其无聊，但无法摆脱。是　　　否
24. 尽管周围的人在快乐地取闹，自己却觉得孤独。　　　是　　　否
25. 常常自言自语或独自发笑。　　　　　　　　　　　　是　　　否
26. 总觉得父母或朋友对自己缺少爱。　　　　　　　　　是　　　否
27. 情绪极不稳定，很善变。　　　　　　　　　　　　　是　　　否
28. 常有生不如死的想法和感觉。　　　　　　　　　　　是　　　否
29. 半夜里经常听到声响难以入睡。　　　　　　　　　　是　　　否
30. 感情很容易冲动。　　　　　　　　　　　　　　　　是　　　否

● **评分规则与解释**

每题回答"是"记1分，回答"否"记0分，各题得分相加即总分。本次测验我的总分是_____。

总分1～5分：心理状态好。

总分6～15分：说明精神有些疲倦，最好能合理安排学习和生活，劳逸结合，让精神得到放松。

总分16～30分：心理处于不健康状态，有必要寻求心理咨询中心专业人员做进一步的了解和帮助。

（二）心灵探索

我的"五样"

● **活动目的**　通过探索，引导学生正确认识自己，学会取舍，学会珍惜人生中最宝贵的东西。

● **活动准备**　安静的室内或室外。每人准备一张白纸，一支黑色笔。

● **活动过程**

1. 在白纸上写下你生命中最重要的五样东西。你尽可以天马行空地想象，只要把内心最珍贵的五样东西写出来就行，不必考虑顺序。

此刻，目不转睛地看着它们，这支集结起来的队伍，就是你生命中的挚爱。它们藏在你心底，是你最大的秘密。也许在今天之前，你并没有认真地思考和珍惜过它们，但从这一刻开始，你知道了什么是你维系生命的理由。

2. 接下去，糟糕！你的生活中出了一点意外。你要在这最珍贵的五样东西中舍去一样。请你拿起笔，把五样之中的某一样抹去。注意，你要用黑墨水，将这样东西毫不留情地涂掉，或者用刀子将它剜掉。直到它在洁白的纸上成为一个墨斑或黑

洞，再也无法辨识。

你的纸上剩下了四样珍贵的东西。此刻，生活又发生了重大变故，你必须再放弃一样。

好，现在白纸上还有三个选项。但是，你又遇到了险恶情形，又要放弃一样。

3. 最后，你的生活滑到了前所未有的低谷，你必须做出你一生中最艰难的选择。你只能留下一样，其余全部放弃。

到此，你的纸上只剩下一样东西，这也就是你最珍贵的东西了。

活动分享

_____

_____

_____

（三）艺文鉴赏

1. 心理影吧

《阿甘正传》

推荐理由

影片《阿甘正传》（图0-6）是一部经典之作，它以不同常规思维的角度、富有哲理的表现赢得了广大观众的青睐，使得不少观众一遍又一遍地观看，以此寻求自己的人生哲理。也正是如此，《阿甘正传》至今都是一部深受全球观众喜爱的电影。它所带给人们的不只是影片中诙谐幽默的对白和电影故事，当然还有让我们观众看到的主人公阿甘对生活不同的看法，对人生的思考，对生活应该持有的态度，做人应该如何面对人生，面对困难，面对自己和家人，等等。

图0-6 《阿甘正传》海报

《心灵捕手》

> **推荐理由**

《心灵捕手》（图0-7）是一部励志剧情电影，影片讲述了一个名叫威尔的麻省理工学院的清洁工的故事。威尔在数学方面有着过人天赋，却是个叛逆的问题少年，在教授蓝勃、心理学家桑恩和朋友查克的帮助下，威尔最终把心灵打开，消除了人际隔阂，并找回了自我和爱情。影片牵涉甚广，爱情、友情均有提及，正如一杯浓郁的黑咖啡，只有细细品尝，方能享受到其中的浓浓香味！

图0-7 《心灵捕手》海报

2. 心理书吧

《心灵的密码》

作者：[美]乔布拉；译者：任海龙；出版社：中国工人出版社；出版日期：2007年10月。

> **推荐理由**

生活的快乐，人生的意义，生与死的纠缠……这一切都取决于狄巴克·乔布拉博士为我们勾画的"唯一现实"。博士娓娓道来的玄妙奥义为我们呈现隐秘的人生圣域。《心灵的密码》共分十五章，一步一步将读者引入奥秘的内心世界，并提供翔实的阐释和练习辅导。跨进心灵的大门，抛弃人生的百般苦恼，踏上精神修习的旅途，逐步糅合自己的过去、现在、将来，抚平生与死的隔阂，最终抵达唯一现实的彼岸。

《世界因你不同——李开复自传》

作者：李开复、范海涛；出版社：中信出版社；出版日期：2009年9月。

> **推荐理由**

《世界因你不同——李开复自传》（图0-8）是李开复的一本自传，字里行间，是岁月流逝中沉淀下来的宝贵的人生智慧和职场经验。

透过这本自传，李开复真诚讲述了他鲜为人知的成长史、风雨兼程的成功史和烛照人生的心灵史，也首次全面披露了他亲历的苹果、微软、谷歌等IT巨头风云变幻的内幕。娓娓道来，字字珠玑。

抓住一切去探寻生命的意义，总有一天，世界将因你不同。

佳作欣赏：开启心灵之窗

图0-8 《世界因你不同——李开复自传》封面

参考文献

[1] 马丁·塞利格曼.真实的幸福[M].洪兰,译.北京：万卷出版公司,2010.

[2] 达菲,阿特沃特.心理学改变生活：第9版[M].邹丹,张莹,丁云峰,等,译.北京：世界图书出版公司北京公司,2011.

[3] 戴维·迈尔斯.我们都是自己的陌生人：第2版[M].沈德灿,译.北京：人民邮电出版社,2012.

[4] 美国希尔编写组.妙趣横生的心理学[M].王芳,等,译.北京：人民邮电出版社,2013.

[5] 卡尔.积极心理学：有关幸福和人类优势的科学：第2版[M].丁丹,等,译.北京：中国轻工业出版社,2013.

[6] 约翰·桑特洛克.心理调适：做自己心灵的CEO[M].王建中,吴瑞林,等,译.北京：机械工业出版社,2015.

[7] 马泽峰,杨英.活学活用心理学：心理学生活场景应用与范例全集[M].北京：中央编译出版社,2008.

[8] 毕淑敏.心灵游戏[M].北京：北京十月文艺出版社,2010.

[9] 俞国良,雷雳.心理健康经典导读[M].北京：开明出版社,2012.

[10] 张艳凯.趣味心理学[M].北京：清华大学出版社,2013.

[11] 时勘.心理健康教育[M].北京：外语教学与研究出版社,2014.

[12] 俞国良.大学生心理健康[M].北京：北京师范大学出版社,2018.

项目 1
校园适应 扬帆起航：
做随遇而安的高职生

➡ 学习目标

知识目标：
理解适应内涵，了解高职新生校园转变以及适应不良的种种表现，掌握运用积极适应的策略。

技能目标：
通过校园环境、生活状态、学习方式的转变来促进高职生适应能力的发展，不断提高自己生活和社会适应能力。

素质目标：
能分析个人进入大学的适应情况，尽快融入新的学习和生活环境当中，提高自觉性，做一名心理适应、健康成长的高职生。

➡ 学习指导

学习方法：
通过阅读入学资料、与学长交流等方式，了解所学专业的特点、学习内容以及大学生活方式，学会调适方法，做好心理调适。

学习结构图：

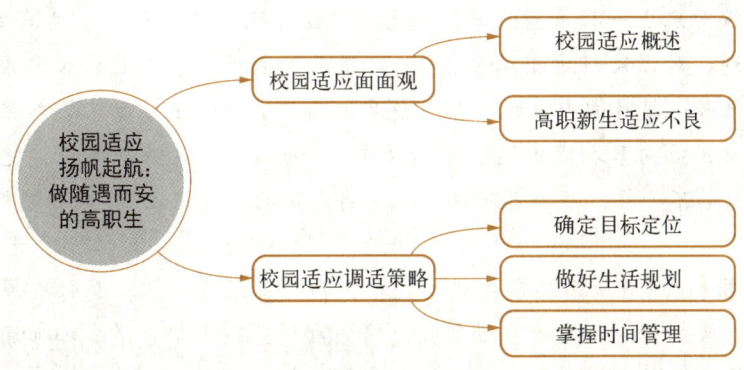

单元一　校园适应面面观

心灵小语

最高明的处世术不是妥协，而是适应。

——吉姆梅尔

如果你觉得环境中某些事情不适合你，就着手改变它；有些环境是无法补救的，有些事情是不能改变的，就学会适应它。

——哥尔斯

案例导读

刘强的故事

今年19岁的刘强，是大一新生。"刚到大学的那段时间，真的感觉自己进入了天堂"，刘强说。高中学校实行封闭高压政策，同学们绝大部分时间都花在了学习上，"高中那三年，我爸妈和老师天天跟我说，现在努力点，熬过这段就轻松了，大学你随便玩"。

9月，满怀期待的刘强来到大学校园。到了大学，没人督促了，加上课程不多，刘强每天都在宿舍窝着，上网打游戏。为了缓解无聊带来的孤独感，刘强对班上一位女生展开了攻势。"我给她写了封信，表达我的喜欢。但没想到，对方果断地拒绝了我"，刘强说。生活和感情上的双重挫折，导致他在很长一段时间内失眠，整夜整夜地心烦。大一上学期末，刘强两科成绩不及格，他向家人提出退学重读高中。"那时候状况特别不好，觉得大学跟我想象的不一样，我打算重读，来年再考别的学校试试"，刘强感慨道。

[分析] 刘强从满怀期待来到大学，到后来想要退学，是什么原因让他出现这么大的转变？原因在于刘强没能顺利地适应大学生活。如何顺利地度过新生的适应期，是高职生完成大学学业的关键一步。

一、校园适应概述

（一）适应的含义

适应的概念，可以从三个维度来理解。从生物学看，适应是指个体的生理适应；从心理学看，适应是指个体遇到生活事件的打击或挫折后借助心理防御机制来使自己减轻压力、恢复平衡的自我调节过程；从社会学看，适应是指个体为了生存和发展使自己的行为符合社会要求和规范的过程。这里主要从心理学角度来谈高职生的适应。

人是具有适应功能的，从进入幼儿园、小学、中学、大学到入职，都存在心理适应问题。心理适应主要指各种个性特征相互配合，适应周围环境的能力。一个人能否尽快地适应新环境，能否处理好复杂、重大或危急的特殊情况，与其心理适应性高低有直接的关系。

进入新的环境时，有暂时的焦虑、迷茫、孤独等表现，都是正常的，但如果消极感受持续时间较长且影响到学习和工作，则是适应不良的表现。当人出现适应不良时，往往会伴随着负面的认识和体验，如自信心下降、情绪低落、注意力下降、人际关系紧张等。

（二）适应的类型

适应分为积极适应和消极适应两种类型。

1. 积极适应

积极适应是健康的适应，一是改变自己以顺应环境或顺应环境中的某些变革；二是不断地抗争和选择，从一个目标走向另一个目标，这是一种发展性适应。

2. 消极适应

消极适应是不健康的适应，以牺牲个体的发展为代价，会出现适应不良现象，甚至会导致某些不同程度的心理问题或疾病的产生。在现实生活中，适应不良的行为表现有以下几种。

（1）反抗现实。由对现实不满转而反抗现实，反抗现有的社会规范，反抗社会权威，甚至产生更为严重的反社会行为，其结果不但不能解决问题，反而带来更为严重的挫折，甚至毁灭自己。

（2）逃避现实。个体由于承受不了现实压力，而以自欺欺人、掩耳盗铃的方式来应付问题，不面对现实，借以获得暂时性的满足，但久而久之会造成更大的挫败感。

> **案例 1-1**
>
> 　　进入大学后，小A同学发现课余有大量自由支配的时间，没有中学那么多的作业，也没有那么多的考试。由于课余时间不知道该做些什么，小A心里有点慌，于是他来到学校心理咨询中心，跟心理辅导老师诉说了心中的困惑，希望老师给予一些帮助。
>
> 　　小C同学来自北方小镇，她以较好的成绩考入一所南方的高职院校。初到大学时，她形容自己像一只自由的小鸟，时间自由、学习自由、财务自由。结果，第一学期期末考试她有两门基础课"挂科"了。"红灯高挂"后她才意识到入学成绩再好，如果不努力也是学不好的。于是，她第二学期开始努力学习。但由于前一学期基础课程没有学好，加上松懈状态很难一下子恢复到理想状态，结果，小C在第二学期还是出现了一门功课不及格。
>
> **分析** 上述案例中，小A同学属于积极适应型，有困惑主动寻求帮助。而小C同学的做法与小A刚好相反，属于消极适应型。出现适应不良时，如果小C能像小A那样，认真思考一下该如何度过大学时光，多向高年级同学、老师寻求帮助，她也许是另一种结局。

（3）脱离现实。从现实中退却，沉湎于虚构的幻想世界，过完全与现实隔离的生活，此种方式易于导致心理疾病。

（三）适应的过程

适应是个过程，需要一定的时间和努力。心理学将适应过程概括成"三步曲"。

第一步：熟悉环境和自我评估。环境分为物理环境和人文环境。大学新生入校后，首先要熟悉学校基本地理位置、周边资源，如交通、商场、食堂、教学区等；其次要熟悉人文环境，价值观、语言文化、生活习惯是人文环境的重要组成部分。自我评估是寻找资源的过程，是重新认识和了解自己的过程。个人的性格特点、以往的学习和生活经验都是自身的资源。

第二步：改变认知和态度。通过第一步的比较与评估，发现了许多与原来不同的地方，如学习方式的改变、学校设施不好、遇到自己不喜欢的老师或室友等。如果你不能让这一切如愿，那就改变自己的态度。认知和态度往往决定了行为的方向。认知和态度积极，行为方式也可能积极，如果认知和态度消极，行为方式也一定是消极的。

第三步：选择合适的行为。行为是连接思想和现实的桥梁。行为结果对认知和态度产生强化，积极的行为结果会产生积极的影响。

案例 1-2

小D同学在进大学之前很少单独出门，这次一个人来到一个陌生的城市求学，更不知该怎么办，出门总要找人来陪。渐渐地，同学就不太愿意陪她。于是她决定要练习自己外出，先买了一张地图，研究路线，从尝试那些能直达的地点，再到那些需要换乘、需要问路的地点。经过几次尝试之后，小D发现出门不像她想象的那么困难，问路时还遇到很多热心人。现在，小D已经成为同学中的"活地图"。

分析 上述案例中，小D同学的尝试产生了积极的结果，推翻了她以前的消极认知——不敢自己一个人出门，建立起积极的认知——我也可以顺利解决出门遇到的问题。

案例 1-3

来自北方的大一女生小李如愿以偿地考入了南方的一所高职院校。起初，除了饮食不是很习惯外，她对未来充满期待，希望在学校里好好学习，将来毕业在这里找一份好工作。可不久就觉得眼前的现实似乎离她想象中的大学生活越来越远……学习上，小李发现即使她抓紧一切时间学习，可还是跟不上老师的进度，"老师一次课就讲了几十页，照我的阅读速度远远跟不上啊！这在我十几年的学习生涯中是从未有过的事情"。生活上，小李刚入校时，常与室友"卧谈"到深夜，感到十分兴奋。但随着时间的推移，就不习惯了。中学时养成晚上10:30熄灯睡觉的习惯，而大学宿舍晚上不熄灯，学生自己控制，习惯早睡的她想早点睡觉，却不知如何让室友早点安静，感觉特别累，十分苦恼！在中学，小李一直是老师的得力助手，同学们的好班干，可进入大学后，她却没有当上班干，去各社团应聘也屡遭挫折，用她的话来说是"特委屈、特受挫"，以致常生闷气，情绪十分低落，觉得别人似乎都不愿接近自己了。这让她特别怀念中学时光、怀念中学好友……

分析 小李同学遭遇的事情不是少见的,真实的大学生活总是和大家的想象有些距离,从中学到大学面临一些重大的变化,如下表(表1-1)所示。

表1-1 中学到大学的变化

内容	中学	大学
发展目标	追求美好的大学梦、单一	目标多样性、选择自由性
角色地位	出类拔萃、获得奖励	普通一员、得不到关注
学习变化	目标单一、内容明确	目标多元、自主学习、内容复杂
人际关系	相对封闭的环境	相对开放的环境
生活变化	父母照顾、熟悉简单	自我管理、陌生、复杂

二、高职新生适应不良

(一)新生适应不良的表现

1. 学习适应不良

学习适应不良主要表现在学习方式不适应、学习目标迷失以及对专业的不满意等方面。

首先是学习方式适应不良。中学阶段的学习是老师课堂详细分析讲解,课后到班级帮学生解题答疑。进入大学,老师按照自己对知识的理解进行讲授,更多地调动学生的主动性、积极性。当学习从被动学习转变成了自主学习,大多数同学表现出了适应不良。

其次是学习目标迷失。在进入大学之前,学校及家庭给学生灌输的主要学习目标就是考上大学,学校的一切教育工作都是围绕高考开展的,考上大学就成了学生学习的唯一目标。而考上了大学,目标得以实现,新的目标又没有建立,就会导致无所适从,出现适应不良。

再次,对专业的不满意。这类情况的出现主要是专业调剂和报考前对本专业了解不够,理想的失落和进校后学习的迫不得已,使得某些同学感到苦恼,自信心缺乏,情绪起伏大,上课不能集中注意力,从而出现适应不良。

案例 1-4

小E同学是某高职院校大一新生,来到大学后,他发现很自由。上课时老师不点名,就算逃课了老师也不知道,课后自主时间很多,他经常与同学去品尝美食、周末KTV唱歌、熬夜打游戏……

快到期末了,他发现很多书还没有看,想认真看已经来不及了。于是小E挑灯夜战,拿出高考冲刺的精神,将本学期参考书快速浏览一遍,在忐忑不安中参加了期末考试。结果,还是有一门功课不及格,其他都是勉强及格。

| 分析 | 小E同学就是典型松懈型的大一新生,平时疯狂地玩,临考试"抱佛脚",虽然只有一门功课不及格,但整体平均分数偏低,对以后评优和就业都是有影响的。

2. 人际关系适应不良

中学时期,人与人的关系相对来说较单一,主要面对的是家长、班主任及同学,为了能通过高考,主要时间都放在了学习上。进入了大学,人际交往对象范围扩大,在复杂的人际交往中,大学新生往往会不知所措,如宿舍关系中,同学们来自不同地方,语言习惯不同,生活习惯不同,如果处理不好,人际关系变得紧张,就会导致人际关系适应不良,影响学习生活。

案例 1-5

小F家境很好,她用的东西都是宿舍里最高档的:高档手机和电脑、国外化妆品、名牌服饰……但小F感到很孤独。她想与大家谈流行与时尚,却发现其他人很少能接上她的话题;别人谈论的内容,如哪里东西便宜、如何跟小贩讨价还价等,她又不感兴趣。室友会结伴去食堂吃饭,小F觉得那里饭菜难以下咽,很少去食堂。经过两个月大学生活,小F感到很不适应宿舍的环境,于是她找到辅导员,提出要调换宿舍。

| 分析 | 对于小F同学,最好的解决方法是改善自己的交往技巧,提高自己的交往能力,而不是调换宿舍。小F如果不改变自己,寄希望于调换宿舍是解决不了问题的。交往需要技巧,在与室友交往中,要学会存异求同,找到大家熟悉的共同话题。

3. 生活适应不良

中学阶段，住校的学生不多。生活方面的事务全由父母打理，学生无须过问，家长也只让学生闷头学习。进入大学，基本上都住校，学生离开了家长，面临自己独立生活的问题，该如何买衣服、整理宿舍内务、洗衣服等，会使学生一筹莫展。习惯了父母包办一切，一旦面临独立自主生活，一些学生往往会不知所措，出现独在异乡为异客的"孤独感"。

案例 1-6

以下内容节选自一位大一新生写给校心理咨询老师的信：

拿到大学录取通知书的时候，我非常高兴，根本没想过，离开了父母照顾的生活会是什么样子。一开始，我连衣服都不会洗，并且几个人的衣服晾在一起，我认不出哪件是自己的，只好等别人都收完了再收自己的，后来我索性给自己的衣服做上记号。其实，生活上事情都很小，但如果做不好，就会影响心情，也会觉得自己怎么这么笨啊。那段时间真的非常非常想家，八月十五的晚上，我对着月亮，自己一个人偷偷地流泪……

分析 我们有多少同学遇到过上述案例中这位同学所讲的事情？进入大学，事无巨细都得自己费心和操持。很多看似简单、平常的小事，对于缺乏自理能力的同学来说，就像横亘在他们面前的一座难以逾越的大山，阻碍他们的大学生活。

（二）新生适应不良原因分析

引起高职新生适应不良的原因很多，主要有以下几点。

1. 心理素质问题

心理素质包括个体气质、性格差异、情绪、动机行为倾向等。气质、性格作为人的心理特征重要组成部分，是影响新生适应性的重要因素。一般来说，胆汁质的学生热情奔放，多血质的学生开朗活泼，这两种气质类型的学生能很快地适应新的环境。而黏液质和抑郁质的学生相对含蓄、沉稳，不善于与人交往，融入新环境的速度慢一些。另外，从性格来说，外向型的学生一般比内向型的学生适应快一些，适应效果好一些。

知识窗：气质类型

2. 个体认知不当

（1）理想自我与现实自我的落差。

社会的众望，同辈的羡慕，在客观上助长了大学新生对自身的评价，觉得自己是天之骄子，理应受到各方面的关心、扶持，生活也应该是完全自由的，不应该存在丝毫的约束和限制，但现实不是这样，从而出现理想自我与现实自我的落差。

（2）对大学期望值与现实满意度的落差。

中学时代的学生对大学生活的想象过于理想化，真正进入大学后，他们发现大学生活远不如想象中那样多姿多彩，每天要自己处理各种各样的生活琐事，要适应纷繁的人际关系，理想与现实之间产生了较大差距，激发了一些新生的心理矛盾，导致一些心理问题的出现。

3. 家庭教育问题

有些学生在家庭中形成了自我中心倾向，进入大学后，只强调自己的感受，只顾自己的利益，在人际交往中表现出清高、自负、目中无人，导致同学对他们敬而远之，而人际交往的不利也容易使他们产生孤独、焦虑、恐惧等问题。

4. 心理准备不足

部分大一新生事先没有充分估计进入新学校的各种变化和可能情况，并未做好相应的应对措施。比如，过去的同学亲切，现在的同学形同路人；过去的老师喜欢自己，现在的老师不在乎自己等，想家、想以前的朋友、感到异常孤独、难受等情绪油然而生。

单元二　校园适应调适策略

➔ 心灵小语

世上没有绝望的处境，只有对处境绝望的人。

——费洛姆

这世界除了心理上的失败，实际上并不存在什么失败，只要不是一败涂地，你一定会取得胜利的。

——亨·奥斯汀

➔ 案例导读

大学期间要做什么？

最近，王勇感到很烦躁，原因是他不知道如何继续大学生活。他是一名大一学生，在经历了两个月的大学生活后，不知道自己该何去何从。

入学以来，王勇发现大学与中学完全不同，学习基本上靠自觉，没有人再盯着你，空闲时间特别多。除了上课，其余时间也就是用来吃和睡了。曾向学长、学姐请教，得到的答案也不尽相同。有人说人际交往最重要，要多参加社团，与同学多交流；有人说上大学就是尽情地玩，把以前失去的都补回来；有人说要努力学习，多考证书，多拿奖学金，为将来打基础；还有的说，大学期间一定要谈恋爱，因为校园的爱情最纯真……最后，王勇也不知道该听谁的了。他脑海里不时冒出"我为什么要上大学""难道这就是我要的大学生活吗"这样的疑问。

分析　上述案例中王勇的烦恼也是很多高职生的烦恼：盲无目的地过着大学生活，看似丰富精彩，但却不知道自己为何如此生活。

一、确定目标定位

大学是人生的新起点,新生活、新环境预示着新希望。大学阶段是同学们社会化过程中的一个重要时期。当今社会就业压力加大,大学新生有必要做好职业生涯规划。这也是高职生在今后的就业中博得先机、抢占一席之地的第一步。

(一)目标的确立

大学阶段发展目标并非一入学就能完全确定的,而是会经历一个从失落到重构的过程。大一新生普遍存在目标失落的问题。这种失落主要来源于阶段目标、具体目标不清楚,不清楚自己在大学三年究竟该干什么,每个学期、每个月、每天该干什么,这种失落感会持续半年,有些甚至会持续一年。

(二)目标的制订

经历了目标失落和重建的过程,就进入了明确合理的目标制订阶段。

什么是明确合理的目标呢?心理学研究表明,明确合理的目标应满足以下条件:

1. 符合社会和时代的要求

理想不是幻想,它来源于现实又高于现实,对学生而言,首先要了解社会和用人单位需要什么样的大学生,什么样的大学生受欢迎,这样才能做到心中有数。

2. 适合自己的个体特点,扬长补短

每个同学都可以通过科学的心理学书籍和专业的心理测试,了解自己的性格类型、能力水平、职业倾向等,从而认识自己,制订相应的适合自己的发展目标。专业的个性或性格测试有:艾森克人格问卷、16PF、MBTI人格测验、霍兰德职业兴趣测验等。

(三)目标的实施

根据确定的发展目标,在权衡个人特点和外部条件后,列出目标实现过程中已有的各种重要的有利条件和不利条件,然后思考你的对策和相关措施。之后,用行动来达成目标,将目标的结果记录下来。

知识窗:目标制定的"SMART"原则

(四)目标的评估

当目标实施结果摆在面前时,需要进一步检验目标是否已经达成。面对失利,

查找原因，总结经验，以便进一步调整目标。

二、做好生活规划

高职生怎样进行生活规划，给自己一个美好的未来？生活规划是一门实用但不能一蹴而就的学问，需要与大学的学习同步进行，从跨入校门的那一刻开始，就要准备为将来成长做好铺垫。

（一）生活规划的内容

1. 学习

学习是学生的本分，也是检验大学生活是否合格的基本标准。学习不仅在于要学好专业知识，还要不断加强人文素养，挖掘和培养自己的兴趣。兴趣是最好的老师，也是学习的最大动力。

2. 活动

同学们参与活动的形式有组织者和参与者两种。作为参与者，在参与过程中投入时间和精力有限，收获也是有限的，而作为组织者，在组织活动中投入大量的时间和精力，但收获也是很大的。

3. 情感

高职生在大学生活中会付出一定的情感，也会收获友情和爱情。友情是人生中最宝贵的财富之一，人们常说人生得一知己足矣，真正的朋友对于每个人都是可遇而不可求的，而大学生活恰好是"偶遇"朋友的最佳时机。如何面对爱情、如何与相爱的人相处是一门学问，都是需要学习的。在大学里体会爱情、学会去爱，即使不成功，对一个人的成长和成熟也是有帮助的。

（二）生活规划的方式

1. 目标

从入学的第一天开始，同学们就要认真思考，多问自己这样的问题："我想成为一个什么样的人""大学期间，我要具备哪些能力""我要为未来做哪些准备？"明确自己的人生目标，并将之分解成不同发展阶段的目标，然后将阶段目标清晰化，制订详细的实施计划，这样才能保证人生大目标不为空想。

2. 态度

人生目标制订出来，如何落实，"态度"最重要。大学其实就等于一个"小社会"，但比外面的"大社会"还是单纯很多，如果你没有在这个小社会里培养好自己的人生态度，到了外面，吃亏吃苦的地方就多了。在大学生活中，一定要持有积极乐观的生活态度，既要能享受生活的美好，也要能承受生活中随时出现的各种不如意和难题。要给自己信心，相信自己能掌控自己的生活，相信自己有能力做到，也要相信自己能做得更好。

3. 行动

作为高职生，大学三年要分步骤、扎扎实实地、一步一个脚印地去完成自己所确定的目标。大一为适应期，要初步了解自己所学专业以及对口的职业，特别是自己未来从事的职业，刻苦学习，打好坚实的基础；大二为定向期，要深入学习专业课程，通过参加社团活动锻炼自己的能力，尝试参与未来职业相关的兼职；大三为冲刺期，毕业后是继续升学还是就业，尽快确定自己的方向。

（三）生活规划的步骤

1. 适应校园环境

进入大学后，新生处在一个陌生的环境里，要尽快熟悉校园环境，摆脱陌生感。在熟悉校园环境的同时，还需要了解校园资源，学会借助网络，掌握信息。

2. 思考自我，明确定位

新生需要尽可能全面地了解自我，发掘自身的兴趣爱好，根据自身的个性特点和能力所长树立职业理想。

3. 适应学校生活

新生的主要任务就是学好基础课程，掌握基本技能，并养成良好的生活学习习惯，高效利用大学资源。

4. 调整修正，收获成功

"人非圣贤，孰能无过"，刚迈入大学校门的新生难免有时候会盲目、会有认识上的偏差，这时，需要冷静地思考，分析问题出在哪个环节，同时要有修正计划从头再来的勇气。

三、掌握时间管理

（一）时间管理的内涵

时间是一种资源，对每个人来说具有公平性、不可再生性、不可逆转性和不可替代性。这些特性决定了时间是世界上最稀缺、最宝贵的资源。

时间管理是指一个人认识时间的重要性，善于把握时间，合理分配时间，有效使用时间的能力与控制力。

（二）时间管理的问题

案例 1-7

时间都去哪了？

忙了一个学期，小H终于静下心来回顾这一学期的收获，结果让小H非常沮丧。无论是学习还是社会实践，她的成绩都不尽人意。想想自己的表现，她真的不知道为什么会是这样的结果。整整一个学期，她经常感觉到被近乎疯狂的时间表逼疯，每天早起晚睡，雷打不动地背着书包上自习，熬夜、牺牲节假日更是家常便饭。尽管忙得不可开交，却经常完不成各项作业。她很苦恼：为什么同样是那么多时间，别的同学就学好了，我忙得几乎筋疲力尽可事情还是做不完？真希望我能多一些时间啊！

分析 调查发现，像小H同学这样不善于时间管理的高职生不在少数，而时间管理能力对大学生的发展有十分重要的作用。

时间管理研究发现，人们的时间往往是被下述的十大"时间窃贼"给偷走的，如下表（表1-2）所示，同学们可以看看有哪些跟自己相符。

表1-2 十大"时间窃贼"症状与应对方法

症 状	应对办法	症 状	应对办法
① 寻找东西	不用的东西扔掉，不扔掉的东西分门别类保管好	⑥ 惋惜空想	不要老想过去或空想未来，抓住当今时光
② 懒惰	使用日程安排簿，在宿舍以外学习，及早开始	⑦ 拖拖拉拉	不要犹豫不决、婆婆妈妈，要当机立断、果断处事
③ 时断时续	做事一鼓作气，做完休息	⑧ 匆忙莽撞	要培养自制力，充分自律
④ 一人包揽	授权、委托，提高积极性	⑨ 消极情绪	培养积极心态
⑤ 偶发延误	事先有计划、有准备	⑩ 无轻重缓急	分清轻重缓急

（三）时间管理的方法

1. 学会合理运用时间

（1）要善于计划。凡事先做好计划，对人、财、物、时的分配与使用，要做到心中有数，分出轻重缓急。

（2）要善于合理搭配。能同时进行的事情尽量同时进行，能交叉做的事情要相互协调，能互为利用的事情要进行转换，能提前准备的事情要事先落实到位。

（3）要善于运用优选法。优选法的核心在于如何在最短时间做更多的事情，即"两不耽误"。

（4）要善于运用最佳效率时间。最佳效率时间也叫"黄金时间"，即根据自身的特点，把效率最高的时段安排完成难度较大的任务，从而达到事半功倍的效果。

2. 学会先做最重要的事

一个人精力是有限的，要把有限的时间集中在处理最重要的事情上，要有勇气并机智地拒绝不必要的事情。

（1）每天列出你要做的所有事情，看看有多少件，不要遗漏。

（2）把你要做的事情分成三类：第一类是你必须做的事，否则会影响你的发展；第二类是有时间再去做的事，做了会使自己比较圆满；第三类是可做可不做的事，不会影响自己，随着时间过去变得无所谓。

（3）当你做完最重要的事情，可稍做休息，想想还有没有遗漏，然后再去完成第二类事情，最后有时间再做第三类事情。

3. 学会利用"零散"时间

有人说："时间，就像海绵里的水一样，只要愿意挤，总还是有的。"善于利用"零散"时间，主要体现在利用三五分钟到三四十分钟的短时间去做一些小事情或简单事情，如背外语单词、读一段书、整理一下笔记或事先为某件事做些准备等。大学生零散时间很多，如晨练之后、早餐前后、课间休息、课后餐前、晚睡之前、等待开会等。其实重要的不在于有没有零散时间，而在于你有没有日积月累、水滴石穿的决心和恒心。

单元三　心理训练与素质拓展

一、心理训练

（一）心灵思考

大学初入学时的挑战与困难

回忆一下初入大学校门时你遇到过哪些挑战与困难以及你是如何处理的，并将结果写在下表（表1-3）中。

表1-3　挑战与困难的处理方法与效果

	挑战与困难	处理方法	效果
作息时间			
饮食睡眠			
室友关系			
班级同学			
生活习惯			
金钱管理			
学习方法			
学习内容			
时间管理			
情绪心态			
……			

换　位　置

🔵 **活动目的**　体会环境适应的重要性，以及学会接纳和理解环境变化的不适应。

🔵 **活动过程**

1. 请所有同学离开自己原来的座位，换到离这个座位较远的位置上，体会一下换座位后的感受，全班进行分享。体会换座位这样一个小的环境变化带给人的不适应感受。

2. 小组讨论：请同学们讲一讲自己是如何适应大学生活的，其中有哪些经验。

将学生分成若干小组，讨论以下几个问题：进入大学后，最满意的是什么？最高兴的是什么？最关心的是什么？最担心的是什么？最想做的是什么？然后请每个小组推选一名代表来谈谈这些问题。让学生们交流入学以来的感想，对自己的大学生活有一个梳理的过程。

活动分享

_____
_____
_____

（二）活动训练

我想有个家

活动目的 建立团队，使学生尽快融入新环境、新集体。

活动过程

1. 让学生围成圆圈，手拉手，充分体会大家在一起的感觉。
2. 老师说"马兰花开，马兰花开"，学生问："开几朵？"老师说"开N朵"（N小于学生数）。学生按照这个数围成一个"家"，拉起手来。圈外的学生就成为"无家可归"的人。让没有找到"家"的学生谈谈游离在外的感受。

（1）当你听到口令，你最希望得到的是什么？
（2）当你成为"无家可归"者，你的感受是什么？
（3）当你在团体中，你的感受是什么？
（4）怎样才能让自己成为团体中的一员？

活动分享

_____
_____
_____

寻找"归属"

活动目的 从了解自己开始，逐渐关注同伴，最后融入团体，体验归属感。在活动中自然产生"领袖人物"，发现个人特长与潜质。

活动过程

准备十二生肖面具各一副。每个人都有一个属相，自己的属相是什么，自己一定一清二楚。但你是否知道，在我们这个群体中，谁的属相与自己相同？我们群体中又究竟有多少种属相呢？下面我们一起来做寻找归属游戏。

1. 不用语言交流，通过肢体语言找到与自己属相相同的人。

2. 所有学生先都蹲下，同一属相的学生用肢体语言集体表演属相动物的典型特征，如果大家看明白了，鼓掌表示认同，他们就可以站立起来，派一名代表到主持人处领取"生肖面具"。直到所有的人都站立起来。

3. 戴上"生肖面具"的学生排在第一位，其余同属相的学生均排在其后。通过成语（或俗语）接龙壮大自己的队伍。如龙马精神，属龙的与属马的就连成一体。

4. 最后看看，自己的归属找到了吗？是一个还是一批，是一群还是全体？

活动分享

_____
_____

时 间 大 饼

活动目的　学会管理时间。

活动过程

1. 请尽量回忆在过去一个月中参加的各项活动，然后根据每项活动所投入的时间多少，按百分比分配在下面的圆形中。

2. 活动选项：A. 学习时间　　　B. 兼职时间　　　C. 睡眠时间
　　　　　　　D. 参与社团　　　E. 娱乐休闲　　　F. 体育锻炼

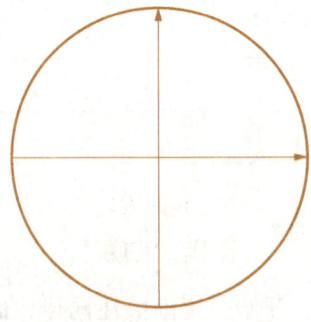

3. 完成图形绘制后，请同学们思考，并回答以下问题：
（1）你在大学阶段的学习和生活目标是什么？
（2）你的主要时间用来实现你的目标了吗？

（3）你的时间管理是否有问题？

（4）哪一部分的时间是可以增加的？哪一部分的时间是可以减少的？

活动分享

二、素质拓展

（一）心理测试

心理适应能力测量表

导语 下面的问题能帮助你进行心理适应能力的自我判别。请认真阅读，并决定与你实际情况的符合程度，然后从每个项目后面所附的三种备选答案中选出一个。

注：回答A是"是"，B是"无法肯定"，C是"不是"

1. 我最怕转学或转班级，每到一个新环境，我总要经过很长一段时间才能适应。　　　　　　　　　　　A　B　C
2. 每到一个新的地方，我很容易同别人接近。　　A　B　C
3. 在陌生人面前，我常无话可说，以致感到尴尬。　A　B　C
4. 我最喜欢学习新知识或新学科，它给我一种新鲜感，能调动我的积极性。　　　　　　　　　　　　　A　B　C
5. 每到一个新地方，我第一天总是睡不好；就是在家里，只要换一张床，有时也会失眠。　　　　　　　A　B　C
6. 不管生活条件有多大变化，我也能很快习惯。　A　B　C
7. 越是人多的地方，我越感到紧张。　　　　　　A　B　C
8. 我的期末成绩多半不会比平时练习差。　　　　A　B　C
9. 全班同学都看着我，心都快跳出来了。　　　　A　B　C
10. 对他有看法，我仍能同他交往。　　　　　　　A　B　C
11. 我做事情总有些不自在。　　　　　　　　　　A　B　C
12. 我很少固执己见，常常乐于采纳别人的观点。　A　B　C
13. 同别人争论时，我常常感到语塞，事后才想起该怎样反驳对方，可惜已经太迟了。　　　　　　　　A　B　C
14. 我对生活条件要求不高，即使生活条件很艰苦，我也

能过得很愉快。　　　　　　　　　　　　　　　　　　A　B　C

15. 有时自己私下里明明把材料背得滚瓜烂熟，可在当众背的时候，还是会出差错。　　　　　　　　　　　　A　B　C

16. 在决定胜负成败的关键时刻，我虽然很紧张，但总能很快地使自己镇定下来。　　　　　　　　　　　　A　B　C

17. 我不喜欢的东西，不管怎么学也学不会。　　　　A　B　C

18. 嘈杂混乱的环境里，我仍然能集中精力学习，并且效率较高。　　　　　　　　　　　　　　　　　　　　A　B　C

19. 我不喜欢陌生人来家里做客，每逢这种情况，我就有意回避。　　　　　　　　　　　　　　　　　　　　A　B　C

20. 我很喜欢参加社交活动，我感到这是交朋友的好机会。　　　　　　　　　　　　　　　　　　　　　　A　B　C

评分规则与解释

1. 凡是单数号题选"A"得-2分，选"B"得0分，选"C"得2分。
2. 凡是双数号题选"A"得2分，选"B"得0分，选"C"得-2分。
3. 将各题的得分相加，即得总分。本次测验总分为_____分。

总分35~40分：心理适应能力强。能较快地适应新的学习、生活环境，与人交往轻松、大方。给人印象好，无论进入什么样的环境，都能应付自如，左右逢源。

总分29~34分：心理适应能力良好。

总分17~28分：心理适应能力一般，当进入一个新的环境，经过一段时间的努力，基本上能适应。

总分6~16分：心理适应能力较差，依赖于较好的学习、生活环境，一旦遇到困难则易怨天尤人，甚至消沉。

总分5分以下：心理适应能力很差，在各种新环境中，即使经过一段相当长时间的努力，也不一定能够适应，常常困惑，因与周围事物格格不入而十分苦恼。在与他人的交往中，总是显得拘谨、羞怯、手足无措。

（二）心灵探索

大学期间的发展目标

活动过程

1. 请在下表（表1-4）中写出你在大学里想要实现的10个目标，然后思考确定目标的理由，再按照重要性从1到10排列出这些目标的重要性。

表1-4　大学期间的10个目标

我在大学里的10个目标	确定该目标的理由	此目标的重要性（用1—10排序）
①		
②		
③		
④		
⑤		
⑥		
⑦		
⑧		
⑨		
⑩		

2. 请看看最重要的5个目标。然后按照如下要求做：如果现在有特殊事件发生，你必须在5个目标中画掉2项，体验一下你现在的心情如何？现在又有特殊情况发生了，需要你继续画掉1项，你的心情如何？再画掉1项后心情又如何？现在只剩下1项，这就是你大学期间最想干的事情。

3. 然后再看看其余画掉的4项，是不是仍然是你排在第二到五位的目标。若不是，再从其他目标中选出排在前5位的目标。重新按照重要性将安排在前五位的目标写在下面，这些目标对你来说也是最重要的一些发展目标，也是你当前为之奋斗的目标。

大学中我最看重的5个发展目标：

（1）_____

（2）_____

（3）_____

（4）_____

（5）_____

（三）艺文鉴赏

1. 心理影吧

《荒岛余生》

推荐理由

《荒岛余生》（图1-1）根据英国著名作家丹尼尔·笛福的畅销小说《鲁宾逊漂

图1-1 《荒岛余生》海报

流记》改编而成。影片以极大的篇幅展现了鲁滨逊落难荒岛、不畏艰难、自耕自力、与恶劣环境斗争的动人情景,歌颂了人的智慧和勤劳的美好品德。鲁滨逊这一形象其实是17世纪英国资产阶级中的先进、敢于冒险、勇于开拓的典型形象的代表。该影片是2000年以来好莱坞最不同寻常的影片之一,值得同学们观赏。

《马达加斯加》

推荐理由

电影《马达加斯加》(图1-2)主要讲述了长颈鹿梅尔曼、河马格洛丽娅、狮子亚历克斯、斑马马蒂是好朋友,他们在纽约动物园过着安逸的生活,然而这一切都随着马蒂想看看大自然的想法而打破……马蒂在她生日的晚上偷偷地跑了出来,其他三个出来寻找她,经过一系列的曲折,他们四个阴差阳错流落到马达加斯加岛。在这个没有人类的岛上,他们遇到了以前从未碰到过的困难,体验到了野外生活的种种刺激,最终战胜困难,踏上新的征途。该影片提示我们合理控制自己的欲望,适度满足,让自己的欲望朝有利于自己的方向发展,不断完善人格,增强社会适应能力。

图1-2 《马达加斯加》海报

2. 心理书吧

《我的大学我做主1：大学生活规划》

作者：[英]劳伦·卢西恩；译者：杨紫旋、王玲；出版社：东北财经大学出版社；出版日期：2014年1月。

推荐理由

劳伦·卢西恩的《我的大学我做主1：大学生活规划》（图1-3）基于心理科学的视角，紧扣学生的思想实际、心理特点和阅读爱好，阐述作为教育工作者的深入思考和对学生成长的由衷期望。本书旨在让不同专业背景的大学生都能带着轻松愉悦的心情阅读，以提高学生的心理健康水平和自我发展能力等，积极引导学生学会学习、学会生活。本书的目的，是帮助你收获更多你期望从大学里获得的东西，并且帮助你成为一个成功、乐观的大学生。

图1-3 《我的大学我做主1：大学生活规划》封面

《不再害羞：如何提高你的社会适应力》

作者：[美]菲利普·津巴多；译者：段鑫星；出版社：北京联合出版公司；出版日期：2018年12月。

推荐理由

《不再害羞：如何提高你的社会适应力》（图1-4）是"当代心理学的形象与声音"、享誉全球的心理学大师菲利普·津巴多经典之作。本书以大量的研究为基础，探究害羞的成因和表现、害羞者的内心世界，并提出克服害羞的行为认知疗法，有极高的实用性。害羞会给你的人际关系、亲密关系带来巨大的阻碍，并让你在社会适应上困难重重。而每一个害羞的人，都能通过本书重新认识自己，让社交不再是一个问题。

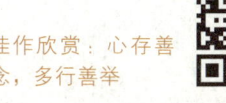

佳作欣赏：心存善念，多行善举

图1-4 《不再害羞：如何提高你的社会适应力》封面

参考文献

［1］崔建华.大学生心理素质提升训练［M］.厦门：厦门大学出版社，2009.

［2］覃彪喜.读大学，究竟读什么：上［M］.广州：南方日报出版社，2012.

［3］赵雪莲.大学生心理健康实训实操手册［M］.长春：东北师范大学出版社，2012.

［4］虞海宁.大学生新生完全手册［M］.合肥：安徽文艺出版社，2014.

［5］姚本先.大学生心理健康教育：高职版［M］.合肥：安徽大学出版社，2015.

［6］教育部《大学生心理健康测评系统》课题组，方晓义，沃建中，等.《中国大学生适应量表》的编制［J］.心理与行为研究，2005（2）.

［7］王晓红.高职大学生学习适应问题与对策分析［J］.中国电力教育，2013（28）.

项目 2
学会学习　走向成功：
做个会学爱学的高职生

➡ 学习目标

知识目标：
1. 理解学习内涵，了解大学究竟学什么，明确学习目标、特点。
2. 了解高职生学习表现和困扰，掌握快乐学习、高效学习的策略方法。

技能目标：
通过训练和拓展，提高学习素养，掌握学习技能，增强学习能力。

素质目标：
理性看待学习心理问题，能够进行有效调适，具备科学的学习方法，提高综合素质，做个爱学会学的"学习达人"。

➡ 学习指导

学习方法：
通过召开主题班会等方式，与学长学姐交流，了解大学学习特点，端正学习态度，激发学习动机；补充阅读关于学习方法的书籍，提高学习效率。

学习结构图：

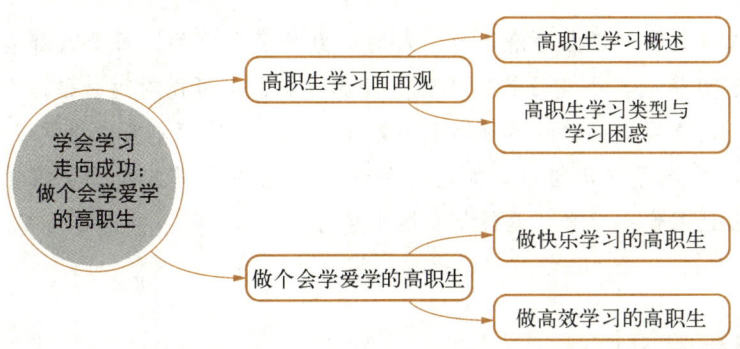

单元一　高职生学习面面观

➤ 心灵小语

给我一打健全的儿童,以及使之成长的具体条件,我可以按照自己的要求,把他们随意地培养成各类行家——医生、律师、艺术家、机械师,甚至乞丐和盗贼,不管他们父辈的才华、嗜好、秉性、能力、职业和种族有何差异。

——心理学家华生

➤ 案例导读

苦恼的小花

小花是家里3个孩子中的大姐,她的家境很一般。父母对其学业寄予厚望,高中时花了很多钱供小花上补习班。虽然小花很努力学习,最终考上了一所高职院校。家人和亲戚对小花的态度也因此有了变化。小花觉得愧对家人的同时也认为自己的学习能力很差。进入大学后,各类考试小花都很努力准备,天天去图书馆学习,结果却都让人失望。小花开始变得脾气暴躁,并认为自己不是学习的料,再努力也没有用。

|分析| 多元智力理论认为,人的智力是多元化的,每个人都有自己所擅长的智力领域。小花虽然在学业上表现一般,但可能对运动很感兴趣。此外,学生的学习成果受到多种因素的影响,有时不能简单归结为学习能力差,也有可能是学习方法错误。如何找到适合自己的学习方式、点燃学习热情呢?下面让我们一起来"透视"高职生学习。

一、高职生学习概述

(一)理解学习的内涵

什么是学习?从字面上理解,"学"就是按照别人的经验去做,这里的经验可以是书本知识，也可以是他人的行为等信息；"习"就是学到后自己重复练习实践，变成自己的行为。学习有广义和狭义之分，是一种复杂的心理现象。广义的学习是指动物和人在生活过程中，凭借经验而产生的行为或行为潜在的相对持久变化。凡是获得经验、引起持久的行为变化，都可以称为学习。如猩猩学会用两根竹竿接起来获取笼子外较远处的香蕉是学习；小孩子学会用筷子吃饭也是学习。狭义的学习主要是指人类的学习，人类学习是以语言为中介，自觉地掌握社会历史经验，是一个积极能动的过程。通常所说的学习是指狭义的学习，高职生学习知识只是在校学习的一部分。

可以从以下五点来理解学习。

1. 学习是人和动物共有的心理现象，是个体适应环境的手段

广义的学习包含了人与动物的学习，但人的学习与动物的学习是两种本质不同的学习。人的学习是一种自觉的积极主动的过程。学生的学习是一种特殊的学习形式，是在教师的组织指导下，根据一定的教育目标，有目的、有计划、有组织地进行的，是以掌握一定的系统的科学知识和技能，形成一定的价值观、世界观和道德品质为主要内容的学习。

2. 学习是一种行为，是习得的行为，而不是本能的行为

天生就会的行为，如吮吸、膝跳反射等不是学习。学习只有通过体验才能发生，这种体验包括吸收信息和做出反应，从而给个体带来看见或看不见的行为变化，不是自然成熟带来的。比如，你学会了开车或游泳，这都是基于以往的经验而让你的行为发生了变化。

3. 学习是一种相对持久的行为变化

学习是通过个体相应的行为变化而体现的，也就是说，学习必须使学习者在行为、知识、技能或能力等方面发生某种变化。而且发生的这种变化不是暂时的，而是相对持久的。比如我们学会算数、开车、电脑技能等行为是持久不变的。而有些因素如药物、疲劳、饮酒、脑受伤等也会引起个体行为变化，但这些变化是短暂的，并且只是生理变化，不是学习。

4. 学习是由于经验的反复积累形成的

学习者必须凭借反复练习与经验，才有可能产生行为或行为潜能的持久变化。"三分钟热度、半途而废"的学习方式很可能无法有效掌握和运用知识。由此可见，学习并不是一个轻松的过程，很多时候也无捷径可走。人类知识的学习过程往往包含了长期的努力与坚持，需要毅力与恒心。对高职生而言，保持对学习的热情、坚持学习很重要。

5. 学习产生的行为变化可以是外显的也可以是内隐的变化

学习健美操、羽毛球等技能是外显的变化，而通过学习获得的知识、概念等，

则不能通过行为表现出来，只是内隐的心理变化。内隐学习常在无意识情况下进行，包括注意世界的规律性并不断对这种规律做出反应。如在没有明确的动机和系统教育的情况下，正常幼儿依然能够学习和使用语言。

（二）高职生学习目标

联合国教科文组织对大学生学习任务的界定是"四个学会"（广义的学习），即学会求知、学会做事、学会做人、学会与人相处。

学会求知（狭义的学习）是当今时代的总体要求，也是大学学习的根本所在。大量的知识需要在实际工作中不断学习和掌握，因此大学中对知识的掌握只是学习的一部分，更重要的是要学会学习的方法，这不仅是大学学习的目标，也是未来胜任工作的关键。

学会做事是指用一种善始善终的态度认真地对待和处理各种事务，坚持不懈并力求完善。现代社会发展的趋势是越来越注重能力，我们可以通过积极参加学生工作、参加社会实践等方式来锻炼自己的处事能力。

学会做人是指建构符合道德的价值体系，并承担个体的社会责任，热爱生命并感激生活的给予。学会做人还意味着除关注自己之外，还有对亲情和友情的看重，与亲朋好友之间的密切联系，对父母的关心和体贴，并承担应尽的义务，这都是"做人"本来的含义。

学会与人共处是营造良好的个人工作和生活环境的必要前提。即使彼此不能成为朋友，也至少需要有一种相互尊重的关系，这是成人的人际关系的最大特点。学会共处主要不是从书本中学习，最有效的途径之一就是参与社会活动，学会在各种"磨合"中找到新的认同，确立新的共识，并从中获得实际的体验。

（三）高职生学习特点

1. 专业性

高职生学习的最大特点就是具有一定专业指向性，学习内容围绕专业方向和需要展开。高职生一旦选定专业，确立了主攻方向，就必须对该专业的知识有较深入的了解和掌握。当然，专业性不等于单一性，学科之间有相互渗透和交叉的关系，在学好本专业的同时，还要广泛学习相关学科，做到"一专多能"。

2. 自主性

大学教师课堂讲授要求做到少而精，势必要求大学生课外通过自学掌握更多内容。高职生学习的核心就是高职生在学习过程中能充分发挥主观能动性，实现自觉、积极、主动地学习，包括学习内容的选择、学习时间的安排和学习途径的选择。此外，高职生课余时间较充裕，也决定了高职生要有较强的自学能力和学习计划能力，合理安排好自己的学习时间。

3. 探究性

高职生学习具有研究和探索的性质，学习能够超越老师讲授的范围，向广度和深度拓展。高职生在专业学习时，除了掌握老师讲授的本专业知识和理论外，还要了解和学习本专业相关的最新成果和发展趋势，积极探索、大胆创新本专业最前沿的知识。

4. 实践性

高职生学习的一个重要目标是就业，这不仅需要高职生熟练掌握本专业理论知识，还需要在实践中熟练地应用这些知识，即做到理论与实践相结合。高职生实践活动包括教学实践、实习环节、社会实践，如"三下乡"等社会活动以及学生社团组织的学术、文体等活动。

（四）学习与心理健康

高职生在校的主要活动是学习，心理健康是有效学习的基础，而对学习有较高热情、培养各种兴趣爱好与自我促进是心理健康的重要标志。学习与心理健康之间，是相互联系、相互影响、相辅相成的。

1. 学习有利于心理健康

从生物进化的观点看，学习是有机体适应环境的手段。学习是现代人赖以生存的必要条件，能促进人的全面发展，对身心健康有诸多好处。

学习能促进大脑活动，学习的过程就是脑运动的过程。勤动脑、善动脑及开展积极的思维活动，可以增加脑部的血流量，使大脑获得更多的刺激，产生更大的活动，保持脑细胞的活跃，促进智力的发展，从而使人的潜能得到进一步的开发。心理学研究表明，每个人都有与生俱来的潜能，但是这些潜能只有通过学习才能得以表现并得到进一步开发。

学习能带来满足感，带来愉快的情绪体验。乐于学习的学生能从学习中找到乐趣，且在学习中取得一定成绩后，更能肯定和发现自己的价值。

此外，高职生的学习还有助于纠正错误的认知观念，发展正确的认知方式，有助于发展健康的情绪和高级情感；有助于培养健全的人格，改善个性品质，提高自身社会适应能力；有助于建立和谐的人际关系等。

2. 心理健康有利于学习

当代大学生中，因心理疾病休学、退学的学生人数远多于其他原因休学、退学的人数。心理异常的学生往往无法坚持学习，心理不健康也会影响学习。在各项重大国际赛事中，较重的心理压力导致优秀运动员发挥失常的例子并不少见。而在实际生活中，沉重的

知识窗：读书有利于建立良好的人际关系

学习压力往往会导致普通学生厌学、弃学，优秀学生过度焦虑、紧张，最后在重大考试中失利。有研究发现，心理健康与学习适应、学习成绩存在显著的相关性。情绪越健康、越有毅力与恒心的同学越能专心学习，学习效果越好。处于不健康心理状态的学生，易引发失眠、消化不良、注意力无法集中、记忆力下降等生理问题，严重影响学习。

二、高职生学习类型与学习困惑

（一）高职生学习类型

（1）学习为主型。

案例 2-1

段飞：现以专业第一名的成绩考取某高校全日制本科（专升本）。

"我的家庭条件不是很好，所以在大学开始时我给自己树立了目标：要好好学习，争取多拿奖学金。大学三年里，我比别人多付出几倍的努力，奔走于自习室和宿舍之间。辛苦有了回报，我每年都能够获取奖学金。我大学的遗憾就是除了学习，没有参加丰富多彩的校园活动，也没有发展自己的兴趣爱好。"

（2）兼职为主型。

案例 2-2

李进远：现签约于广州的一家公司。

"我现在还正在为去年的那两门课程的重修成绩而担忧呢，如果不能通过考试，就拿不到毕业证了，现在签约的公司很可能跟我解约。我大学三年的主要精力都放在了兼职上，差不多所有的兼职活动我都体验过。在打工期间，我也确实学到了很多书本上学不到的知识，这些经历对我找工作起了很大的作用。然而现在如果说因为这样拿不到毕业证，那就糟了。大学期间我忽略了学习，也没有好好享受校园生活，这让我很后悔，感觉自己就跟没上过大学似的。"

（3）综合发展型。

案例 2-3

李思偲：毕业留校。

"大学三年发挥自己的特长——游泳，参加各种比赛（如大学生运动会等）获得了一定的荣誉。平时积极参加学生活动，担任学生会干部，从系的学生会外联部部长一路做到校学生会主席，主持各种活动，锻炼了自己的组织能力、人际交往能力和管理能力等，得到了学校领导、老师、同学的肯定。成绩方面也还不错，得过两年的奖学金，最后因为综合素质高而成功留校。"

（4）无所事事型。

案例 2-4

魏辉：现在的工作还没有最终确定。

"我这大学三年算是白过了，虚度了，什么也没有学到，只学会了玩各种游戏。刚开始的时候心里还是感到很内疚的，觉得对不起自己，也对不起父母。可是时间长了，自己也习惯了，变得没有斗志了，曾经有的理想也都没有了。我成了网吧的常客，大学三年就这样"游戏"过来了。看到别的同学都满载而归，在大学里有那么多的收获，为自己将来的事业打下了良好的基础，我真羡慕他们，真是悔不当初呀！"

讨论与思考：四个案例描述四种不同类型的大学生活，同学们觉得哪种大学生活是你想要的？你的大学三年可能会是哪种类型？

（二）高职生学习困惑

1. 学习动机缺乏型：没动力，不想学

案例 2-5

小董是某高职院校大一学生，没有考上理想的大学让他一直有着深深的失落感，学习了一段时间后，他认为专业不是自己的兴趣所在，且对未来就业前景感觉迷茫，觉得学了也没有用，总是提不起学习的劲头，逃课也成了家常便饭，时间久了，他心里也很着急，但又不知如何是好。

当我们缺乏学习动机时，学习上没有明确的目标和方向，也没有压力和动力，不会主动安排学习时间、自主学习。不仅课余时间不学习，上课也听不进老师的授课，在学习上松懈、懒惰，学习效果差，无法掌握专业知识。

2. 学习方式不当型：不得法，不会学

案例 2-6

小许觉得老天爷真不公平，她是一个很勤奋的学生，经常最先到教室，最后离开教室，上课时听课十分专心，课余时间也大多用在了学习上，可是成绩却不尽人意。同宿舍的小王每天花在学习上的时间比她少多了，平时经常和同学出去玩，参加社团活动，可成绩却很好。小许觉得心里很不平衡，不知道自己的问题出在哪里，不明白为什么自己比小王多花那么多时间学习，可成绩却不如她。

学习方法是通过学习实践总结出的快速掌握知识的方法。不同的学习阶段、学习环节需要不同的学习方法，不同的学科、不同的知识类型也需要不同的学习方法，并且不同的学生适用的学习方法也不同。

3. 学习意志薄弱型：无毅力，不爱学

案例 2-7

大一的小杨最近特别苦恼，开学几个月了，给自己制订了各种学习计划、目标，但没有一项能坚持住。英语单词背了几天，觉得实在太枯燥，并且忘记了大部分，英语能力没有提升，便不想再背。去图书馆，计划看专业书，但大部分时间在玩手机，感觉自己整天无所作为。

学习本身是需要持之以恒才能看到一定成果的，然而学习的过程往往枯燥无趣，致使我们很难长期坚持学习，更容易转向那些轻松、容易又有意思的消遣活动。我们要明确的是，学习本身就不是一件轻松的事情，也没有所谓的捷径可走，坚持下去才有可能将量变转化为质变。

4. 学习情绪波动型：压力大，学不好

知识窗：耶基斯-多德森定律

案例 2-8

小梅来自农村，全家倾其所有才让她迈进大学的校门。她决心刻苦学习，将来出人头地以报答家人。可是，在农村长大的她，英语和计算机的基础比较薄弱，学起来感到很吃力（图2-1）。拮据的家庭经济也使小梅对缤纷的都市生活无所适从，在出手大方的城市同学面前，她总感到一种自卑……接下来又在学生干部的竞选中失利，严重挫伤了她的自信心，各方面的压力压得她喘不过气来。她觉得自己既辜负了家人的厚望，又让人看不起，学习成绩也因此一落千丈。

图2-1 学业压力

在学习过程中，学生要尽量保持和激发积极的情绪状态，满腔热情地投入学习中去，要学会用理智支配情感，克服消极的情感。如果感受到较大压力，或有严重情绪困扰，需要及时调节，才能更好地学习。

单元二　做个会学爱学的高职生

➤ 心灵小语

读书之法，循序而渐进，熟读而精思。

——朱　熹

未来的文盲，不是不识字的人，而是没有学会学习的人。

——阿尔文·托夫勒

➤ 案例导读

> 小陈同学虽然考上了大学，但学校不理想，专业不喜欢。看到高中同学上的学校比他好，他不服气，也曾暗下决心，一定要好好努力学习，争取全面发展，做一名高素质的人。然而没过多久，看到周围的同学都不怎么用功，他的思想动摇了。"以前努力学习是为了考上大学，现在努力为了什么？不知道自己该向哪个方向发展。"
>
> **分析**　像小陈同学这种状态的学生还不少。日本著名的思想家池田大作说："对于人类来说，没有比为使命而活着更可贵的了，同时，也没有比不知道为何生存更空虚的了。"上大学的目标实现了，那么下一个目标是什么？绝大多数同学回答不上来。"增长知识"太笼统，"成功就业"太遥远，大一大二的同学最容易迷茫。

一、做快乐学习的高职生

（一）从"要我学"到"我要学"：解读学习动机

学习动机是指引发和维持学生的学习行为，并使之指向一定学业目标的一种动力倾向，具有引发学习行为、定向学习行为和维持学习行为的作用。

学习动机可分为内部动机和外部动机。当人们做事情的动机来自自身的因素，如出于热爱、兴趣等，进行该活动本身就能使人们愉悦，自愿做该事，这种行为动机便是内部动机。如果做事情的动机来自期待获得外部奖赏，如父母的认可、奖金等，这种行为动机称为外部动机。

知识窗："内部动机与外部动机效果"实验

大量实验证明，缺乏学习动机不利于学习的长期坚持，而内部动机（"我要学"）比外部动机（"要我学"）更能帮助人们维持学习行为。

（二）快乐学习的实现：激发学习动机

高职生学习活动是一个复杂的、高级的、自觉自律的行为，也是艰难困苦的脑力活动。那么，高职生如何有效地激发自己的学习动机，做一个快乐的学习者呢？

1. 设立适当的学习目标

是否能够认识到当前的和最终的学习目标是决定高职生能否保持较强学习动机的重要因素之一。从"目标对人生影响"实验可以看出，目标对人生具有巨大的导向作用，可以说，有什么样的目标就会有什么样的人生。

那么怎样设立合理、恰当的学习目标呢？

（1）目标要具体，具体目标具有较强的操作性。

（2）目标要可以测量，目标越明确，就越容易测量，激励作用越大。

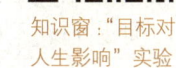

知识窗："目标对人生影响"实验

（3）目标要具有可实现性，一般来说，具有一定挑战性的中等难度的目标比较合适。

（4）目标要有期限，在有限时间内完成设定的目标。

2. 培养与保持对学习的兴趣和热忱

兴趣是最好的老师，有兴趣的学习者更能积极地投入学习中去。与毅力相比，兴趣更能体现出"乐在其中"的优越性。其实兴趣就蕴藏在生活中，当专注做某件事情时，就更容易觉察到兴趣。

那么怎样培养自己的学习兴趣？

（1）静心钻研。

一开始，你可能对自己的专业或专业里某一门课程不感兴趣，那是因为你对它了解太少，你只要心静下来走近它，专注它，就会发现其中奥妙，慢慢地喜欢上它。

（2）兴趣迁移。

可以用自己喜欢的方式带动那些不感兴趣的课程学习。如小王同学对英语学习不感兴趣，但是英语很重要，于是小王将英语学习与自己最喜欢的活动——看电影结合起来，有意识地观看英语影片。

（3）讲究方法。

在学习过程中讲究方式方法，对缺乏兴趣的专业课程有意识地设计学习活动。如与同学或老师讨论，了解该专业课程学习的发展价值；大量阅读文献，拓宽知识面，发现自己的兴趣点。

3. 学会合理归因

归因是指个体对行为结果进行分析并找原因的过程（图2-2）。心理学家韦纳认为，影响学业成败的因素主要有能力高低、努力程度、任务难度、运气好坏、身心状态和外界环境。这六个因素又分为三个维度：稳定性、内在性与可控性（表2-1）。

表2-1　韦纳的成败归因模式（三维度六因素）

	稳定性		内在性		可控性	
	稳　定	不稳定	内　在	外　在	可　控	不可控
能力高低	+		+			+
努力程度		+	+		+	
任务难度	+			+		+
运气好坏		+		+		+
身心状态		+	+			+
外界环境		+		+		+

如果把成功归结为能力和努力，会对自己感到满意，且能力是内在的稳定的因素，努力是内在的可控的因素，人们会期待将来还会成功，增强自信，提高学习的积极性。如果把失败归结为自己努力不够则会感到内疚，但因为努力是可控的，就会认为只要尽力去做，仍会取得成功，不会因为偶尔的几次失败就丧失信心。

如果把成功归结为运气好，就会感到幸运，但因为运气是外在的、不稳定也不可控的因素，所以它并不能增强人们的自信，也不能提高学习的积极性。如果把失败归结为能力不足，则会感到沮丧，打击自信，并丧失行为的动力。

高职生对失败的归因方式有悲观和乐观两种。悲观者的归因认为失败的原因是内在

图2-2　学会合理归因

的和稳定的，如个人能力；乐观者的归因认为失败的原因是外在的和不稳定的，如考试不公平、学习环境或运气太差等。所以那些将成功归因为外因（任务难度、运气好坏），把失败归因为内因（能力高低、努力程度）的学生，往往认为自己缺乏成功能力，这样的学生为了避免失败，会逃避学习，久而久之对学习失去兴趣。所以，大学生要正确对待成功或失败，学会合理归因，尽可能地将失败归因于缺乏努力等，采用乐观者的归因方式，找出造成失败的那些自己可控因素，改进方法，取得更好成绩。

4. 积极参加社会实践

如果高职生有更多的机会接触社会，认识到目前学习对未来工作的重要性，检验自己所学知识能否用来解决实际问题，则有助于培养学生的学习动机。如果在实践中自己的知识和能力能得到社会认可，就会有一种成就感，从而大大提高学习兴趣，增强学习动机。如果所学知识不能很好地与实际相结合，那么学生们可以据此对自己的学习做出调整，产生新的学习需要。

（三）快乐学习的持续：维持学习动机

坚持学习一段时间后，容易进入疲倦期，感受到自己的能力已不再提升，而学习的热情已经消退。这时就需要综合运用多种策略将学习坚持下去。

1. "抱团学习"法

一个人学习容易懈怠与放弃，如果能找到一起学习的伙伴，相互鼓励与支持、分享学习方法与学习资源，不仅可以学得更好，往往也可以学得更久。和同学一起学习或加入网络学习小组，多与其他学习者交流与分享，能有效促进学习方法的改进、学习兴趣的提升、维持学习动力。

2. "奖学金"法

可以参加有奖学金的学习活动，用外部奖赏巩固自己的学习行为。当外部奖赏足够吸引人时，也会显著影响学习行为。当学习行为经外部奖赏维持一段时间后，也可能会逐渐转化为内部动机，从而使学习长久坚持下去。也可以自己给自己制订奖赏计划，当达到某一学习目标后，奖赏自己一次旅行、一次娱乐活动等。

3. 表扬法

无论是他人还是自己的表扬，都能强化我们的学习行为。当人们受到赞扬时，自信心得到增强，情绪愉悦，会想要再次得到赞扬，因此会坚持同一行为。每当在学习上取得进步，或能坚持学习，就邀请他人夸奖自己或自我表扬与肯定，对自己说"我很棒"，不停地鼓励自己坚持学下去。

4. 任务切分法

当学习任务过于繁重，学习目标难度较大或学习过程比较枯燥时，学习动机易被削弱，这也是很多学生拖延的原因。可根据学习目标切分学习任务，保证每天的任务量在自己可以接受的范围内,有较强的可操作性,或能较为轻松地完成。每天至少完成最小任务值,积少成多,最终达成目标。

二、做高效学习的高职生

(一)从"学不会"到"我会学":找到适合自己的学习方法

1. 坚定信心,找到自己的学习模式

当学生在某一门功课上花费大量时间、精力仍无法取得良好成绩时,常常归因为无学习天赋、学习能力差。一些学生大量参考了别人学习的成功经验,用到自己身上时却发现没有效果。以上两种情况很可能是学习方法不对。每个学生的学习基础、能力、环境不同,适合的学习方法也各不相同。需要学生本人探索与学习,找到适合自己的学习模式。同时要坚定信心,每个人都有无穷的学习潜力,不断开发自我潜能,坚持学习,学习能力会越来越强。

知识窗:5R笔记法

2. 巧妙使用认知学习模式

(1)及时复习。

德国著名心理学家艾宾浩斯发现了遗忘规律,即学习之后遗忘立即开始,而且开始时的遗忘速度较快,后来逐渐减慢。遗忘的这种先快后慢的规律,就要求在学习结束后要及时复习。否则,等到遗忘得差不多时再复习,需要复习的量就很大,需要花费的时间和精力也很多,有时无异于重学一遍。

知识窗:遗忘规律

(2)分散学习。

有研究表明,在学习程度相等的情况下,一次学习的材料越多,遗忘越快;材料越少,则遗忘得越慢。因而,在复习时要做到分散学习,不要集中学习。

(3)适当过度学习。

过度学习是指对学习材料达到掌握标准(能精确回忆)以后的继续学习。心理学研究表明,在达到100%的学习程度以后,再继续多学几遍很有必要。一般认为,150%的过度学习是最适宜的,既能取得一个最佳的记忆效果,又不浪费时间和精力。

(4)注重输出。

心理学实验证明,阅读材料经过人们思考、加工、运用后,明显比单纯记忆的掌握效果要好。当学习者将学到的知识运用或向他人讲解时,不仅会进一步促进对所学内容的理解与掌握,巩固知识,还能帮助学习者修正错误。

(5)各种通道学习相结合。

如对外语的学习,不仅通过眼睛去识别、记忆单词,还可以听词汇的发音,这

样能够更好地记忆单词。而对一些复杂的知识结构，可以使用数据图、结构图、思维导图等方式来帮助学习。

3. 学会时间管理

大学生活丰富多彩，很多学生参与社团工作、校外兼职、社会实践等，常常觉得没有足够的时间学习。学会时间管理可以帮助我们更有效地生活、学习。

（1）制订任务清单。

对抗拖延和防止浪费时间的最好方式就是明确自己要做的事情以及时间期限。拟定学习计划是必不可少的步骤，接下来可用任务清单确保计划的执行。任务清单只把我们要做的事情罗列出来，并不是规定在哪一个时间段做什么事情。如可以根据需要制订24～72小时的任务清单，列出自己短期内必须做的事情（包含学习、工作、健身等），当有空闲时间时，看着清单上的任务，想做哪件就做哪件，直到把所有事情完成。这样做的好处是执行任务的过程更灵活，可以根据自己的心情、状态来完成事情。经常查看清单并调整任务，有利于提高时间利用效率。

（2）合理分配时间。

制订好任务清单后，会发现有的任务比较困难，有的任务比较简单。困难的任务需要在自己状态好、时间充裕的情况下去完成。而简单的任务可以利用零碎的时间，在自己状态一般甚至较差的情况下完成。当人们疲劳、状态差时，开启困难任务只能是事倍功半。通常人们在早晨精神状态较好，而因白天劳累一天晚上学习状态较差，故早睡早起也有助于时间的高效利用。

（3）做事前先思考。

有时候一件简单的任务，也花了很长的时间去完成。事后回想，这件事情的每个步骤其实耗时不多，但实际花费的时间多了一倍。故在开启任务前，可以先在脑海里"预演"一下执行任务的过程，即明确完成该任务要经历哪些步骤，怎么做能更快完成任务。通常人们都倾向于在执行任务时才被迫思考过程，或者没有思考，只是盲目地做，导致执行时负担过重。可以利用走在路上、早上洗脸刷牙的时间去构思，这样一来可大大节约时间，提高效率。

（4）制订每周学习计划并预留机动时间。

制订学习计划时需思考计划的科学性与可行性，确保自己尽可能完成计划，而不是制订一个看起来完美的计划。如需要留出休闲娱乐的时间，而不是全部安排为学习、工作。且预留小部分时间，应对突发事件，以免临时分配到其他任务导致原先的任务一直无法完成。

知识窗：头脑风暴法

（二）高效学习的实现：提高学习能力

学习能力是指个体掌握知识并在实践中运用知识的能力。学习能力已成为当今世界人才竞争的核心。谁的学习能力强，学习速度快，谁就能跟上时代，超过竞争对手。

1. 科学用脑，发挥大脑潜能

根据科学研究，如果你每周用脑时间超过70小时，睡眠时间不足40小时，那么你已经用脑过度了。因此，合理用脑，避免大脑"罢工"，是提高学习效率，发挥大脑潜能的根本。

那么如何才能做到科学合理用脑呢？

（1）保证脑细胞的"物质供应"。

有两类营养物质是大脑必不可少的：葡萄糖和氧气。因此，要保证自己的饮食营养，多吃蛋白质、维生素等含量丰富的食物，如肉、蛋、豆类、新鲜蔬菜、水果等。不要在饥饿状态下学习，也不要在饭后马上学习，避免吸烟饮酒。

（2）保证大脑的休息。

充足的休息是使大脑神经细胞发挥正常功能的必要条件。休息的主要方式有两类：一是睡眠，这是大脑休息的最重要方式，经过充足的睡眠，会感到精神饱满，学习效率大大提高；二是活动交替法，如平时课间打打羽毛球，下午课后锻炼一小时，在学完专业课程后不妨看看课外书等。

（3）保证学习有规律。

每个人都有属于自己的"生物钟"。根据自己的实际情况，把一天的学习、工作、锻炼、娱乐和睡眠等时间做出科学安排，然后严格执行，经过一段时间，就会建立条件反射，到时间能入睡，到时间能醒来，坐下来就很快进入学习状态，从而大大提高学习效率。

2. 培养发现问题的能力

疑问是人类认知发展的起点和动力所在，在某种程度上，发现问题和提出问题比解决问题更为重要。那么如何培养高职生发现问题的能力？

（1）注重知识的积累。

具有一定的基本知识是发现某些问题的基础。如果没有物理知识的积累，牛顿在观察到苹果落地时就不会揭示"万有引力"现象。

（2）注重观察和思考。

如果说知识的积累为大学生发现问题提供了原材料，那么日常的观察和思考则为问题的发现提供了催化剂。如人们对水烧开时壶盖跳动的现象司空见惯，而唯有瓦特深究其因，发明了蒸汽机。

（3）开展辩证思维训练。

一般来说，凡运用联系的、发展的、全面的观点看问题，就是辩证思维。高职生在学习或思考问题时要充分运用辩证思维，这是培养自己发现问题的重要形式。

（4）掌握一些质疑的技巧。

进行极端推论，看是否有新的发现；和实际相比较，看是否符合实际；尽力推翻被认为是"普遍规律"的东西，即逆向思维，以挑剔的眼光看问题，尽量找出不足之处。

3. 让学习变成一种习惯

大量研究表明，经常用脑使得大脑思维反应速度加快，如持续阅读一段时间后，阅读速度会加快，练习计算一段时间后，计算速度会加快。坚持主动学习，把学习变成一种习惯，学习能力也将不断增强。

（1）培养自我调节能力。

良好的自我调节能力帮助人们在学习瓶颈期仍然可以坚持学习、自律以及自我监督。

（2）建立知识反馈机制。

如果学习成果对人们的生活没有任何影响，人们将很难坚持学习。

（3）让阅读成为日常生活中的一部分。

阅读的意义在于激发感受与思考，可持续锻炼人们的思维。

同时需要正确理解"习惯"一词，并不是天天做的事情才叫习惯，也不是一件事情坚持21天，就能自然而然地形成习惯。"三天打鱼，两天晒网"，如果能长期坚持下去，其实也捕获了不少鱼。如果天天打鱼过于劳累，很可能厌倦打鱼。行为简单重复，并不能形成稳定的习惯。在形成习惯的过程中，需要不断调整自身的行为，将习惯对个人的意义放大，不断体验到习惯带来的好处，并找到适合自己的习惯。

（三）高效学习的持续：进行学习迁移

学习迁移是指先前学习对后来学习产生的影响。它是学习新方法、解决新问题所必需的心理品质。实际上，迁移广泛地存在于知识、技能与行为规范的学习过程中，学习迁移就像过桥，如果不注意与学习迁移相关的因素，这个桥就可能断裂，整个活动就会受阻。

如何实现学习的迁移呢？学习迁移的实现可通过以下方式。

1. 寻找学习内容的相似性

先前学习内容同后来的学习内容之间包含的共同因素越多，需要运用的相同原理、产生形式越多，迁移就越容易产生，因此，学习中应主动去寻找新旧知识的相似点。

2. 学会概括和总结

对原有的知识经验的概括水平越高，迁移的可能性就越大，效果越好；反之，知识经验概括水平越低，迁移的范围就越小，效果就越差。

3. 打破心理定式

心理定式是先前学习引起的对后来学习活动产生影响的一种心理准备状态。心理定式具有两面性。心理定式对学习迁移的积极影响是能保持心理活动的稳定性和前后一致性；心理定式对学习迁移的消极影响是会妨碍思维的灵活性，使人出现惰性，不利于适应环境。

案例 2-9

李某：18岁，某高职院校大一男生

自诉：出生于一个教师家庭，父母要求很严格，因此从小学习成绩很好，父母与老师都对他寄予很高期望，但由于高考失利，无奈进入这所高职院校和不喜欢的专业。看到班级中一些同学的成绩比自己差很多，学习也不认真，越发后悔来到这样一个不适合自己的地方，感到十分失落。来校一个学期，干什么都提不起精神，也学不进去，以致学期末有两门功课不及格。考试后来到心理咨询中心求助。

分析　李同学实际上是由于高考成绩不理想、对自己所学专业无兴趣而产生学习动机缺乏。他自小学习很好，可以说学习好是支撑他的自尊的重要支柱。高考失利使得他的自信心受挫。来到大学后，一方面他看不起其他同学，认为自己比他们强；另一方面，总是抱怨命运的不公，找不到以前那种感觉，也无法把心思放到学习上，所以在期末考试中没能取得理想成绩。这种现象还是比较普遍的。

为此，咨询师对他进行心理辅导：① 与李同学一起分析他出现问题的原因；② 初步改变其对学校和专业的认识；③ 帮助李同学学会客观对待自己和其他同学，不能仅仅依靠学习成绩来评价自己和其他同学；④ 帮助李同学培养多方面兴趣爱好，找到多个自尊的支撑点，增强其自信心。

单元三　心理训练与素质拓展

一、心理训练

（一）心灵思考

小红，一位大三女生，长期以来生活在失眠的痛苦中，几乎在学校的每晚都睁着眼睛睡不着觉，所以一到晚上就特别紧张焦虑，而白天上课时却打不起精神，注意力无法集中，老师讲课的内容听不进去，自己看书时会发生阅读理解和记忆思维障碍，情绪烦躁，对声音敏感，和室友关系也因此很紧张。小红自诉从大一第二学期因为补考两门课程以后就开始出现这种症状，正常的学习任务已很难完成，面临休学，心理压力极大，痛苦不堪。

讨论与思考：
1. 小红的主要困扰是什么？
2. 为什么会出现这种情况？

_____
_____
_____

（二）活动训练

建　塔

活动目的　挖掘创新思维。

活动过程

准备30根吸管、一卷透明胶、一把剪刀。请小组成员在25分钟内，用所给材料建一座自认为最漂亮的塔，要求塔高至少50厘米，外形美观，结构合理，创新第一。

搭建完成后，各小组派代表解说小组的设计。每位同学谈谈这个活动对自己的启示。

活动分享

_____
_____
_____

项目2　学会学习　走向成功：做个会学爱学的高职生

寻找有效的学习方法

活动目的 通过自我反思和同学交流，寻求适合自己的学习方法。

活动过程

1. 每个人填写下表（表2-2）。

表2-2 学习方法与学习效果

曾经用过的学习方法	学 习 效 果

2. 分组，分享个人情况，讨论出最有效的若干方法，全班交流。

二、素质拓展

（一）心理测试

学习动力测量表

导语 这是一份关于高职生学习动力的自我测试量表，共有20道题，请你根据自己的实际情况，逐一对每道题做"是"或"否"的回答。

1. 如果别人不督促你，你极少主动地学习。　　　　　　　　　　是　　否
2. 你一读书就觉得疲劳与厌烦，只想睡觉。　　　　　　　　　　是　　否
3. 当你读书时，需要很长的时间才能提起精神。　　　　　　　　是　　否
4. 除了老师指定的作业外，你不想再多看书。　　　　　　　　　是　　否
5. 在学习中遇到不懂的知识，你根本不想设法弄懂它。　　　　　是　　否
6. 你常想：自己不用花太多的时间，成绩也会超过别人。　　　　是　　否
7. 你迫切希望自己在短时间内就能大幅度提高自己的学习成绩。　是　　否
8. 你常为短时间内成绩没能提高而烦恼不已。　　　　　　　　　是　　否
9. 为了及时完成某项作业，你宁愿废寝忘食、通宵达旦。　　　　是　　否
10. 为了把功课学好，你放弃了许多你感兴趣的活动，如体育锻炼、看电影与郊游等。　　　　　　　　　　　　　　　　　是　　否

11. 你觉得读书没意思，想去找个工作做。　　　　　　　　是　　　否
12. 你常认为课本上的基础知识没啥好学的，只有看高深的理
论图书、读大部头作品才带劲。　　　　　　　　　　　是　　　否
13. 你平时只在喜欢的科目上狠下功夫，对不喜欢的科目则放
任自流。　　　　　　　　　　　　　　　　　　　　　是　　　否
14. 你花在课外读物上的时间比花在教科书上的时间要多得多。　是　　　否
15. 你把自己的时间平均分配在各科上。　　　　　　　　　是　　　否
16. 你给自己定下的学习目标，多数因做不到而不得不放弃。　是　　　否
17. 你几乎毫不费力就实现了你的学习目标。　　　　　　　是　　　否
18. 你总是同时为实现好几个学习目标而忙得焦头烂额。　　是　　　否
19. 为了应付每天的学习任务，你已经感到力不从心。　　　是　　　否
20. 为了实现一个大目标，你不再给自己制订循序渐进的小目标。　是　　　否

评分规则与解释

1. 选"是"记1分，选"否"记0分，将各题得分相加即总分。本次测验的总分是　　　。

2. 上述20道题目可分成4组：

1～5题测查你的学习动机是不是太弱；

6～10题测查你的学习动机是不是太强；

11～15题测查你的学习兴趣是否存在困扰；

16～20题测查你在学习目标上是否存在困扰。

（1）总分在0～5分，说明你在学习动机上有少许问题，必要时可以调整。

（2）总分在6～10分，说明你在学习动机上有一定的问题和困扰，可以调整。

（3）总分在11～20分，说明你在学习动机上有严重的问题和困扰，需要调整。

（二）心灵探索

学习目标的确定

活动目的　通过"剥洋葱"团体辅导形式，让同学们制订在校三年的学习目标，并做到快乐学习、快乐生活，为同学们健康成长和发展打下良好的基础。

活动过程

1. 每人发一张A4纸，上面画有洋葱图

指导语　大家吃过洋葱吗？它在形状上有什么特点？（自由发言）洋葱里面有很多层，一层一层地包裹着，可以逐一剥开。每个人都有自己的梦想，实现梦想需要一个漫长的过程，我们很难一步到位，但是我们可以分阶段来接近目标，就像

图 2-3 "证"明自己

剥洋葱一样。在人生道路上,大家都清楚自己的长远目标。长远目标的实现需要通过一个个短期目标实现来完成。目前来说,同学们的短期目标就是好好地度过这三年高职生活。那么如何规划好在校三年生活、学习目标,比如学习上,大一、大二、大三要达成什么目标,除了完成规定的课程之外,还要参加什么学习或证书考试(图2-3)等。同学们认真思考一下,下面请大家为自己剥洋葱。

2. 同学们写完目标后,一定要相互分享。每个小组可由一名代表陈述,其他同学聆听,并提出自己的感想和建议。依次下去,做到每个同学都有发言机会。

3. 学习目标可分年级考虑,将各年级应达到什么样的学习目标列出来。

活动分享

(三)艺文鉴赏

1. 心理影吧

《风雨哈佛路》

推荐理由

《风雨哈佛路》(图2-4)是一部关于Liz Murray的真人真事,一部感人至深的励志影片。从这部影片中我们看到一个真实的坚强女孩的人生经历,一段自强不息、昂扬奋斗的生命历程,一个年轻女孩克服种种苦难努力奋起的故事。

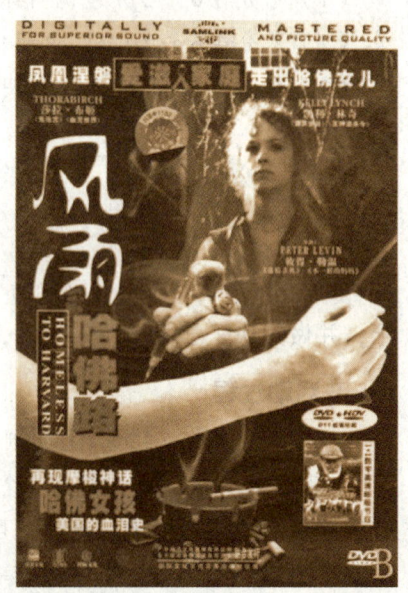

图 2-4 《风雨哈佛路》海报

TED演讲《Diana Nyad: Never, ever give up》

推荐理由

Nyad在64岁的时候完成她一生的梦想,她的成功被描述为"历史性的""奇迹般的""鼓舞人心"。Nyad的事迹告诉人们,要开始梦想永远不会太晚,并且坚持是可以创造奇迹的。

2. 心理书吧

《高效能人士的七个习惯》

作者:[美]史蒂芬·柯维;译者:高新勇、王亦兵、葛雪蕾;出版社:中国青年出版社;出版日期:2015年2月第9版。

推荐理由

《高效能人士的七个习惯》(图2-5)论述的七个习惯不仅仅对于高效能人士有价值,也是人生自我修炼的信条,是非常精辟和正确的人生道理。本书表达的是一种新的思想水平,强调以原则为中心,以品德为基础,要求"由内而外"地实现个人效能和人际效能。

图2-5 《高效能人士的七个习惯》封面

《哪有没时间这回事》

作者:纪元;出版社:北京联合出版公司;出版日期:2015年10月。

推荐理由

《哪有没时间这回事》(图2-6)倡导的方法基于心理学,使人在顺应人性、自然、常态的状态下管理自己。时间管理办法容易执行且容易坚持。

佳作欣赏:撬起世界的最佳支点

图2-6 《哪有没时间这回事》封面

参考文献

[1] 斯腾伯格. 成功智力［M］. 吴国宏，钱文，译. 上海：华东师范大学出版社，1999.

[2] 克努兹·伊列雷斯. 我们如何学习：全视角学习理论［M］. 孙玫璐，译. 北京：教育科学出版社，2014.

[3] 卢秀安，陈俊，刘勇. 教与学心理案例［M］. 广州：广东高等教育出版社，2002.

[4] 教育部高等教育司组织. 学会学习：大学生学习引论［M］. 北京：教育科学出版社，2003.

[5] 陈琦，刘儒德. 教育心理学［M］. 北京：高等教育出版社，2005.

项目 3
认识自我　接纳自我：做悦纳自我的高职生

➡ 学习目标

知识目标：
1. 理解自我意识的内涵和自我意识的发展。
2. 熟悉高职生自我意识的特点以及存在的偏差。

技能目标：
1. 掌握自我意识调适的方法。
2. 培养自我认识、自我接纳、自我提升的技能。

素质目标：
正确认识自我，欣然接纳不完美的自我，走出自我小天地，实现理想自我。

➡ 学习指导

学习方法：
1. 通过心理训练和素质拓展，不断完善自己的心理品质，培养认识自我、接纳自我、提升自我的能力。
2. 结合本书内容和相关资料，关注自身内在素质发展水平，提高自我评价能力。

学习结构图：

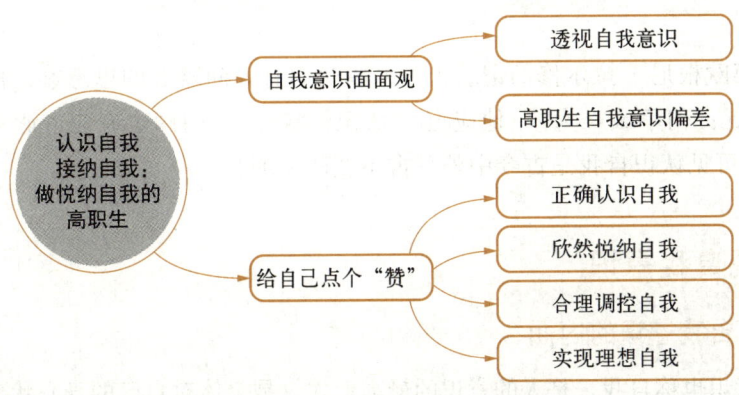

单元一　自我意识面面观

➡ 心灵小语

知人者智，自知者明；胜人者有力，自胜者强。

——老　子

谁不能主宰自己，谁就永远是一个奴隶。想左右天下的人，须先左右自己。

——苏格拉底

➡ 案例导读

斯芬克斯之谜

在古希腊的奥林匹斯山上，有一座德尔斐神殿，神殿里有一块石碑，上面刻着一句箴言："人啊，认识你自己。"宙斯觉得人类没有真正认识自己，就派了怪兽斯芬克斯来到人间，斯芬克斯整天守在行人必经的路上，重复让众人回答一个问题："什么动物早上用四条腿走路，中午用两条腿走路，晚上用三条腿走路？"如果行人能够答对，她就放他过去，否则就把他吃掉。这样，一天一天过去，没有人答出来，所以众多行人都成了她的腹中之物，终于有一天，一个叫俄狄浦斯的年轻人来到她面前，说出了这个神奇动物的谜底：人。斯芬克斯听到这个回答后羞愧地跳崖自尽。

根据第欧根尼·拉尔修的记载，古希腊时期有人问著名的思想家、科学家、哲学家泰勒斯："何事最难为？"他应道："认识你自己。"中国也有句古谚"人贵有自知之明"，可见认识自我是古今中外亘古不变的命题！

一、透视自我意识

（一）自我意识的内涵

自我意识也称自我，是人的意识的最高形式，是个体对自己的身心状况以及自己与别人和周围世界关系的认识。自我意识是一个多维度、多层次的复杂心理系统。

1. **自我意识的三个层面**

从内容上看，自我意识可分为生理自我、社会自我和心理自我三个层面。如图3-1所示。

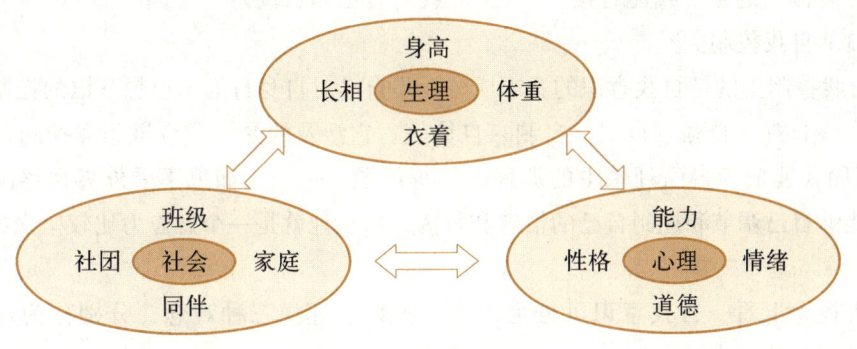

图3-1　自我意识的内容

（1）生理自我。

生理自我指的是对自身生理状态的认识和评价，如身高、体重、容貌、身材、性别等的认识，也包括对生理病痛、饥寒温饱、劳累疲乏等的感受。

（2）社会自我。

社会自我指的是对自己与周围关系的认识和评价，如对自己在群体中的地位、作用以及和他人相互关系的认识、评价和体验。

（3）心理自我。

心理自我指的是对自己心理状况的认识和评价，如对自己的知识、能力、情绪、兴趣、爱好、性格、气质等的认识和体验。

生理自我、社会自我、心理自我三者关系不是彼此孤立的，而是相辅相成的。人最先是从自己的身体知道自己的存在，即生理自我；然后与人交往，从他人对自己的反应以及自己的社会角色中体验出社会自我；最后，从生活的成败得失经验以及心理发展中逐渐形成心理自我。

2. **自我意识的三种形式**

从形式上看，自我意识表现为认知、情感、意志三种形式，分别称为自我认识、自我体验、自我控制。

（1）自我认识。

自我认识指的是自我意识的认知成分，包括自我感觉、自我观察、自我分析和自我评价等内容。它涉及的是"我是一个什么样的人""我为什么是这样的一个人"等问题。自我认识是个体对自我有关属性的认知以及在此基础上做出的价值判断，其中，自我评价是其核心部分，也是自我体验和自我控制的基础。

（2）自我体验。

自我体验指的是自我意识的情感成分，是个体对自己在自我认识的基础上产生的一种情绪体验，包括自我感受、自尊、自爱、自卑、责任感、优越感、义务感等内容。它涉及的是"我能否接纳自己""我对自己是否满意"等问题。

（3）自我控制。

自我控制指的是自我意识的意志成分，是自己对自身行为与思想言语的控制，包括自主、自理、自强、自卫、自制、自律等。它涉及的是"我应该怎样控制自己"，"如何做才能成为自己理想中的那种人"等问题。一个人如果不受外界诱惑因素影响，能够自己调节和控制自己的情感和行为，那么他就是一个意志力比较坚强的人。

3. 自我意识的三种观念

从观念上看，自我意识可分为现实、投射、理想三种观念，分别称为现实自我、投射自我和理想自我。

（1）现实自我。

现实自我指的是个体对自己受环境影响以及与环境相互作用表现出现实状况和实际行为的意识，它是自我社会存在的真实反映。

（2）投射自我（镜中自我）。

投射自我指的是想象中他人对自己的看法和评价。它与现实自我可能存在差距，也就是说，自己对自己的看法和想象中别人对自己的看法往往是有差距的，但投射自我对现实自我的形成起着重要的参考作用。

（3）理想自我。

理想自我指的是个体经由理想或满足内心需要而建立起来的理想化形象。它是观念的、非实际存在的自我，是现实自我努力的方向。理想自我可以在现实自我和社会环境之间起积极的调节作用。

为更好地理解自我意识这个概念，可以归纳如表3-1所示。

表3-1 自我意识的内涵

	自 我 认 识	自 我 体 验	自 我 控 制
生理自我	对自己身高、体重、容貌、身材、性别等的认识	英俊、漂亮、有吸引力、迷人、自我悦纳等	追求物质利益、生存欲望、身体外表改善等
社会自我	对自己名望、地位、角色、义务、责任等的认识	自尊、自信、自爱、自强、自豪、自卑、自恋等	追求名利、竞争、得到他人认可等
心理自我	对自己智力、情绪、性格道德、兴趣等的认识	聪明、有能力、优雅、敏感、迟钝、细腻等	追求信仰、注重规范、要求智慧能力发展等

（二）自我意识的发展

高职生自我意识是在儿童时期自我意识、青少年时期自我意识基础上进一步发展的，有以下三个特点。

1. "主观我""客观我"：自我意识的分化

当你惊奇地发现，像观察他人那样观察自己时，你的自我意识就出现了分化。原来完整、笼统的"我"分化出两个"我"：一个是主观的我，即"我眼中的我自己"，它以观察者身份出现，其中包括"理想我"；另一个是客观的我，即"别人眼中的我"，它以被观察者身份出现，包括实际达成的自我状态，即"现实我"。

2. "理想我""现实我"：自我意识的矛盾

伴随着高职生自我意识的分化，产生自我意识矛盾，表现为内心冲突，甚至引起内心的痛苦、不安。他们表现在自我评价上常常矛盾，时而能较客观地评价自己，时而又做不到；有时对自己充满信心，感到自己什么都行，有时又认为自己无能，对自己不满。正如一位高职生在咨询来信中写道："我时而欢乐，时而忧虑；时而骄傲，时而自卑；时而慷慨，时而苛刻；时而积极，时而消沉……"这是当代高职生自我意识矛盾的真实写照。

知识窗：乔·韩窗口理论

3. "主体我""客体我"：自我意识的整合

整合自我意识，也就是我们常说的自我同一性的建立。这种自我意识的同一表现为主体我和客体我的统一，自我与客观环境的统一，理想我与现实我的统一，也表现为自我认识、自我体验、自我控制的统一。

二、高职生自我意识偏差

（一）自我意识的特点

从高职生自我意识的发展变化来看，高职生自我意识呈现出以下三个特点。

1. 自我认识的矛盾性

青春期是高职生自我意识迅速发展并趋于成熟的关键时期，经历着一个典型的矛盾和整合过程，显示出强烈的矛盾性特点，主要体现在"理想我"与"现实我"的矛盾。

"理想我"是在自己头脑中塑造、自己所期望的自我形象，即"我希望自己是一个什么样的人"。"现实我"是通过个人实践而形成的真实的自我形象，即"我是一个什么样的人"。当这两者形象不一致时，便产生很大的苦恼。面对这个矛盾，高职生通常有两种选择：一种是"理想我"占主导地位，寻求积极努力，转化为积极自我。另一种"现实我"与"理想我"差距太大，经努力达不到或主观缺乏自我控制能力，无法实现"理想我"，使得"现实我"更加痛苦。

2. 自我体验的情绪化

处于青春期的高职生情绪常常表现出短暂、起伏、易变等特点，这些特点也表现在自我意识的各个方面。情绪好时对自我认同度高，对自我评价也高，对自己充满信心；情绪低落尤其是遭遇到挫折时自我认同度骤然下降，自我判断失准，很容易走向极端。高职生对自我的肯定与否定时常随着情绪的变化而变化。

3. 自我调节的中心化

虽然高职生自我意识的发展、能力的提高以及知识经验的不断积累，使得他们对社会、对人生的理解形成了自己的一套观念体系，但他们由于社会经验不足，对社会现象的认识有失偏颇，不善于从他人立场、不同角度来分析问题，不善于理解别人，特别是父母、老师等长辈，表现出较强烈的自我中心的倾向，出现高职生自我意识种种偏差。

（二）自我意识的偏差

高职生自我意识主要有以下三种偏差。

1. 自我认识的偏差

（1）自我的放纵——任性。

案例 3-1

小柯，男，大二学生，爱好音乐，初二开始迷上了弹吉他。到了大学之后，他组建了一个乐队，每天课余时间都和乐队成员一起练习演奏。因为学校无法提供固定的练习场地，所以小柯就自作主张将乐队带回宿舍，在宿舍走廊弹吉他（图3-2）。走廊属于公共生活区域，偶尔一两次大家还能接受，但时间长了，难免会影响其他同学的学习和休息，渐渐地大家苦不堪言，对他和乐队的这一行为深恶痛绝，于是一些同学投诉到宿舍管理中心。小柯知道后，不仅没有反省自己的行为，反而站在走廊大喊大叫，痛斥"告密者"，最后引得其他宿舍同学很不满，闹得大打出手。

图3-2 我是谁

任性，这种自我的放纵是当今高职生群体中普遍存在的一种现象。目前的高职生绝大多数是家中的独生子女，加上"大学生"的光环，使得他们往往集家长的溺爱、老师的宠爱和社会的关爱于一身。顺境中成长，缺乏挫折磨炼，致使相当一部分高职生自我中心思想严重，缺乏换位思考能力，不能设身处地地进行客观考虑。他们往往颐指气使，盛气凌人。在处理利害关系时，只关心自己的喜好和需求，不顾他人感受和利益。因此，任性的人很难赢得他人的好感、尊重和信任，人际关系多不和谐，遇到挫折和困难时，也很难得到他人的帮助。

（2）自我的退缩——从众。

从众是一种普遍存在的社会心理和行为，指个体受到集体的隐性或者显性的压力，改变自己的目标，最终选择和多数人一致的意见和行为。在高职生群体中，这种从众行为尤为突出。一些高职生遇事缺乏主见，缺乏明确的目标，不善于独立思考，喜欢随大流，人云亦云，看别人做什么自己也去做什么。从众心理人皆有之，但过分从众，没有独立思考，缺乏主见，丧失自我，有碍于心理发展。造成从众心理的原因是多方面的：一是害怕孤立。为求得小团体认同，避免孤立放弃主见，随大流，凑热闹，以求并无实际意义的"合群"。二是缺乏自信。有些高职生本身信心不足，不敢独自判断，只好随大流。三是教育问题。有些家庭和学校，一味要求"听话""服从"，对有个性的高职生排斥，自然而然就培养出缺乏主见、随大流的高职生。

案例 3-2

大一女生小邝刚进入校园时，马上被精彩的各类校园活动深深吸引，遇到社团招新时，她感到眼花缭乱不知选择哪个好，于是就跟随周围同学的选择。有同学参加记者团，她去；有同学去街舞社，她也去报名；还有同学报名参加轮滑社，她也去凑热闹……算下来她先后进入了四个社团，可是渐渐地她发现了两个问题，一个是自己平时课业繁重，为了参加各个社团的活动，她经常忙得晕头转向，刚开始她还为充实的大学生活感到沾沾自喜，可后来实在疲于应付，觉得自己分身乏术；另一个就是她慢慢发现自己对一些社团活动并不是很感兴趣，不是活动不好，而是不太适合自己，每次参与组织活动时都有种心有余而力不足的感觉。马上就期末考试了，本来就很紧张的她一想到还有好几个活动要参与策划，瞬间就觉得头都快炸了。

2. 自我体验的偏差

（1）消极的自信——自卑。

案例 3-3

小丁，女，大二艺术系学生。她性格内向，缺乏自信，说话容易紧张脸红，声音颤抖。她曾经向老师询问过专业前景，并觉得对学好本专业没有信心。一直以来，她都觉得自己很笨，对本专业的必修课如绘画等时常感到力不从心。因为绘画基础比较薄弱，接受能力也比别人要稍逊一筹，所以她经常感到担心，害怕同学嘲笑。平时在校内，小丁很少参加活动，在班上也总是坐在最后一排的角落里。小丁家庭经济条件不是很好，家里还有两个弟弟。父亲一直认为女孩读书没多大用，所以曾多次要求她退学外出打工赚钱。最开始，她非常抗拒，但现在她开始动摇了……

自卑是指个体对自己的能力、品质评价过低，感觉自己各方面不如别人，而产生一种对自己不满、自我否定的消极心态。心理学家阿德勒认为自卑并不是什么坏的情感，相反，超越自卑是人类发展的最根本的动力，但过度自卑则是一种消极的和具有破坏性的心理。

个体的自卑感形成原因比较复杂，主要有以下几方面。

① 来自自我认知的偏差，具体表现在：

A. 消极的自我暗示。凡事喜欢从消极、悲观方面考虑，拿自己短处与他人长处比较，总觉得"我可能不行""我天生不是那块料""自己很笨"。

B. 过低的自我期望。不相信自己的能力，对自己缺乏激励，造成失败的结果反过来又验证了自我期望，造成恶性循环。

C. 过强的自尊心。个体过强的自尊心会导致自尊的需要经常得不到满足，产生心理失望，逐渐丧失信心导致自卑。

D. 过多挫折经历和不恰当归因，也会导致自卑心理的形成。尤其是多次受到别人的嘲笑、讽刺挖苦，可能对自己的能力产生怀疑，出现过低的自我评价。

② 来自个性的差异。心理研究表明，几乎所有的自卑者都是性格偏内向的人，他们情感脆弱，比较敏感，事事退缩，处处回避。

那么怎样克服自卑心理呢？

从优点认识自己，做到积极评价自我。自卑的人往往习惯用放大镜看自己的缺点和别人的优点，用缩小镜看自己的优点和别人的缺点，夸大自己的失败和别人的成功，忽略自己的成功和别人的失败。所以，要改变自卑就要改变认识自己的方式，从优点来认识自己。

积极自我暗示，练习肯定自我。暗示法是通过积极的自我暗示、自我鼓励，以消除自卑的方法。人的自我评价与人的行为之间有很大关系。消极的自我暗示导致消极的行为，而积极的暗示则带来积极的行为。

（2）极端的自信——自负。

案例 3-4

小肖，男，大一学生，家庭条件优越，从小学习钢琴，自认为聪明过人、能力超群，经常喜欢在同学面前夸耀、卖弄自己。积极参加活动，在院学生会文艺部担任干事，经常对别人的工作指手画脚，希望别人听从自己的建议，因为和他人意见不合闹过几次不愉快。当别人提出意见给他时，他总是不能接受，觉得自己的想法和意见才是正确的，别人没有资格评论。不仅学生会的同学不喜欢他，班上的同学对他也是敬而远之，为此，他感到很不解，也感到有些苦恼。

随着改革开放的不断深入，人们的思想观念发生翻天覆地的变化。在谦虚的同时，自信成了这一代高职生较为普遍的优秀品质，他们不唯书、不唯上、不唯师，对自己的才学信心十足，对自己的未来踌躇满志。但有些同学自信过了度，变成自负。所以，自负就是过高地估计自己，是一种过分自我接受的表现。有些人过低评价自己，就表现为自卑。实际上，自负与自卑密切联系，过分自负与过分自卑都会严重影响心理发展和人格成熟。

那么怎样克服自负心理呢？

① 接受批评是根治自负的最佳方法。接受别人的正确观点，接受别人的批评，改变固执己见、唯我独尊的形象。

② 与人平等相处。自负者视自己为上帝，无论在观念上还是行动上都无理要求别人服从自己。平等相处就是要求自负者以一个普通社会成员的身份与别人平等交往。

3. 自我控制的偏差

（1）变态的自立——逆反。

案例 3-5

大三男生小黄家境优越，作为家中独子，他深受家人宠爱，可到了大学之后，他逐渐开始抗拒回家，特别排斥父母像宠爱三岁孩子一般对待他。转眼到了大学毕业，很多同学都在为找工作而一筹莫展，相比之下，小黄的境况就好很多。父亲提出让他回家族企业工作的建议，结果被他以"不想受家人掌控"为由拒绝了。父亲又动用了私人关系，帮他在广州找到了一份待遇不错的工作，可他又说不想靠家人的关系，再次拒绝了父亲的好意，自己跑到一个二线城市工作，去追寻真我。父亲很难理解他的行为，两个人大吵一架，但最终还是没有拗得过儿子。可是到了工作单位后，因为从小娇生惯养，缺乏必要的自我管理能力，也不懂为人处事的道理，小黄得罪了不少同事，为此他感到十分苦恼，又不敢和家里人说，既怕家人担心，又怕父亲嘲笑。

独立意向是高职生自我意识发展中最显著的标志之一，是成长过程中的一种心理需求，通过独立的实践活动，个体能够积累更多的经验，对将来走上社会独立生活十分有益。但一些高职生在摆脱依赖、走向独立的过程中，有时会矫枉过正，表现出过分的独立倾向，把独立理解为"凡事靠自己，万事不求人"，拒绝别人的帮助，排斥他人的积极建议和善意劝告，我行我素，甚至以逆反心理对待他人，一切都反其道而行之。而实际上，独立并不意味着独来独往，不顾社会规范我行我素，而是指个体在情感上、行为上能对自己负全部的责任。一个真正成熟的个体的独立就是对自己负全部责任，但不排斥接受他人的帮助。过分独立就走向了逆反。

（2）扭曲的自尊——虚荣。

案例 3-6

一天上午，某高职院校的贫困生小陈在校门口截住正准备往校内走的母亲。因为春节没回家，陈母十分想念儿子，在端午节前夕，她拎着一篮子粽子从河北老家千里迢迢来探望儿子。不想母亲的到来让小陈感到非常不快，他特别担心衣着破旧的母亲会给自己"丢脸"，十分害怕被同学们看到后笑话，于是坚决不让母亲进校园看一看、到他的宿舍坐一坐。母子二人在校门口僵持十多分钟，在儿子的一再催促下，陈母含泪掉头离去。在离去的瞬间，母亲反复小心地问儿子："要不要把粽子留下来吃？"可小陈嘴里却嘟囔着："你快走吧，谁还吃这个东西？"

自尊是指个体对自我概念所包含的信息的主观评价，是个体发展过程中的一种内驱力。正常的自尊可以使人积极向上，帮助个体实现自我追求，但过分的自尊则会阻碍人的成长与发展。虚荣是一种追求虚假面子、虚假荣誉来获得尊重的心理行为，是一种扭曲的自尊。一般来说，不少过分自尊的人都有自卑情结，内心过分敏感，常觉得自己不如别人，担心别人看不起自己，所以在与别人打交道时特别关注别人的动作、表情、姿态等，过分看重别人对自己的评价，利用吹牛、撒谎、投机取巧去沽名钓誉，自欺欺人。过分自尊的实质就是个体过于看重自己的名誉和面子，有强烈的虚荣心。

案例 3-7

小刚，某高职院校大一新生，来自粤西农村，家境贫寒，自幼父母期盼他能考上大学。他是个很孝顺、听话的孩子，知道自己是父母的希望。因此，上大学成了他唯一的目标。临行前，妈妈对他说："到大学里要好好学习！不要贪玩把学业给荒废了！"但入校后，老师和学长对他说，在大学里除了学习外，还要学会如何适应这个社会以及如何与人相处。他慢慢意识到，如果还像以前一样死读书，那么将来就不能更好地适应社会。他开始寻找生活的目标。到底什么才是他应该追求的？

知识窗：心理发展阶段

他这样描述："我看到一些同学，他们整天吃喝玩乐，泡网吧，却能顺利通过考试；我还看到社会上一些有钱人，他们没什么文凭却能创办公司或企业。有同学说，在大学里如果做不到三件事就枉来大学一趟：找女朋友，挂科，做兼职赚钱。我知道这个世界上还有许多伟大的人物，他们能够抵抗各种诱惑和寂寞，最终取得举世瞩目的成就。"他说："很多时候，我明明想这样做，可实际上却那样做了。真不知自己怎么了，我越来越认不清自己，更不知道自己的生活目标是什么，我感到内心强烈的冲突。"

上述案例中，小刚同学存在的心理问题在一定程度上反映着当代学生"自我认同的烦恼"。美国学者埃里克森说过，每个人个性的发展具有明显的阶段性，都要受社会文化的制约。高职生也不例外，小刚同学虽然有很多外在原因（比如环境的变迁、周围人的影响等）在起诱导作用，但最根本的原因却在于他自身的观念。人们对待各种不同的事情，都可以凭借观念的转变而造成不同的感受。所以，要拥有健康的心境，就得调整对生活的态度，改变不合理的信念，重新确立自我认同感。

单元二 给自己点个"赞"

→ 心灵小语

夫以铜为镜，可以正衣冠；以史为镜，可以知兴替；以人为镜，可以明得失。

——李世民

在这个世界上，你是独一无二的一个。你生下来是什么，这是别人给你的礼物，你将成为什么，这是你给别人的礼物。

——佚 名

→ 案例导读

小娟的故事

小娟本来是一个不太注重外表的女生，整天素面朝天，大大咧咧，她觉得自然就好。可上大学以来，室友们一个个都注重打扮自己，讲究穿着，追逐潮流，小娟渐渐觉得自己在她们面前有些老土，同时，她发现班上男生对自己不冷不热，不像对其他女生那样热情，这使她更觉得有些失落。

于是，小娟开始注意自己的外表，她每天都要照好几次镜子，早上起床更是捯饬好久。每过一段时间，就上街买一些时尚衣服，为了改头换面，在美发中心做了价格不菲的烫卷发，还购买了某国际知名品牌的护肤产品和美妆用品。前几天，小娟遇到高中同学，主动和对方打招呼，结果老同学愣住了，过了好久才认出是她。

分析 小娟产生了怎样的自我认知？伴随着对外表的自我认知，小娟的自我体验如何？小娟的行为发生了怎样的变化？为什么？对此你有何评价？

一、正确认识自我

认识自己最重要的是能否正确地评价自己。每个人都要面临如何评价自己、看待自己的问题，需要全面、客观地认识自己的长处和短处。全面而正确的自我认识是培养健全的自我意识的基础。

心理学研究表明，正确认识自我有下面几种方式。

（一）通过认识他人来认识自我

通常，别人会对自己的品质、能力、性格等给予清晰的反馈，从而增强人们对自己的了解。当被老师告诫要更加大胆、更加主动、更加勤奋一些时，便会从反馈中得知：自己有些害羞，不够主动，学习不够勤奋。特别是当许多人的看法一致时，自己就会相信这种看法是正确的，从而确定自己是这样的人。

他人是反映自我的镜子，与他人交往，是个人获得自我认识的主要来源。从小到大，个人首先体验的是家庭中的亲情关系，之后是家庭外的朋友关系和恋人关系，进而体验社会中人与人之间的利害关系。

（二）通过自己的活动来认识自我

1. 从自己的成就经验了解自己

通过自己所取得的成果、成就，从做事的经验中了解自己，也是一种学习。不经一事，不长一智。成败得失，其经验的价值也因人而异。

2. 从自己的失败经历认识自我

对聪明又善用智慧的人来说，失败的经验可以促使他再成功，因为他们了解自己，有坚强的人格特征，善于学习，因而可以避免重蹈失败的覆辙。

对于某些自我比较脆弱的人来说，失败的经验往往使其再次失败。他们往往不能从失败中学到教训，改变策略追求成功，而且挫败后形成怕败心理，不敢面对现实去应付困境或挑战，甚至失去许多良机；而对那些自大的人而言，成功反而可能成为失败之源。他们可能幸得成功便骄傲自大，以后做事便自不量力，往往遭失败的多；或成长过于顺利，又有家世关系，而一旦失去"保护源"，便一蹶不振，不能支撑起独立的自我。

（三）通过自我观察来认识自我

曾子曰："吾日三省吾身。"可以从"我"与"己"之间关系中认识自我，如图3-3所示。

认识在自己眼中的我：个人实际观察到客观的我，包括身体、容貌、性别、年龄、职业、性格、气质、能力等。

认识在别人眼中的我：与别人交往时，由别人对你的态度、情感反应而觉知的我。不同

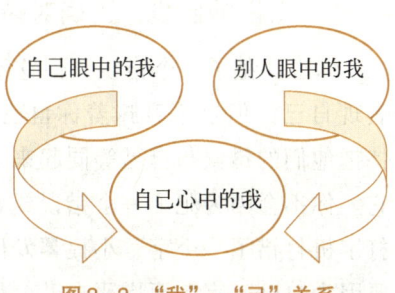

图3-3 "我"－"己"关系

关系的人对自己的反应和评价不同，别人眼中的我是个人从多数人对自己的反应中归纳出的知觉。

认识在自己心中的我：也指自己对自己的期许，即理想我。我们还可以从实际的我、自觉别人眼中的我、自觉别人心中的我等多个我来全面认识自己。但是，对于现代社会人而言，虽然有多个"我"可供认识自己，但形成统合的自我观念比较困难。因为现代社会急剧变迁，改革开放后多元价值的影响，使现在的社会人的自我认识难以客观、全面，这更需要个人加强自律。

知识窗：鹰与乌鸦

二、欣然悦纳自我

"悦纳自我"有四层含义：其一，无条件地接受自己，接受自己的全部，无论是优点还是不足，无论是成功还是失败。其二，改变过分追求完美的习惯，不苛求自己。其三，建立和巩固良好的自我感觉。其四，从失败中吸取教训，但不被失败打垮，永远给自己机会。正如心理学家罗伯特·安东尼所说："将自己的优点一条一条列出来，以欣赏的眼光去看它，最好背下来，然后将注意力集中于自己的优点，在心中树立信心：你是最棒的，你一点不比别人差，无论什么时候，只要你做对一件事，就要提醒自己，酬谢自己。"

那么，怎样欣然悦纳自我呢？

（一）悦纳自我，就要善待自我

善待自我就是要接纳自己，努力找出自己的"闪光点"，努力发现自己的优点。人们可能无法一次就直接达到目标，但可以将目标分解为一个个小目标，每达到一个小目标后，就自我肯定一次。要知道，做一个高尚的人较难，但高尚的开始就是不庸俗，少庸俗一次，就向高尚前进一步。应相信自己的无穷潜力，人的潜力是惊人的，每一位高职生都要相信自己。

（二）悦纳自我，正确对待不足

你也许犯了一个错误，但这不是说你就是一个错误。你也许不能恰当和充分地表现自己，但这不意味着你自己"不好"。很多人耻于"自我承认"，因为他们坚持把他们的错误与自己等同起来。首先必须承认自己的行为和弱点，然后才能改正它。你不会因为犯了一个错误或者方向有一点偏差而毁灭或者变得没有价值，就像打字机打错了一个字、小提琴发出一些不和谐的音符不会影响它们的价值一样。不要因为自己不完美而憎恶自己。如果一个人能够正视并接纳自己的弱点，那么弱点都会变得有意义，有利于人的成长。因为弱点让我们看到自己的局限性，使我们不至于妄自尊大，使我们懂得尊重那些有相应长处的人。同时，正视弱点可以让我们少花时间在沮丧和自责上，集中精力去发掘自己的优势，少走弯路。

（三）悦纳自我，接受不如意的过往

因为年少轻狂，我们可能虚度过光阴，走过原可避免的弯路，错失过大好时机，伤害过无辜的人……过往的教训可以成为自己的老师。不要在悔恨中裹足不前，错误也可以让我们学习，让我们成长。

在看清并接纳自己的过去之后，还要接受自己以后仍会失误、会做错事，错过而能改即可，只要不反复犯同样的错误。悦纳自己是在明了自己的种种局限之后，不妄自菲薄，仍然自重自爱，不抛弃不放弃自己。

只有放弃完美的人，才能自我接受、自我肯定。墨子曰："甘瓜苦蒂，天下物无全美。"从理念上讲，人们大都承认"金无足赤，人无完人"，正如世界上没有十全十美的东西一样，也不存在完人，但在认识自我、看待别人的具体问题上，许多人仍习惯于追求完美、求全责备。任何人总有其优点和弱点两个方面，伟人、名人也不例外。总之，悦纳自己就是在知道自己并不完美，世界也并不完美的情况下，快乐地做好不完美的自己。

三、合理调控自我

自我调控就是自我行为判断后进行的理性行为，这种理性的判断和执行使得自我能按照社会目标，有意识、有目的地对自己的思想、行为进行转化，因而在自我完善的过程中，合理调控自我发挥着十分关键的作用。

高职生合理地调控自我可从以下几方面入手。

（一）确定合理目标

有了确定的目标后，根据实际情况制订合理的行动计划，按照预定的计划有条不紊地行动。在整个过程中，要不断检查计划的执行情况，寻找计划未完成的原因，采取相应的补救措施，及时调整行动。

（二）坚持有效监督

要认真领会社会道德准则、规范的实质，并将其内化为个人的品德，确立个人内在的行为准则，以此来监督自己的行为。另外，意志力比较薄弱的个人可以设立外部监督，公开自己的行为目标并做出承诺，请周围的人帮忙督促自己。

（三）提高自控能力

欣然悦纳自我，应该自觉培养顽强的意志力，主动制止不正确的或者在当前情况下不该发生的行为。当今时代，可以借助各种手段，如App等，在外力的帮助下提升自我控制能力。

四、实现理想自我

自我完善是个体在认识自我、悦纳自我的基础上，自觉规划行为目标，主动调节自身行为，积极改造个性，使个性全面发展以适应社会要求的过程。自我完善是个体自我教育最重要的方式，本质上是一个合理确立理想自我、努力提高现实自我的过程，即一个主动改变自我以达到理想自我的过程。

那么，怎样实现理想自我呢？

（一）建立科学的理想自我观

理想自我虽然只是自我认识的一个内容，却是完善自我意识的起点，对高职生成才起着重要的定向作用。青年期是一个充满激情的时期，年轻人一般富于幻想，希望自己成为时代的强者，但任何理想都是以现实为基础的，现实与理想总是有差距的，这种落差使得一部分高职生很容易走向失望与消沉。因此，提高认识，建立科学、正确的理想自我观，就要根据自己的特点和条件来设计自我，将理想与现实结合起来。古人云"千里之行，始于足下"，在构建理想自我时，既要敢于树立远大目标，又要脚踏实地，从一点一滴做起，才能达到理想的彼岸。

（二）加强自我教育

中国古代教育家历来重视自我修养。如孔子强调立志，要求人们"志于道"。他还提倡"内自省""内自讼"，要求人们自觉地改过迁善。《大学》说的"故君子必慎其独也"，也是一种自我修养的功夫。

自我教育一般由四个环节组成动态结构：在自我认识的基础上，提出自我要求；在自我要求的目标引导下，不断地通过实践过程中的自我监督、自我控制、自我调节，力争达到预期效果；然后用自己认可的价值观对自己进行评价，形成对自己的新的认识；在这一新的认识上，又开始新的自我教育循环上升过程。

自我教育并非个人自发的，而是在自我评价能力发展的基础上产生的，是个人品德修养自觉能动性的体现。真正的自我教育从青少年期开始形成，是个体主动地提出道德修养目标，并以实际行动努力去完善或培养自己人格品质的过程。

（三）参加实践活动展示自我

高职生要多参加社会实践活动，一方面，通过自我判断、自我选择和自我努力，获得对人生、对世界的正确看法；另一方面，高职生的自我评价、自我激励和自我教育也需要一个实践过程。高职生可以通过勤工助学、参观考察、社会调查、志愿服务等多种形式来提高认识自我的能力。

每个高职生都有自我发展、自我超越的可能性。要善于把自己的思想与别人交流，并同别人一起投入集体活动中去，通过各种社会实践活动发掘自己的潜能，开发自我，展示自我，完善自我。

案例 3-8

本单元案例导读中的小娟经过学习，在老师和同学们的帮助下，深刻认识到自我意识存在一些问题，最终能正确认识自我，欣然接纳不完美的自己，走出了自我小天地，实现了理想自我。这里送给同学们一则寓言。

一位青年拜访年长的智者，青年问："我怎样才能成为一个自己愉快，也能使别人快乐的人呢？"智者说："我送你'四句话'，第一句是'把自己当成别人'，即当你感到痛苦忧伤时，就把自己当作别人，这样痛苦就自然减轻了；当你欣喜若狂时，把自己当作别人，那些狂喜也会变得平和些。第二句话是'把别人当作自己'，这样就可以真正同情别人的不幸，理解别人的需要，在别人需要帮助的时候给予恰当的帮助。第三句话是'把别人当成别人'，充分尊重每个人的独立性，在任何情况下都不能侵犯他人的'核心领地'。第四句是'把自己当作自己'。"青年问道："如何理解把自己当作自己？"智者说："将这四句话统一起来，用一生的时间，用心去理解。"

单元三　心理训练与素质拓展

一、心理训练

（一）心灵思考

　　小雅是某学院大二学生，刚进大学时，各方面都不错，积极热情，乐观开朗。小雅大一时参加了学校和系里学生干部竞选，都失败了。长这么大，小雅第一次体会到如此沉重的打击，一向好胜的她陷入了自我否定的泥潭。但她学习比较努力，成绩还不错。小雅大二竞选班干部时因一票之差又与学生干部擦肩而过，再度陷入失败感的折磨中。有一次，在宿舍门外无意听到了同学们议论她：争强好胜，能力不怎么样，还总觉得谁都不如她。从那以后，小雅变了，变得不爱说话，不和人交往，对室友充满敌意。每当看到别人高兴玩耍或学习时，小雅内心便充满了孤独感，晚上常常做噩梦，食欲不佳，失眠，常常不知道自己为什么发脾气，变成了同学眼中的另类。

　　请思考：

　　1. 小雅的自我意识可能存在什么偏差？
　　2. 如果你是小雅，你要如何调整自己？
　　3. 如果你是她的同学，怎么帮助她？

_____
_____
_____

（二）活动训练

天 生 我 材

活动目的　发现自己的闪光点。

活动过程　请同学们思考并在下划线处填写完整。

1. 我最欣赏自己的外表特点是_____
2. 我最欣赏自己对朋友的态度是_____
3. 我最欣赏自己对学习的态度是_____
4. 我最欣赏自己的一次成功是_____
5. 我最欣赏自己的性格是_____
6. 我最欣赏自己对家人的态度是_____

7. 我最欣赏自己做事的态度是＿＿＿＿＿＿＿＿＿＿＿＿＿＿＿＿＿＿＿＿

填写完毕后，你的感受是什么？在同学分享时，请认真聆听，思考哪些与我所写的相同，哪些不同，为什么？

◆ 活动分享

_____

_____

_____

多 元 排 队

◆ 活动目的

1. 通过"多元排队"，让学生寻找一个客观、真实的自我。

2. 根据自己在"多元排队"中所处的不同位置，让学生明确自己的客观地位，消除对自己的过高或过低评价。

3. 悦纳自己，欣赏他人，学会扬长补短。

◆ 活动过程

1. 全体学生围成一个圆圈，大家面向圆心站立。

2. 主持人宣布排队开始，大家根据某一特征要求调整自己的位置。在调整过程中，不允许用语言交流。首先请大家按个子高矮排队，高个子排在主持人左边，按逆时针方向从高到矮依次排列。第二次请大家按出生月日的顺序排队，1月1日出生的排在主持人左边，按顺时针方向从月日的小至大依次排列。第三次请大家按体重排队，重量大的排在主持人的左边，按顺时针方向由重至轻依次排列，每次排完后，都说出自己的身高、出生月日或体重来检查是否有人排错了队。排错队者需说明理由，大家一起帮助他澄清。

◆ 注意事项

主持人一定要强调排队中不允许用语言交流，否则会失去游戏的意义。对排错队的学生，要耐心启发其分析自己排错队的主观原因，而不是简单的客观原因。既不要轻易放过，也不要让其感觉出丑。主持人要敏锐地抓住"多元排队"中典型的案例进行剖析，如过矮、过胖、过大、过瘦、过高的及错位严重的等情况。

◆ 活动分享

_____

_____

_____

二、素质拓展

（一）心理测试

自尊量表（SES）

导语 以下共有10道题目，如表3-2所示，每道题目都有相对应的4个选项供选择，请根据自己的实际情况进行选择。

表3-2 自尊量表题目

序号	题　　目	非常符合	符合	不符合	很不符合
1	我感到我是一个有价值的人，至少与其他人一样				
2	我感到我有许多好品质				
3	归根结底，我倾向于认为自己是一个失败者				
4	我能像大多数人一样把事情做好				
5	我感到自己值得自豪的地方不多				
6	我对自己持肯定态度				
7	总的来说，我对自己是满意的				
8	我希望我能为自己赢得更多的尊重				
9	我确实时常感到自己毫无用处				
10	我时常认为自己一无是处				

评分规则与解释

量表分四级评分，"非常符合"计4分，"符合"计3分，"不符合"计2分，"很不符合"计1分，第1、2、4、6、7题正向记分，第3、5、8、9、10题反向记分，总分范围是10～40分，分值越高，自尊程度越高。

如果上述量表你获得的分值较低，那就意味着你存在一定的自卑感了。在生活中，我们一说"××很自卑"，总带有些贬义，听者不由自主心中总不是滋味。奥地利心理学家阿德勒认为自卑感是人类所共有的，人的自卑使人产生对优越感的渴望。个体感到自卑，就会奋发图强，力争上游，取得成功。他成功以后，就会产生优越感。但是在他人的成就面前，他会继续产生自卑感，从而推动他去取得更大的成就，永无止境。可以说，自卑是个体成长的动力之一。

你的累计分数：_____

对此结果，你有什么感受，请写下并分享。

活动分享

_____

_____

_____

（二）心灵探索

"三个我"的探索

活动过程

1. 请先预备三张纸，首先在第一张纸上描述"理想的我"，然后将已写好的第一张纸搁置一旁，暂时不准再观看。接着照此类推，在第二张和第三张纸上分别具体描述"别人眼中的我"和"真正的我"，每一次描述大概10分钟时间。

2. 完成后，将所有三张纸放置在桌上，对三张纸上的三个"我"做出检验，主要是看看三个"我"是否协调一致。若否，则差异何在，并尝试找出原因。请你留意另外一个重点："理想的我"和"真正的我"是否协调一致？透过此重点，你往往可以发现两者之间的差异，甚至矛盾。同时，往往会发觉自己对人生所产生的一些深层感受和渴求。

3. 为了达到更积极的效果，你应当努力探索，看看如何可以使三个"我"更加协调一致，制订促进三个"我"协调一致的方案。有了具体的计划，你会容易在生活中落实并做出改进。

4. 进行上述思考后，请填写下表（表3-3）。

表3-3 "三个我"探索情况

"三个我"	开始时	调整后
理想的我		
别人眼中的我		
真正的我		

（三）艺文鉴赏

1. 心理影吧

《肖申克的救赎》

推荐理由

《肖申克的救赎》（图3-4）这部1994年上映的电影，无论从哪方面讲都是经典

中的经典。情节的紧凑，主题的深刻，演员的阵容，音乐的配合，使其最终获得了8项奥斯卡提名，更成为影迷心中的励志经典。相信自己，追逐自由，不放弃希望，不放弃努力，耐心地等待生命中属于自己的辉煌，这就是肖申克的"救赎"。

图3-4 《肖申克的救赎》海报

《功夫熊猫3》

> 推荐理由

《功夫熊猫3》（图3-5）2016年上映，这部电影每个画面、每个设计都独具匠心，充满了东方神韵。当阿宝明白教导别人不只是教功夫，而是因材施教、扬长避短，let you be you 的时候，他也明白了如何让自己 be yourself。影片告诉我们，遇到事情不要慌张，相信自己是最好的，做你自己就是最棒的，把自己最擅长的东西做到最好就好。

图3-5 《功夫熊猫3》海报

2. 心理书吧

《遇见未知的自己》

作者：张德芬；出版社：华夏出版社；出版日期：2008年1月。

推荐理由

《遇见未知的自己》（图3-6）为华语世界一部影响了数千万人的心灵成长小说，销量过百万。这本书借由我们每天都可能遭遇到的种种事情，帮助我们看到主宰自己人生的模式是如何形成的，又如何在操控我们的身心。书中以故事的形式来分享作者张德芬多年的心灵成长感悟，来帮助我们改变现有的人生模式，从思想、情绪和身体的桎梏中解脱出来，从而活出自己想要的人生，找回原本真实、快乐的自己！

图3-6 《遇见未知的自己》封面

《接纳不完美的自己》

作者：黛比·福特；译者：严冬冬；出版社：北京联合出版公司；出版日期：2018年6月。

推荐理由

《接纳不完美的自己》（图3-7）是美国畅销书作家黛比·福特的名作。这本书主要表达的是每个人都是不完美的，每个人身上都有自己不愿意触碰的一面——阴暗面，亲人朋友不愿意接受，连我们自己也无法面对。于是，我们不惜代价、竭力伪装成人人喜欢的好人，活得很累。事实上，我们的每个缺点背后都隐藏着优点，每个阴暗面都对应着一个生命礼物。只有真心拥抱阴暗面，我们才能活出完整的生命。

佳作欣赏：寻找内心深处的自己

图3-7 《接纳不完美的自己》封面

参考文献

［1］戴维·迈尔斯.我们都是自己的陌生人［M］.沈德灿,译.北京:人民邮电出版社,2012.

［2］乔纳森·布朗.自我［M］.陈浩莺,薛贵,曾盼盼,译.北京:人民邮电出版社,2004.

［3］韦恩·戴尔.神圣的自我［M］.袁静,译.天津:天津社会科学院出版社,2009.

［4］周志建.拥抱不完美:认回自己的故事疗愈之旅［M］.北京:中国妇女出版社,2014.

［5］曾奇峰.你不知道的自己［M］.太原:希望出版社,2005.

［6］李晓文.学生自我发展之心理学探究［M］.北京:教育科学出版社,2001.

［7］婉航.做好自己就是超越自己［M］.北京:人民邮电出版社,2013.

［8］王建平.影响大学生自我意识的因素浅析［J］.韩山师范学院学报,2000(1).

［9］张天瑜.高职院校学生自卑心理案例分析［J］.湖北广播电视大学学报,2010(10).

项目 4
学会沟通　促进交往：
做人际和谐的高职生

➜ 学习目标

知识目标：
理解人际交往内涵，了解高职生人际交往特点和交往困惑，掌握人际交往方法。

技能目标：
通过训练和拓展，把握人际交往原则，善用人际交往效应，掌握人际交往技巧，主动应对人际交往中的矛盾和问题，培养人际沟通技能。

素质目标：
理解人际交往是大学生活中不可缺少的重要部分，积极适度的交往对促进身心健康发展具有重要意义；掌握人际交往"金钥匙"，提升交往沟通素质。

➜ 学习指导

学习方法：

1. 通过阅读相关书籍、登录人际交往知识网站等方式，了解人际交往的内涵、技巧、禁忌，对自己的人际交往状况进行分析，对不足及时改进。

2. 注重实践训练，多与同学、室友交往，再尝试和老师交往，直至在社会实践场所与陌生人交往，不断提高交往能力，提升交往水平。

学习结构图：

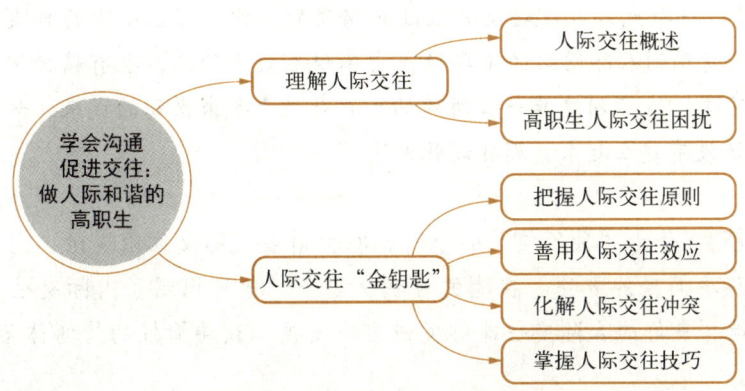

单元一　理解人际交往

➡ 心灵小语

君子之交淡若水，小人之交甘若醴。

——《庄子》

成功的第一要素是懂得如何搞好人际关系。

——西奥多·罗斯福

➡ 案例导读

"独行侠"小飞

小飞是一名喜欢独往独来、不被大家关注的大一男生。在一次心理课上却让全班同学一下子记住了他。老师布置一个关于"你的人际网络系统"的课堂作业，并请同学们当场分享。小飞的分享与众不同，他的人际网络系统里只有一个人，那就是他自己。在他看来，与人交往没有什么意义，一个人做事效率会更高；生命有限，时间宝贵，要用有限时间去做有意义的事情。初看起来，这个逻辑似乎也顺理成章，可没过多久，小飞单独找到心理老师倾诉心中的困惑，原来班级推荐优秀学生，小飞已经第二次落选了。

大学是一个允许人犯错误并且改正错误的地方。好在小飞的自我反省能力不错，意识到人际网络的重要性，它不仅有实用价值，也有精神价值。正如有人说过："人际网络非一日所成的，它是数十年来累积的成果，如果你到了40岁还没有建立起来，那麻烦就大了。"

[分析] 作为"独行侠"的小飞，在面对着人际交往困境时，主动去尝试寻找解决问题的方法。在他的自我反思下，他意识到了人际交往对自身的重要性。良好的人际交往能够促进自我发展、获得愉悦的情绪体验。

一、人际交往概述

（一）人际交往的内涵

1. 人际交往的含义

人际交往也称人际沟通，是指个体通过一定的语言、文字或肢体动作、表情等表达手段将某种信息传递给其他个体的过程。它反映了寻求满足社会需要的心理状态。

人际交往包含三种成分。

（1）认知。

认知是人际交往的前提、基础，决定了人际关系的主导成分，反映了个人对人际关系状况的了解和对他人的认识、评价。任何人际交往都是从相互认知开始的。

（2）情感。

情感是人际交往的核心，是判断人际关系状态的主要指标。交往双方在情感上的亲疏和满意程度的体验，反映了交往双方对交往状况的满意程度，通过喜欢、厌恶、欣赏、反感、欢迎等情绪表现出来。

（3）行为。

行为是人际关系的结果，又是人际交往的外显行为，包括人的语言、眼神、手势、举止、风度、表情等，是建立和发展人际交往的手段和形式。

这三种成分存在于一切人际交往之中，是相互作用、不可分割的整体。情感是在认知的基础上产生的，认知能唤起情感的发生，也能控制和改变情感的发展，同时情感又会影响和改变认知，而认知和情感都要通过行为表现出来。

2. 人际交往的类型

（1）血缘关系：是一种天然人际关系，如父母与子女、兄弟姐妹之间的关系及其衍生出的亲戚关系，具有亲情性、稳定性和法定性的特性。

（2）业缘关系：主要指在学业上交往的关系，包括师生关系、同学关系、校友关系等，其特点是了解深刻、情感深厚、保持终身。

（3）地缘关系：主要指因地域相同而交往的关系，如"老乡会"已成为校园一大特色，也是高职生交往的重要场合。

（4）趣缘关系：主要指因兴趣而结成的关系，如诗社、篮球社、围棋社等协会组织，具有自主性、自觉性等特性。

（5）网缘关系：指通过E-mail、QQ、BBS、微博、微信等方式进行交流、交友，具有虚拟性、隐蔽性、多元性等特性。

（6）情缘关系：是指男女大学生为爱情需要，通过与异性交往而建立的人际关系，这是高职生人际交往中最为突出的一种，具有冲动性、强烈性等特点。

以上六种关系归纳起来就是亲情、友情和爱情。亲情是人们无法选择的，但和什么人成为朋友或者选择什么样的人成为伴侣，是可以选择的。

3. 影响人际交往的因素

（1）邻近效应表现在地理位置的远近和人与人之间相互交往的频率上。

① 距离的远近。一般来说，生活的空间距离越小，则双方越容易接近。邻居之间可能存在人际吸引，即"远亲不如近邻"，而大学室友之间也会彼此相互吸引，即"同在屋檐下，怎能不相识"。

② 交往的频率。人与人相互交往的次数愈多，则越容易建立密切的人际关系。尤其是与陌生人相处的初期，交往的频繁与否，对于建立人际关系具有决定性的作用。

（2）相似性因素。"物以类聚，人以群分。"人际关系双方在某些方面的相似性（如相似的成长背景和经历、共同的目标和追求等）都会影响人际交往。

相似性主要体现在：兴趣和爱好、地位和年龄、态度和价值观念。人们在初次交往中，年龄、社会地位、外貌相似性往往起着主要作用，但随着交往深入，态度和价值观的作用就凸显出来了，甚至可能压倒其他一切因素。正如"酒逢知己千杯少，话不投机半句多"。

（3）互补性因素。所谓互补是指个体之间的差异恰好可以满足彼此的某种需求，如外向的人需要一个善于倾听的内向的人作为听众，而内向的人则需要一个喜欢说话的外向的人给他排解寂寞。一个支配型的人和一个服从型的人有着互补的个性而相互喜欢。独立与依赖、自信武断与优柔寡断等组合，就是人们常说的"相辅相成"。

表面上看，相似与互补是矛盾的，但实际上两者是协同的。建立在需要满足和价值观一致基础上的相似与互补有着重要意义，有时互补比相似更为重要。

（4）人格因素。"精诚所至，金石为开。"人格因素是人际关系中的重要因素。一个人如果在能力、特长、气质、性格、涵养、品质等方面比较突出、优秀，往往能形成很强的吸引力。相同条件下，越有能力的人越让人喜欢。良好性格的人可保持人际关系的长久。

调查发现，有助于人际交往、被高度喜欢的性格特点是真诚、诚实、忠诚、善良等；一般不被人喜欢的性格特点是固执、刻板、大胆、谨慎等；不利于人际交往、被高度厌恶的性格特点是虚伪、冷酷、恶毒等。

（5）外表因素。"美是介绍信，漂亮是通行证。"有人说："外表包括人的面貌、身高、风度等因素,会影响人与人之间的关系。"的确,个人的长相、穿着、仪表、气质等特征,都会影响人们彼此间的关系。

综上所说,人们喜欢什么样的人呢?人们喜欢:身边熟悉的人;有才华、有能力但并非完美无缺的人;想法、观点和价值观与自己相似的人;在某些方面与自己互补的人;具有令人愉快的个性品质(诚实、善良)的人;外表有吸引力的人等。

(二)高职生人际交往的特点

1. 从人际交往目的看,交往动机多元化

高职生的人际交往在注重情感交流的同时,越来越注重与自身利益相关的务实性交流,呈现出情感型交往与功利型交往并重的趋势,交往动机多元化。

2. 从人际交往意识看,有强烈的成人感和主人翁精神

高职生的主体意识、独立意识和自尊心日益增强,主要表现为:① 讲究平等,同学之间渴望相互理解,相互尊重,平等相处。② 富于理想,渴望成功,注重精神层次,渴望得到真心和忠诚。③ 情感色彩重,讲究志同道合或情投意合,但由于高职生的心理发展还没有完全成熟,意志力不强,耐挫力较差,容易以情感代替理智。

3. 从人际交往方式看,宿舍为中心,网络社交为主导

高职生虽然主动追求开放式的人际交往,但由于时间、精力、经济条件等限制,交往的场所仍然在校园内,以宿舍为中心。社会实践是他们拓宽交往圈子的重要途径,网络也成为他们扩大交往的主要窗口,微博、微信等各类网络社交平台已成为当代高职生的重要社交工具。

4. 从人际发展趋势看,具有多向趋势

高职生人际交往的多向趋势表现在:自然性减弱,社会性增强;依赖性减弱,自主性增强;等级性减弱,平等性增强;封闭性减弱,开放性增强;单一性减弱,复杂性增强;竞争性减弱,合作性增强等。

知识窗:阿特曼的人际交往发展阶段

二、高职生人际交往困扰

高职生对人际交往有着强烈的心理需求,大多数高职生也乐于交往,愿意主动交往,并且能够成功交往。但也有部分高职生在面临人际交往时,显得力不从心,存在人际交往困扰。

高职生的人际交往困扰主要表现在三个方面:不敢交往、不想交往、不会

交往。

（一）不敢交往

不敢与人交往是指心里愿意与人交往，但因为过分关注自己交往时的表现，在行动上表现出退缩的心理。其表现包括自卑心理、害羞心理与恐惧心理等。

1. 自卑心理

自卑是一种因过多的自我否定而产生的自惭形秽的情绪体验。个体认为自己在某个方面或某些方面都不如别人，消极地、过低地评价自己。自卑心理具有很强的扩散性和感染性，不仅会对个体的学习、生活产生极大的影响，而且会对个体的人际交往产生严重影响。所以，高职生应该学会克服自卑心理。

案例 4-1

小方是一名来自偏远山区的艺术系大一新生，因家庭经济状况不好，平时穿得比较朴素。但爱美之心人皆有之，每次看到其他同学打扮得非常靓丽，她打心底里会很羡慕，同时也会产生自卑感。她知道，家里条件不好，出来读书已经让原本就很贫寒的家雪上加霜了。于是，她不停地告诉自己不该把心思花在穿着打扮上，但内心深处还是控制不住地产生挫败感。

分析 针对小方的案例，可以提出以下调适方法：

（1）正确地认识和接纳自己。学会多方面、多途径地了解和认识自己，并能够正确地进行自我评价。接纳自己不仅在于能接纳自己的长处，而且在于能容忍和接纳自己的短处。

（2）学会积极地自我暗示、自我鼓励。告诉自己"别人能做到的事情，我也能做到"。

（3）积极与他人交往。要有意识地坚持同性格开朗、乐观的人进行交往，这样有助于克服自卑心理。

2. 害羞心理

害羞心理是指在他人面前感到不自在和受压抑，害怕与他人接触的倾向和行为。害羞是高职生常见的人际交往障碍，在交往过程中，表现为过于羞涩拘束，不能准确、充分表达自己的思想感情，成为人际交往中的被动者。害羞不利于人际交往的发展，应当进行克服。

对害羞心理的调适方法如下：

（1）学会正确地自我评价。应该认识到每个人都有自己的长处和短处，应积极肯定自己的长处，善于发现自己的长处，提高自己在交往中的自信心。

（2）加强心理训练和实践锻炼。积极参加各种实践活动，在实践活动中锻炼自己，发挥自己的潜能，提高自己的交往能力。

（3）放下精神负担。应认识到失败是成功之母，从失败中吸取经验教训，争取更好的成功。不要因为一时的失败和挫折而背上沉重的思想包袱和精神负担。

3. 恐惧心理

恐惧心理表现为在交往过程中，特别是在大庭广众之下，不由自主地感到紧张、担心和害怕，以至于手足无措、语无伦次，严重时会发展为社交恐惧。

社交恐惧是指个体对任何社交或公开场合均感到强烈的恐惧或忧虑，这是较为严重的一种人际交往障碍。社交恐惧的人最害怕在公共场合讲话，有时甚至害怕在别人面前写字。

治疗社交恐惧的方法有系统脱敏法、认知疗法、森田疗法等。如果患者生理上的不良反应比较严重，就要进行药物治疗，以缓解其生理不适。

除了上述治疗方法，自我心理调节也是缓解社交恐惧的重要方式，因为任何心理问题的解决都需要当事人自己有改变的意愿并为之付出努力。

恐惧心理调节一般要遵循以下方法：

（1）不否定自己。不断地告诉自己"我是最好的""天生我材必有用"。

（2）不苛求自己。能做到什么地步就做到什么地步，只要尽力了，不成功也没关系。

（3）不回忆不愉快的过去。过去的就让它过去，没有什么比现在更重要。

（4）友善地对待别人。助人为乐是快乐之本，在帮助他人时能忘却自己的烦恼，也能证明自己的价值所在。

（5）找个倾诉对象。有烦恼一定要说出来，找可信赖的人把自己心中的烦恼倾诉出来。

（6）给别人以微笑。到人多的地方去，让不断过往的行人从自己的眼前经过，并试图给他们以微笑。

（二）不想交往

不想交往是指个体自我封闭，活在自己的世界里，对外界的事物不适应或不感兴趣，不愿意与他人交流内心的想法。其表现包括自负心理、闭锁心理、孤独心理等。

1. 自负心理

自负心理是指过高地评价自己，总觉得自己优于别人，盛气凌人，自以为是，甚至不愿与别人为伍。具体表现为：自视清高，看不起别人；固执己见，我行我素；过度防卫，有明显的嫉妒心；抗挫折能力差，有孤独感。

案例 4-2

小睿是一名品学兼优的大二学生，同时也是班里的班长，但人际关系处理得不是很好。因为他的处世原则是，有人帮你是你的幸运，没人帮你是公正的命运。所以，同学找他帮忙的时候，他并不是很热情，表现得有些傲慢。渐渐地，室友不喜欢和他来往，班上的同学也不太配合他的工作。在一次综合素质测评中，虽然他的考试成绩不错，但同学给他的评价很低，导致最终的平均分很低。他为此十分不解，也觉得很委屈。

分析 针对小睿的案例，可以提出以下调适方法：

（1）认识自负心理的危害。每个人都有自尊的需要，如果过分苛求于人，傲视别人，得到的就是别人的疏远，人际关系就会紧张。

（2）全面认识自己，承认自己的不足。自负者多数只看到自己的长处，看不到自己的短处，总拿自己的长处与别人的短处相比较。应当明确的是，人不能陶醉于自己有限的才能而沾沾自喜，人外有人。

（3）自信而不自负。自信与自负的区别是是否建立在客观现实的基础上。一般说来，自我认识与其自身实际情况越接近，就越能保持自身的心理健康。人不可没有自信，自信可激发人的斗志，树立必胜信念，而脱离现实的自信就成了自负。自负对于高职生来说，不仅不能成就事业，反而会影响生活、学习、工作和人际交往，严重地影响身心健康。

2. 闭锁心理

闭锁心理又称为自我封闭心理，其表现为把自己的真情实感和欲望掩盖起来，有很强的戒备心理，过分地自我克制，使交往无法深入。有闭锁心理的高职生在交往中少言寡语或不着边际，很少有知心朋友，人为地在自己和他人之间建立了一道心理屏障，影响了学习，妨碍了个人发展。因此应当积极地克服闭锁心理。

闭锁心理的调适方法：

（1）更新观念。在信息化时代的今天，高职生要适应社会的要求，不断地更新观念，改进传统的思想意识。

（2）消除思想顾虑，积极与人交往。要克服闭锁心理，就是要与人交往，让别人了解自己。克服闭锁心理的关键就是要解除心理顾虑，以坦率的心态与别人交流，以情换情，只有这样别人才会欣赏你，接纳你。

3．孤独心理

孤独是指一种经常独处或受到孤立，很少与人接触而产生孤单、无助的心理体验。对于高职生来说，孤独是一种较为普遍的心理现象。高职生的自我意识逐渐成熟，需要暂时的孤独，以便自我反省。同时，高职生也可以从暂时的孤独中寻找到快乐和宁静，因而适当的孤独是有益的。但如果长期沉迷于孤独，会给人带来诸多负面的影响，如敏感多疑、感情脆弱、抗挫能力低；与人交往时紧张压抑，遇事容易冲动发怒，甚至违法犯罪、厌世轻生等。因此，高职生必须克服孤独心理。

孤独心理的调适方法：

（1）开放自我，多与外界交流、沟通。独自生活并不意味着与世隔绝，要主动亲近别人，关心别人，真诚对待别人，与他人结成各种友好关系，从而形成良好的人际交往环境。

（2）克服自卑情绪，增强自信。因自卑而产生孤独心理如同作茧自缚，自卑这层"茧"不冲破，就难以走出孤独。高职生应增强自信，充分发挥自身才华和优势，缩小与同学间的差异，感受成功的喜悦，从而克服孤独。

（3）充实自我，培养广泛的兴趣、爱好。为自己安排丰富多彩、有意义的业余活动，享受大学生活带来的乐趣。

（三）不会交往

许多高职生既有与人交往的动机，又敢与人交往，他们带着良好的人际期望与同学交往，但由于缺乏正确的交往方法和技巧，不会交往，结果往往事与愿违。

不会交往者一般有以自我为中心的问题。这是一种严重影响人际关系的心理障碍。以自我为中心的人，与人交往时总是处处为自己着想，只关心自己的需要和利益，强调自己的感受，不尊重他人的价值和人格，漠视他人的处境和利益。例如，自己高兴时，就高谈阔论，手舞足蹈；不高兴时，郁郁寡欢或乱发脾气。以自我为中心的人还有很强的自尊心，在别人看来可能是很小的事情，但在他们身上可能会引起强烈的自尊心受挫的感觉。以自我为中心的人往往使人敬而远之。

案例 4-3

大一新生小琳性格内向，在高中时没有什么朋友。来到大学，她和班上的小莹走得比较近，经常找小莹一起吃饭或者逛街。但最近小琳微信留言给小莹，小莹不回复，打电话过去，小莹不接，和小莹聊天，小莹也是爱答不理的样子。实际上，小莹内心也很郁闷，她不太喜欢小琳这么黏人，她觉得朋友间要有空间，小琳每隔几分钟就发微信给她，导致室友都开始怀疑小琳是不是"爱"上了她，想想觉得很恐怖，索性敬而远之。

分析 以自我为中心的人在交往中，由于缺乏对自己的正确认识和对他人的尊重，不易与人建立牢固的、持久的、良好的人际关系。因此，要改变以自我为中心问题，必须坚持以下两点：

（1）学会宽容。只有能够接受别人正确的意见，承认自己的错误，才有可能通过批评改掉固执己见、唯我独尊的形象。对那些与自己不同的人，要学会理解。尝试主动与人交流看法，可以争论，但重点应放在解决问题上，不要以击败对方为目的。

（2）平等相处。平等相处是要求以自我为中心的人以一个普通人的心态和身份与别人相处，不过分苛责别人，也不冷眼看人，这样才能使人际交往的天平始终处于平衡的状态。

案例 4-4

小曼，女，19岁，某高职院校大二学生。小曼的宿舍里有四个人，其他三位分别是小涵、小玲、小青，小曼被推举为寝室长，可是麻烦就来自这个不大不小的宿舍。小涵是家里的独生女，虚荣心较强，性格比较孤傲，是典型的"白富美"；而小玲则相反，来自一个父母离异的普通工人家庭，外貌一般，性格内向；小青则是名副其实的"女汉子"，酷爱运动，平时大大咧咧。虽然大家住在一个宿舍里，但平时都各顾各的，有时因为琐事而产生争执，彼此关系十分紧张。

知识窗：人际交往中的"自我效能感"

小曼决定改变宿舍里人际关系紧张的状况。正好本周六是小玲的生日，小曼想以此为契机来改变。小玲白天上课去了，晚上一回到宿舍，小玲惊呆了，宿舍里格外整洁温馨，自己床边还用鲜花摆成一个"心"形。突然宿舍灯灭了，伴随着欢快的生日歌，小曼、小涵、小青手捧生日蛋糕走向小玲——小玲感动得泪流满面。原来这是小曼精心策划的。小曼还动员大家一起去游泳、登山，在运动中增进彼此的交流和理解。一学期过后，宿舍里开始充满欢声笑语，相互间建立了友谊，即使遇到小矛盾，也能够及时化解。

| 分析 | 这个案例告诉我们，每个人都有自己的个性和特点，在一个宿舍里共同生活三年，难免会有矛盾和冲突。小曼作为寝室长，以情动人，很好地协调了宿舍成员之间的关系。

单元二　人际交往"金钥匙"

➡ 心灵小语

一个没有交际能力的人，犹如陆地上的船，是永远不会漂泊到壮阔的大海中去的。

——阿拉伯谚语

真诚的、十分理智的友谊是人生的无价之宝。你能否对你的朋友守信不渝，永远做一个无愧于他的人，这就是你的灵魂、性格、心理以至于道德的最好的考验。

——卡尔·马克思

➡ 案例导读

屠格涅夫与乞丐

俄国大作家屠格涅夫有一天走在街上，碰到一个年老体弱的乞丐向他伸出发抖的手，大作家找遍全身也没有发现一文钱，于是他握住乞丐的脏手说："兄弟，对不起，我什么也没有。"哪知这句话却让乞丐泪眼婆娑地说："哪儿的话，我已经很感恩了，这也是恩惠呀！"

分析 乞丐为什么会感动地说"这也是恩惠呀"？大作家的行为让他感受到了什么呢？

一、把握人际交往原则

人的行为都是在一定观念的指导下进行的，构建良好人际交往需要遵循一些基本原则。

（一）平等原则

与人交往应做到一视同仁，不爱富嫌贫，不因家庭背景、地位职权等而对人另眼相看。平等待人就不能盛气凌人，不能太嚣张。平等待人就是要学会将心比心，学会换位思考。只有平等待人，才能得到别人的平等对待。

（二）尊重原则

尊重包括两个方面：自尊和尊重他人。自尊就是在各种场合都要尊重自己，维护自己的尊严，不要自暴自弃。尊重他人就是要尊重别人的生活习惯、兴趣爱好、人格和价值。正如古人所说"敬人者，人恒敬之"，彼此尊重是交往的底线，只有尊重别人才能得到别人的尊重。尊重原则指导下的人际交往技巧是欣赏别人，学会赞美别人。

（三）真诚原则

真诚待人是人际交往中最有价值的原则。只有真诚待人，胸无城府，才能产生感情的共鸣，才能收获真正的友谊。没有人会喜欢虚情假意，多少夸夸其谈都会败下阵来。正如古人云，"以诚感人者，人亦以诚应"，"心诚则灵"。在交往中一定要恪守真诚原则，做到真诚坦率、言行一致。

（四）宽容原则

"金无足赤，人无完人。"在人际交往中，难免会发生一些不愉快的事情，产生一些矛盾冲突。这时我们要学会宽容大度，不斤斤计较，正所谓"退一步海阔天空"。高职生在交往中，心胸一定要宽，气量要大，遇事要权衡利弊，切不可斤斤计较、固执己见。

（五）互惠原则

互惠是指双方在满足对方需要的同时，又能得到对方的报答。人际交往永远是双向选择，双向互动。你来我往，交往才能长久。"己所不欲，勿施于人""赠人玫瑰，手有余香"说的就是这个道理。在交往的过程中，高职生应在学习中相互切磋，在工作中相互支持，在生活中相互关爱。互惠原则指导下的人际交往技巧是热情、主动、互助和诚信。

知识窗：天堂与地狱

（六）信用原则

人际交往中的"信"有五重含义。一是"言必信，行必果"，说到做到，信守诺言。二是信任，不仅要信任别人，还要争取赢得别人的信任。三是不轻易许诺，不说大话、空话。四是诚实，自己能办到的事才答应别人的请求，办不到的要讲清缘由，以获得对方的理解。五是自信，要有自信心，相信自己。讲信用反映一个人的品德，失信就是失德。

二、善用人际交往效应

（一）首因效应：留下良好第一印象

首因效应又称第一印象，是指在人际交往过程中，人们往往对初次接触时注意到的信息印象深刻，而对之后的信息则很少注意，或者印象不深刻。

心理学家卢钦斯认为，先出现的信息之所以会对总体印象产生较大的影响，一方面是因为人们在接触陌生人时，一般会比较注意对方的形象、动作等细节，因此最开始得到的印象较为鲜明和强烈。

知识窗：首因效应心理实验

另一方面，人们对很多后继信息的解释往往受到先前信息的影响。因此，在日常交往过程中，特别是在初次见面时，一定要给他人留下美好的印象。

打造良好第一印象需要做到以下四个方面：① 穿着得体；② 表现自信；③ 说话时看着对方眼睛；④ 清晰地表达。

（二）近因效应：及时表现以改变印象

近因效应是指人们在形成总体印象的过程中，新近获得的信息比以往获得的信息影响更大的现象。近因效应强调及时表现自己以改变印象，它与首因效应的差异表现在：首先，当两种信息连续出现时，首因效应作用较为明显；当两种信息断续出现时，近因效应作用较为突出。其次，在与陌生人交往时，首因效应的作用较大；在与熟人交往时，近因效应的影响较大。

知识窗：近因效应心理实验

（三）晕轮效应："爱屋及乌"与"憎人及物"

晕轮效应又称光环效应，是指在人际交往中，一个人某一方面的特征掩盖了其他方面的特征，从而造成人们对他认识上的偏差。所谓"情人眼里出西施"，说的就是晕轮效应。

晕轮效应往往会影响到人们的相互交往。如在一个集体里，当对某人印象好时就觉得他处处顺眼，"爱屋及乌"，甚至会觉得他的缺点错误也可爱；当对某人印象不好时就觉得他处处不顺眼，"憎人及物"，对其优点成绩也视而不见。因此在交往中，一方面可以利用晕轮效应给对方留下良好的印象，注重避免偏见和成见；另一方面要相信"人非圣贤"，避免以偏概全。

（四）刻板效应：先入为主

刻板效应是社会上对某一类事物或人物的一种比较固定、概括而笼统的看法。刻板效应使人们在认知他人时，不自觉地产生一种有准备的心理状态，并从这种心理状态出发对其进行认知和评价。

刻板效应有很多种。例如，在人们脑海里，北方人都很豪爽大方，女人都喜欢唠叨，商人都比较奸诈等。这类刻板效应容易先入为主，妨碍正常人际关系的形成。在人际交往中必须克服刻板效应，要辩证地、发展地、全面地去了解别人，提高认识的广度和深度，从而提高交往的水平。

（五）投射效应：避免偏见和成见

投射效应是指在人际交往中，认知者形成对他人的印象时总是假设他人与自己有相同的倾向，即把自己的特性投射到他人身上。"以小人之心，度君子之腹"反映的就是投射效应的一个侧面。如与人交往时，常把自己不讨人喜欢、不为人接受的东西转移到别人身上，认为别人也是这样，以掩盖自己不受人欢迎的特征。

知识窗：伤痕实验

为了克服投射效应的消极作用，人们应该正确地认识自己和他人，做到严于律己，宽以待人，勿以己度人，尽量避免用自己的标准去判断别人。

三、化解人际交往冲突

（一）人际交往冲突的内涵

人际交往冲突是指由人际交往双方的沟通障碍、需要不同、认识差别、个性差异等引起的人与人之间一种对立、紧张甚至敌对的关系。其表现为隐性冲突、心理与情感上的对立，也有显性冲突，主要为行为上的对抗和攻击。

人际交往冲突对人际关系的影响具有两面性，既是挑战又是机遇。一方面，人际交往冲突发生会给交往双方带来负面的影响和消极的情绪。另一方面，人际交往冲突也有其建设性作用，正所谓"不打不相识"，适当争论、辩论可以澄清、化解误解，消除隔阂，增进理解，加深关系。

（二）人际交往冲突的层次

人际交往冲突可分为三个层次。

第一层次，是指特定行为上的冲突，即双方对某个具体问题存在不同意见，如两个同学一起外出，对搭乘什么交通工具意见不一，一个想乘汽车，另一个想乘火车。

第二层次，是关系原则或角色上的冲突，即双方对如何处理两个人的关系，在关系中各自的权利、义务存在不同理解。如同学之间对组织中的分工存在分歧。

第三层次，是个人性格与态度上的冲突，这是比较深层次的冲突，涉及人格和价值观的差异。如两个室友可能因为性格不合而产生矛盾：在周末，一个喜欢找一大群朋友来玩，另一个则喜欢单独待在宿舍。

一般来说，冲突层次越深，涉及的因素就越多，情感卷入程度就越高，矛盾就越复杂，解决起来也就越难。

案例 4-5

当你的室友夜里聊电话到熄灯后很晚还不停，第二天还有考试，你在床上被吵得睡不着，根据以往的经验，你发现如果直接要求对方停止打电话，不会有好的效果，这时你该怎么办？如何解决这个问题呢？

（三）有效处理好人际交往冲突

首先，学会站在对方的角度去重新审视问题。采取设身处地的方式去体验别人为什么那样做，或许能帮助我们理解别人，防止发生不必要的行为和误会。对已经发生的冲突，应就事论事，不要扩大化，影响以后的交往。

其次，学会解决冲突的有效步骤，主要包括以下内容：

（1）相信一切冲突都可以理性而建设性地获得解决。
（2）客观地了解冲突的原因。
（3）具体地描述冲突。
（4）向别人核对自己有关冲突的观念是否客观。
（5）提出可能解决冲突的办法。
（6）对提出的办法逐一进行评价，筛选出最佳的解决方案。
（7）尝试使用选择出的最佳办法。
（8）评估实施最佳方案的实际效应，并修正。
（9）依靠老师和同学的力量，帮助冲突双方转变。
（10）必要时采取回避态度，初步缓解冲突。

知识窗：解决人际冲突的"4S"法

四、掌握人际交往技巧

（一）学会微笑

在人际交往中，有一项最简单、最直接却很有效的沟通技巧，那就是微笑。微笑是一种极具感染力的交际语言,不但能缩短你与他人的距离,并且还能传情达意。

(1)微笑要自然。微笑是美好心灵的表现,微笑需要发自内心才能笑得自然,笑得亲切,笑得美好、得体。切记不能为笑而笑、没笑装笑、假笑。

(2)微笑要真诚。真诚的微笑能引起对方的共鸣,加深双方的友情。

(3)微笑要恰到好处。微笑程度要合适,倡导多微笑,但不要时刻微笑。比如当对方看向你的时候,你可以直视他并微笑点头;对方发表意见时,一边听一边不时微笑。微笑还要分清场合,如出席一个庄重的集会或参加一个追悼会时,微笑就不合时宜,甚至招人厌恶。

(二)学会倾听

人有一张嘴,却有两只耳朵,这似乎在提醒我们在人际交往中要多听少说。

倾听所表现出的是对对方的尊重和欣赏,无形之中就会增强对方的自尊心,加深彼此的感情。倾听的目的一方面是给对方创造表达的机会,另一方面是使自己能更好地了解对方,以便进一步与其交往和沟通。

学会倾听的艺术,首先要静听对方的谈话,不要贸然打断对方的话题,不要时时插话,影响对方的谈话思路,或弄不清谈话的内涵就断然下结论。其次,要鼓励对方讲下去,可以用简单的赞同、复述、评论接话等方法引导他人讲下去,不要急于做出判断。最后,注意观察非言语行为,即说话者语音语调、身体姿势、面部表情等,不要做无关的动作,如东张西望、不时看表、目光游离等动作,这些既影响对方讲话的兴趣,也是一种非常无礼的行为。

知识窗:与人面对面沟通的技巧

(三)学会表达

在人际交往中,不自信的人主要表现在既不会拒绝别人、表达不满,也不会真诚接纳别人。下面列举一些人际交往情境(表4-1、表4-2、表4-3)。

表4-1 维护自身权益和坚持自己观点

情　境	示　范
拒绝参加不情愿的社交活动 宿舍熄灯后还有人说话 不同意别人观点 ……	"对不起,今天我不想外出。" "对不起,你们说话影响我休息了" "我理解你的意思,但我的观点是……" ……

表 4-2　正面情绪表达

情　　境	示　　范
早上与熟人相遇 称赞别人的装束 感谢别人的帮助 表达对别人观点的赞同 ……	微笑地说："早上好！" "你穿这套衣服真好看！" "谢谢你帮我，我很感激。" "你的想法挺有见地啊！" ……

表 4-3　负面情绪的恰当表达

情　　境	示　　范
当别人伤害了自己 向别人表达不满 对别人讽刺做出回应 向别人承认自己感觉生气 ……	对别人温和而直接地说"你这样伤害了我" "我不喜欢你这样对待我！" "请你直接告诉我你想要表达什么呢？" "是的，我很生气！" ……

（四）学会沟通

1. 沟通的层次

心理学研究表明，沟通具有多层次性，如图 4-1 所示。

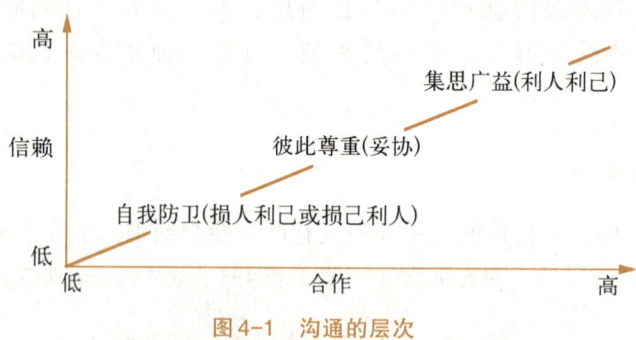

图 4-1　沟通的层次

低层次的沟通由于信任度低，遣词用句多着重于防卫自己或在法律上站得住脚，力求无懈可击。这不是有效的沟通，只会使双方更坚持本身立场。

中层次的沟通是彼此尊重的交流方式，唯有相当成熟的人才办得到。但是为了避免冲突，双方都保持礼貌，却不一定为对方设想。即使掌握了对方的意向，却不能了解背后的真正原因，也不可能完全开诚布公，探讨其余的选择途径。

高层次的沟通是集思广益的沟通，是指敞开胸怀，接纳一切稀奇古怪的想法，同时也贡献自己的浅见。一旦体会过集思广益、众志成城的滋味，眼前便会呈现一片崭新的天地。

2. 沟通的技巧

首先，寻找共同语言，开启沟通话匣。高职生可以多寻找当前公众热门话题，巧妙地引起对方注意，主动创造机会，自然地与对方接触。交往中表达的内容要清楚明确，表达的方式要恰当、幽默和风趣，使得对方感到轻松愉快。

其次，把握沟通时机。一般而言，谈自己的合适时机之一是有人邀请你谈谈自己的时候。如果你能适度地介绍自己会引起大家的兴趣和好感。另一种时机是当他人谈的情况和感受与你自己比较一致时，即"我也……"的技巧。人们总是喜欢那些经历和看法与自己一致的人，因为赞成自己的人实际上是在肯定自己的价值。所以，"我也一样""我也喜欢这个""我有过和你同样的经历"之类的话语往往能激发对方积极的反应，使谈话气氛热烈起来。

最后，善用宿舍相处之道。宿舍是高职生朝夕相处的地方，宿舍无小事，看似鸡毛蒜皮的事情如果处理不好也会影响人的情绪和整个氛围。如何处理好宿舍同学关系呢？例如讨论制订宿舍公约、多沟通多交流多理解、完成该做的杂务、别人有难要帮、不逞一时口快、不触犯室友隐私等。

（五）学会赞美

心理学研究表明，赞美能释放一个人身上的能量，调动人的积极性。"良言一句三冬暖"，赞美能使浮躁的内心得以平静，受伤的心灵得到慰藉。应该真诚地认为对方值得赞美，并注意发现对方身上值得赞美的地方，将它表达出来。

赞美需要艺术，要充分地、善意地看到他人的长处，因人、因时、因场合适当赞美。赞扬的技巧很多，需要把握一定的尺度。

1. 赞美要选准角度、恰如其分

如向一位女同学表示赞美，而这位女同学相貌平平，与其说她美若西施，不如肯定她善良的心地、温柔的性情和不一般的才干，以及她的气质更加高雅、充满魅力。高水平的赞美是不落俗套的。

2. 赞美要具体实在

如赞美一个同学，笼统地说"我喜欢你"，不如说"我喜欢你今天的打扮""我喜欢你说话的声音""你的组织协调能力的确很强"等。别人听了，嘴上不说，心里会很高兴。

3. 赞美态度要真诚

言不由衷的赞美只会让人生厌，赞美不是溜须拍马、阿谀奉承，赞美要真诚、适时适度。借用第三者的口吻赞美他人，间接地赞美他人效果更佳。

4. 赞美方式要适宜，赞美频率要适当

针对不同的对象，采取不同的方式和口吻去赞美对方，赞美太频繁和太少都不好，赞美与真挚地批评有机结合效果更好。

（六）学会批评

尽管人们都不喜欢受到批评，但批评却又是一剂帮助成长的良药。批评是负性刺激，通常只有当用意善良、符合事实、方法得当时，批评才有积极效果，才能促进成长。所以批评时，应特别注意场合与环境，对事不对人；批评不是全盘否定，应注意分寸；从赞扬和诚心地感谢入手；措辞与态度是真诚和善意的，只有这样被批评者才会有效接受和改进。如果自己做错了，应勇敢接受别人的批评，及时地向当事人道歉。

不仅要学会批评别人，还要学会对待批评。首先明确批评总会存在于每个人的生活中，我们是无法逃避它的。其次，选择对待批评的反应。卡耐基说过："虽然我不能阻止别人对我做任何不公正的批评，我却可以做一件更重要的事：我可以决定是否让我自己受那些不公正批评的干扰。"最后，要学会识破对方的动机，选择对策。面对恶意的批评，应当置之不理；面对善意的批评则需冷静地分析其中是否含有可供参考、有助于自我完善的东西。

案例 4-6

姜红，某高职院校大二学生。一天，她愁眉苦脸地找到班主任，说："老师，我再也不想在宿舍里住了。"说完，便哭了起来。老师安慰她，让她敞开心扉说出其中缘由。

原来，在大一时，姜红与室友关系还不错，由于大家来自不同地方，每天有新话题，彼此还感兴趣。随着时间的流逝，每个室友的个性逐渐显露出来。有的室友喜欢在宿舍里"煲电话粥"，有的室友喜欢宅在宿舍吃零食、看小说，有的室友喜欢看电影，宿舍里比较脏乱。而姜红比较勤快，经常帮她们打饭、打水、打扫卫生，时间长了，大家都习以为常，好像理所当然。但时间一久，姜红也感到一些委屈，觉得这样耽误了自己不少时间，有时也会拒绝这些室友的要求。这样一来，室友觉得姜红不愿意帮忙，不够朋友，于是渐渐地疏远她。甚至有一次，趁姜红出去上自习，室友故意将她的床弄得又乱又脏。若她稍有不满，室友就破口大骂，这让姜红非常难受。

分析 导致姜红目前状况的主要原因：一是姜红刚开始时过于热心，表现出了无原则的付出，导致大家对她的热心习以为常。二是姜红没有有效解决冲突的方法，当别人开始欺负她时，总是默默地忍受，这不能从根本上解决问题，反而让她感到委屈。三是室友也有问题，随意指使、欺负姜红，是不对的。

知识窗：倾听的五层次

解决方法：① 从室友和姜红自身两个方面，帮助姜红分析室友疏远甚至"欺负"她的原因；② 帮助姜红认识自身问题并了解人际交往的基本原则，不能没有原则和底线地帮助别人；③ 帮助姜红学会解决人际冲突的方法，使其学会沟通与批评，化解矛盾。

单元三　心理训练与素质拓展

一、心理训练

（一）心灵思考

人生的美好在于与人相处

　　1995年，40岁的意大利洞穴探险家蒙塔尔只身下到一个200米深的洞穴里独自生活一年。洞穴里设施齐全，食物充足，还有一个小小的植物园，但没有任何人。一年后，他出来时，体重减轻21公斤，脸色苍白，反应迟钝，弱不禁风，思维混乱，情绪低落，说话结巴，很多词汇遗忘了，与原先的他判若两人。他事后说："一个人在洞穴中生活，孤独得几乎让人发狂，甚至几次想要自杀。我过去喜欢安静独处，讨厌嘈杂，现在我宁愿选择热闹也不要孤独。这次实验使我明白了一个道理：人生的美好就在于与人相处。"

　　阅读后思考：
　　1. 蒙塔尔在洞穴中独自生活一年，为何多项生理机能出现了衰退？
　　2. "人生的美好在于与人相处"，你是如何理解这句话的？

　　_____
　　_____
　　_____

人际交往那些事

　　[情境一] 同宿舍的一位室友几乎从来不去饭堂吃饭，总是让我帮忙打饭，我很不想给他打饭，但是又怕这样做会伤害到两个人之间的关系。
　　你的处理方法：_____

　　[情境二] 从同学的书桌旁经过时，她的书掉在了地上，虽然不是我碰掉的，但出于礼貌，我还是说了声"对不起"，没想到她一副坦然受之的样子，好像真是我的错，这让我很不舒服。
　　你的处理方法：_____

　　[情境三] 学生会干部选举中，一个综合能力不如我的同学当选为学生会主席，而我只当上了文娱部长，因为我比别人更擅长歌舞。我很不服气，觉得是同学们故

意针对我，想辞去文娱部长的职务，以维护自己的尊严。

你的处理方法：_____

[**情境四**] 同宿舍有位同学来自大城市，总是瞧不起我，说我从山沟里出来，没见过世面，什么都不懂，只会死读书。我也很自卑，不知道该和他说什么，总是离他远远的。

你的处理方法：_____

（二）活动训练

自我省视三步法

活动目的 进行自我省视，以便在人际交往中塑造自己的良好形象。

活动过程

独立回答有关自己的如下问题：

1. 你的衣着整洁吗？是否得体大方？
2. 你的言行举止是否体现了良好的素质和修养？
3. 看一看下表（表4-4）所列的这些词语，自己具备多少？

表4-4　优秀人格词典

诚实	真实	善良	快乐	可信赖	负责	独立	友好	智慧
真诚	热情	幽默	有思想	谦逊	聪颖	体贴	开朗	忠诚

寻 人 启 事

活动目的 尝试初步的人际交往，尝试接受并描述自己的容貌特征、兴趣爱好、性格倾向、家庭现状；学会根据他人提供的特征，捕捉信息，观察他人。

活动过程

1. 同学们分成若干组，主持人发给每位组员一张白纸。组员根据主持人的要求仔细填写"寻人启事"，包括自己的容貌特征、兴趣爱好、性格倾向、家庭现状。将"寻人启事"张贴在小组里面。
2. 每位组员必须揭下一张其他小组成员的"寻人启事"。
3. 根据"寻人启事"中的内容特点，找到张贴者后，双方交流。
4. 主持人请组员推荐"寻人启事"，将有创意、有特点的"寻人启事"在小组中推出、分享。

> **活动分享**

_____
_____
_____

人际矛盾AB剧

> **活动目的**　通过角色扮演，让学生在现场真切地感受到人际矛盾，并根据不同的矛盾提出有针对性的解决方案。

> **活动过程**

1. 选取三个人际矛盾典型的情境，请若干位成员进行角色扮演：

[情境一] 好朋友向你借作业抄，你不想借，但又碍于情面不好意思拒绝。

[情境二] 某室友很懒，每次值日都不打扫卫生，引起其他室友的不满。

[情境三] 同学未经你的同意就翻动并使用了你的私人物品。

2. 其他成员分组讨论解决这些人际矛盾的方案。
3. 全体成员讨论以上方案的可行性，请角色扮演的成员谈谈感受。

> **活动分享**

_____
_____
_____

二、素质拓展

（一）心理测试

人际交往困扰心理量表

> **导语**　这是一份有关人际交往困扰的心理量表，共28个问题，每个问题做"是"（打"√"）或"否"（打"×"）两种回答。请你认真完成，然后参看后面的评定方法，对测验结果做出解释。

1. 对自己的烦恼有口难言。　　　　　　　　　　　　　（　　）
2. 和陌生人见面感觉不自在。　　　　　　　　　　　　（　　）
3. 过分地羡慕和嫉妒别人。　　　　　　　　　　　　　（　　）
4. 与异性交往太少。　　　　　　　　　　　　　　　　（　　）
5. 对连续不断的会谈感到困难。　　　　　　　　　　　（　　）

6. 在社交场合感到紧张。（　　）
7. 时常伤害别人。（　　）
8. 与异性来往感觉不自在。（　　）
9. 与一大群朋友在一起，常感到孤独或失落。（　　）
10. 极易受窘。（　　）
11. 与别人不能和睦相处。（　　）
12. 不知道与异性相处如何适可而止。（　　）
13. 当不熟悉的人对自己倾诉他的生平遭遇以求同情时，常感到不自在。（　　）
14. 担心别人对自己有什么坏印象。（　　）
15. 总是尽力使别人赏识自己。（　　）
16. 暗自思慕异性。（　　）
17. 时常避免表达自己的感受。（　　）
18. 对自己的容貌缺乏信心。（　　）
19. 讨厌某人或被某人所讨厌。（　　）
20. 瞧不起异性。（　　）
21. 不能专注地倾听。（　　）
22. 自己的烦恼无人可倾诉。（　　）
23. 受别人排斥与冷落。（　　）
24. 被异性瞧不起。（　　）
25. 不能广泛地听取各种意见、看法。（　　）
26. 常因受伤害而暗自伤心。（　　）
27. 常被别人谈论、愚弄。（　　）
28. 与异性交往不知如何更好地相处。（　　）

评定方法

打"√"的计1分，打"×"的不得分，各题得分相加得出总分。这次测试你的分数是_____。

评分规则与解释

1. 总分在0～8分之间：说明你在人际交往上的困扰较少。你善于交谈，性格比较开朗，会主动关心别人；你对周围的朋友都比较友好，愿意和他们在一起，他们也都喜欢你，你们相处得不错。而且，你能够从与朋友相处中得到许多乐趣。你的生活比较充实而且丰富多彩，你与异性朋友也相处得很好。一句话，你不存在或较少存在人际交往方面的困扰，你善于与朋友相处，人缘很好，获得了许多人的好感与赞同。

2. 总分在9～14分之间：你与朋友相处存在一定程度的困扰。你的人缘很一般，换句话说，你和朋友的关系并不牢固，时好时坏，经常处在一种起伏波动的状态之中。

3. 总分在15～20分之间：你在人际交往方面的困扰较严重。

4. 分数超过20分：你的人际交往困扰很严重，而且在心理上出现较为明显的障碍。你可能不善于交谈，也可能性格孤僻、不开朗，或者有明显的自高自大、讨人嫌的行为。

（二）心灵探索

寻找我的人脉支持系统

活动过程

中国的传统文化强调社会和谐及人际关系的合理安排。于是，人们潜移默化地形成了这样的概念：人际关系是一种力量，更是一种资源。成功学里讲"人脉即财脉"也就是这个道理。

寻找我的人脉支持系统游戏比较简单，也比较轻松。现在，请大家拿出一张白纸，写上题目"我的人脉支持系统"，然后依次写出他们的名字和与你的关系，并标上序号，具体写多少由自己决定。

1. _____
2. _____
3. _____

写完之后思考：

1. 请想象，当你遇到灾难或是无以名状的忧郁之时，你将和谁倾心交谈？你会向谁发出求救？你能得到谁的帮助？

2. 请细细端详，归纳整理，看看是不是平衡。所谓平衡，就是看看你的人脉支持系统中，性别比例是否协调，年龄搭配（比如老中青）是否合理，系统成分是否科学（比如亲戚朋友、学校内外），单调或失衡的人脉支持系统的效果将大打折扣。好的人脉支持系统，人数不会太多，只有那些最稳定最贴切的朋友，才能进入我们的人脉支持系统。

3. 面对你的人脉支持系统的名单，想想看，你已经多长时间没有和他们促膝谈心了？想想看，你已经多长时间没有向他们细细通报你的想法和变化了？想想看，你已经多长时间没有和他们一起吃过晚餐了？你的人脉支持系统也需要不断的维护。否则，即便是父母，在你有困难的时候也不会第一个给以支持。

小组交流体会并派代表在团体中进行交流。

活动分享

（三）艺文鉴赏

1. 心理影吧

《天堂电影院》

推荐理由

《天堂电影院》（图4-2）是一部意大利影片，会勾起许多人久远的回忆，它不仅述说着人生，还诠释着怀旧与感动。也许，若干年后的你我，再度回忆起这部电影，又将会激起内心深处记忆的涟漪。一个人的历史与一种文化的历史紧密纠缠，人与电影朋友似地相伴成长。在物质文明高度发达，人们普遍感到情感失落的今天，回望人与电影、人与人之间这种自然、淳朴的情感，确实会让人们从心底涌出一股亲切的感怀。

图4-2 《天堂电影院》海报

《疯狂动物城》

推荐理由

《疯狂动物城》（图4-3）这部迪士尼动画片，讲述了主人公兔子朱迪为了证明自己能成为第一个兔子警官，迫使在动物城里以坑蒙拐骗为生的狐狸尼克帮助自己，为此踏上了侦破神秘案件之旅。在追寻真相的路上，朱迪和尼克从彼此怀疑到相互信任，建立起了深厚的友谊。同时一个看似所有动物和平共处的动物城市，却充满着刻板印象和偏见。朱迪和尼克就这样一路带领着我们去重新认识这个动物城市。

图4-3 《疯狂动物城》海报

2. 心理书吧

《卡耐基沟通的艺术与处世智慧》

作者：[美]戴尔·卡耐基；译者：王红星；出版社：中国华侨出版社；出版日期：2012年7月。

> **推荐理由**

日常生活中的任何沟通交流都需要人们克服畏惧、建立自信，这是实现更有效说话的前提。《卡耐基沟通的艺术与处世智慧》（图4-4）有助于你克服畏惧、建立自信。

任何说话技巧在实施之前，必须树立充分的自信心。因为自信心给人一种安全感，使人敢于与他人相处，并在任何非自由场合自由发表自己的看法。一旦你的思想表达中充满了激情，那么即使在很小的场合，你的视野也将会变得更加开阔，并对自己的生命产生新的认识。

图4-4 《卡耐基沟通的艺术与处世智慧》封面

《非暴力沟通》

作者：[美]马歇尔·卢森堡；译者：阮胤华；出版社：华夏出版社；出版日期：2016年1月。

> **推荐理由**

《非暴力沟通》（图4-5）讲述马歇尔·卢森堡博士发现的一种沟通方式，依照它来谈话和聆听，能使人们情意相通，和谐相处，这就是"非暴力沟通"。现实生活中的那些无心或有意的语言暴力让人与人变得冷漠、隔膜、敌视。非暴力沟通能够：疗愈内心深处的隐秘伤痛；超越个人心智和情感的局限性；突破那些引发愤怒、沮丧、焦虑等负面情绪的思维方式；用不带伤害的方式化解人际间的冲突；学会建立和谐的生命体验。

图4-5 《非暴力沟通》封面

佳作欣赏：学会欣赏

参考文献

[1] 贺淑曼，聂振伟，金树湘，等. 人际交往与人才发展［M］. 北京：世界图书出版公司北京公司，1999.

[2] 王秀阁，等. 大学生人际交往理论与方法［M］. 北京：人民出版社，2010.

[3] 人力资源和社会保障部职业技能鉴定中心. 与人交流能力训练手册［M］. 北京：人民出版社，2011.

[4] 李贤瑜，郑勇军. 大学生人际交往心理学［M］. 南昌：江西人民出版社，2012.

[5] 马歇尔·卢森堡. 非暴力沟通实践篇［M］. 梁欣琢，译. 南京：江苏人民出版社，2014.

[6] 涂平晖. 人际冲突及其解决方法［J］. 长江论坛，2004（3）.

[7] 厉荣. 如何提高倾听技能［J］. 新疆职业大学学报，2005（2）.

项目 5
主宰情绪 科学调控：
做情绪健康的高职生

→ 学习目标

知识目标：
1. 理解情绪的内涵和特点，了解健康情绪的标准及高职生的情绪困扰。
2. 学会情绪表达和情绪管理的方法。

技能目标：
通过训练和拓展，学会分析自身的情绪，管理好情绪，并适度表达情绪。

素质目标：
掌握高职生情绪发展规律，了解情绪与身心健康的关系以及不良情绪的危害，学会变消极情绪为积极情绪，做自己情绪的主人。

→ 学习指导

学习方法：
1. 通过阅读案例、参与情绪表演活动等方式，了解情绪识别方法，学会适度表达情绪。
2. 学会情绪管理，掌握情绪管理"四不"原则和方法。

学习结构图：

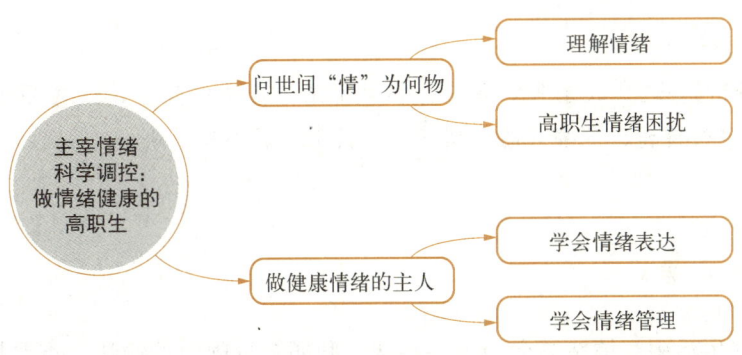

单元一　问世间"情"为何物

➔ 心灵小语

情绪是人生命的指挥棒。健康的核心是心理健康，而情绪健康是心理健康的重要标志。

——彭端淑

能控制好自己情绪的人，比能拿下一座城池的将军更伟大。

——拿破仑

➔ 案例导读

踢 猫 效 应

一个公司的董事长被警察开了一张超速罚单还耽误了时间，恼火的他到办公室后把销售经理叫进来挑了一阵毛病。销售经理无缘无故地被挑毛病后，气急败坏地批评了他的秘书。秘书被训了，一肚子火发给了电话接线员。接线员满脸沮丧地回到家里，对儿子大发雷霆。儿子莫名其妙地被父亲骂了一顿之后，他也非常生气，但是没有地方发泄，只能狠狠地踢了一脚家里的猫。猫逃到街上，正好有一辆卡车开过来，司机赶紧避让，却把路边的孩子撞伤了。

|分析| 这个故事告诉我们，如果不注意情绪的管理，人的坏情绪会在人际间进行传递，危害人的心理健康，甚至造成不良后果。

一、理解情绪

每天的生活中，情绪总会与我们相伴，和朋友玩闹时的愉快、重要场合上的紧张、故友异地巧遇时的欣喜、亲人离世时的悲伤……情绪就像影子一样，无时无刻不渗入人们的学习、生活和工作中。

（一）情绪概述

1. 情绪的含义

关于"情绪"的确切含义，心理学家和哲学家已辩论了一百多年。尽管他们定义不一，但都认同情绪是由三种成分组成的：① 情绪涉及身体的变化，即情绪的外部表现；② 情绪涉及主观体验；③ 情绪涉及对外界事物的认知评价。心理学认为，情绪是指伴随着认知和意识过程产生的对外界事物态度的体验，是人脑对客观外界事物与主体需求之间关系的反应，是以个体需要为中介的一种心理活动。

2. 情绪的表现

情绪表现分为心理和生理两个层面。

（1）心理层面的情绪主要表现在认知、体验、表情、言语和行为中。其中，表情是情绪最直观的外部表现。表情首先体现为面部表情，如人们高兴时会"眉开眼笑"，气愤时"怒目而视"；其次是身段表情，如兴奋时会"手舞足蹈"，焦虑时"坐立不安"；再次是言语表情，如兴奋时会语音高亢，而伤心则语音低沉。

（2）生理层面的情绪表现包括心率、血压、呼吸、内分泌以及各种内感受器的变化，如愤怒时脸红、肌肉紧张、心跳加速、声音颤抖等；恐惧时瞳孔变大、口渴出汗、脸色发白等。

情绪的心理表现与生理表现是相辅相成的。心理表现是主观可以调节和控制的，对于心理健康来说，情绪的心理表现更为重要。

3. 情绪的种类和特点

（1）情绪的种类。

按照不同标准可以将情绪分为不同类型。

① 按照情绪的性质可将情绪分为积极情绪和消极情绪。积极情绪表现为爱、希望、信心、乐观、忠诚等，而消极情绪则表现为恐惧、仇恨、愤怒、贪婪、嫉妒等。

② 按照情绪发生的速度、强度、持续性和紧张度可将情绪分为心境、激情和应激。

心境是一种微弱、弥散和持久的情绪，即平时说的心情，如"人逢喜事精神爽"。愉快的心境让人精神抖擞，感知敏锐，思维活跃，待人宽容；而不愉快的心境让人萎靡不振，感知和思维麻木。

激情是一种短暂、猛烈、具有爆发性的情绪，即平时说的冲动，如欣喜若狂、悲痛欲绝、气急败坏。激情一般是对个人有重大意义的事件所引起的当场发作，其特点是情绪表现猛烈，但持续时间不长，涉及的面不广。激情通过激烈的言语爆发出来，是一种心理能量的宣泄，从这个角度看，激情对人身心健康的平衡不无益处，但过激的情绪也会有害健康。

应激是在突然出现的紧急情况下引起高度紧张的情绪，又称为应激反应。这些刺激因素称为应激源。应激的最直接表现是精神高度紧张。应激状态下人的心率和呼吸加速、血压升高、血糖增加，消耗人体潜能。如果长期处于应激状态，会破坏人体自身的防御能力，导致疾病发生。

（2）情绪的特点。

高职生正处于情绪丰富多变、相对不稳定的时期。随着知识水平、心理发展水平的提升，他们的情绪带有鲜明特征。高职生的情绪特点，如下表（表5-1）所示。

表5-1　高职生情绪特点

丰富性与波动性	高职生会参加各种社团活动、专业学习，生活丰富多彩使得他们情绪内容表现出极大的丰富性和复杂性，与此同时易产生困惑和迷茫，情绪摇摆不定、跌宕起伏，表现出极大的波动性
冲动性与爆发性	冲动性与爆发性和高职生的生理、心理发展水平紧密相连，情绪激荡易出现"意识狭窄"，理智控制降低，感情用事
强烈性与稳定性	高职生对外界事物较为敏感，加上年轻气盛和从众心理，情绪强烈，同时随着年龄增长，自我意识发展，成熟稳重，表现出相对稳定性
压抑性与高情感性	高职生情感丰富、强烈，也充满压力和冲突，表现出压抑性，同时高职生需要情感追求，需要友谊和爱情，表现出高情感性
延续性与感染性	高职生产生消极情绪就会耿耿于怀，甚至漫无止境地延长，这是高职生迁怒的心理根源，好的时候忘乎所以，遇到挫折就一蹶不振。观花"花溅泪"，闻鸟"鸟惊心"，这就是典型的感染性
外显性与内隐性	高职生喜怒哀乐常形于色，表现出外显性，但自我意识发展，往往把自己的真情实感隐藏起来，表现出内隐性和闭锁性

4. 情绪的功能

（1）自我保护功能。

在现实生活中，当个体遭遇某种应激事件时，情绪能够帮助个体做出更迅速的反应，个体会表现出非常明显的自我保护倾向。一个人若被某种情绪所困扰，心理冲突长期得不到解决，就无法正常地学习、生活和工作。这不仅影响到个体的活动效率，而且更有损于身心健康。

当一个人处于乐观豁达状态时，就会有充沛的精力和体力，能保持轻松愉快的工作和生活状态，充分发挥机体的潜能，增强自身的抗病能力。因此，学会对情绪进行自我调控和合理的宣泄，保持健康的情绪，既有利于身心健康，也有利于个体对社会生活的适应与个人的成长。

（2）信号功能。

人类情绪随着大脑发展而得到充分的分化，有助于人类适应复杂多变的社会环境。表情即情绪的外在表现形式，它所传达的信息往往更加真实、准确。人类的表情包括面部表情、身段表情和言语表情。表情是思想的信号，如微笑表示赞赏、点头表示默认、摇头表示反对。

人们通过这些情绪的表情渠道达到相互了解，产生心理共鸣，建立相互依赖的纽带，从而增进友谊和传达交际信息。一个人不仅能凭借表情传递情感信息，而且也能凭借表情传递自己的某种思想和愿望。在日常生活中，55%的信息是靠非言语表情传递的，38%的信息是靠言语表情传递的，只有7%的信息才是靠言语传递的。

（3）动力调节功能。

大量研究表明，当出现紧急情况时，愤怒和恐惧等消极情绪能够唤起大脑的警觉水平；高兴等积极情绪能使人的感知觉变得敏锐、记忆获得增强、思维更加灵活，有助于一个人内在潜能的充分发挥。人的认知、行为、动机等都是以一定情绪作为背景和基础的。人类通过感知觉和记忆进行信息的选择和加工，但是信息的选择往往会受情绪的影响。而突发的应激情绪可以阻断那些主观控制加工的神经活动，所以当突然面对某种危险时，人往往会表现出不知所措。

一个有焦虑倾向的人往往比较难以应付压力大的状态，思绪易僵化或者根本就无法行动。现代科学研究表明，人在紧张情绪发生时会表现出一系列生理变化，如血压升高、呼吸频率提高、肾上腺激素分泌增加等。这一切都有助于一个人充分调动体力，去应付紧急状况。适度的情绪反应能够激发人的活动，提高人的活动效率，进而推动人们有效地完成工作任务。

（二）健康情绪的标准

情绪是心理健康的窗口，很大程度上反映了心理健康的状况。情绪是否健康有以下三个标准。

1. 情绪表达目的明确、方式恰当

情绪健康者能通过语言、仪表和行为等方式表达情绪，能够采用被自己和社会所接受的方式去表达或宣泄情绪。

2. 情绪反应适时、适度

情绪健康者的情绪反应，不论是积极的还是消极的，都是由一定的原因引起的。情绪反应的合适程度与引起该情绪的情境相符合，情绪反应的时间与反应的强度相适应。

3. 积极情绪多于消极情绪

情绪健康并不否认消极情绪存在的合理性及其意义，没有消极情绪就谈不上如何促进情绪健康了，但情绪健康者必须是积极情绪多于消极情绪的，所出现的消极情绪时间较短、程度较轻、对象明确。

二、高职生情绪困扰

高职生常见情绪困扰包括自卑、抑郁、焦虑、愤怒、恐惧、冷漠和嫉妒等。因自卑心理前面章节已有论述，这里重点阐述抑郁、焦虑、愤怒、恐惧、冷漠和嫉妒等情绪困扰。

（一）抑郁

抑郁是以持久的情绪低落为特征的消极情绪体验，常伴有压抑、沮丧、焦虑、自责自罪、失眠和食欲不振等症状。

抑郁这种情绪多发生在过度自卑、孤僻、敏感多疑、依赖性强、不爱交际、长期努力得不到回报的学生身上。那些有家庭经济状况差、亲子关系差、考试的多次失败或人际关系处理不当、失去亲人、失恋、同学感情失和等问题的学生也易产生抑郁情绪。

案例 5-1

老师，我刚来大学，觉得有些不习惯，很生疏，总觉得压力很大，干什么事情都没精神，情绪不稳定。尤其是进入期末，大家都在复习，可我却无法进入状态，控制不了自己的情绪。

我经常独自行动，但内心很羡慕别人成群结伴，我觉得自己的人际关系很差。当我情绪不好的时候，就想吃东西。常常是在一个食堂吃过，又跑到另一个去吃，然后再到商店买一大堆东西回宿舍吃，我就想让胃撑满，甚至疼痛，好像这样我会得到快感和满足。我知道这样不对，但是无法控制自己，我就想不停地吃下去，什么都不要想。我买的东西越来越贵，好像越贵才越刺激、越满足，但我家里承受不起。我觉得对不起父母，我很自责。但是越是这样，我就越是想放纵自己，好像有两个我在做斗争，一个让我恢复理智，另一个在让我奢侈、让我放纵，而我总是屈服于后者。

我觉得生活、学习、交友一团糟，对什么都没有信心，对什么都没兴趣。我觉得我对不起所有对我有期望的人，可是我还是很难控制我自己的情绪，我觉得我好像有两种人格在厮杀。老师，我很害怕，但是不知该如何做……

知识窗：面对抑郁情绪，如何进行处理？

> **分析** 案例中的问题主要是以抑郁为主要特征的情绪问题，具体表现为情绪不稳定、难以控制自己的情绪，兴趣减退，体重剧增，消极的自我观念，注意力不集中。抑郁是一种情绪低落状态，每个人都会有情绪低落的时候，从这个意义上说，它并不属于疾病。但长期处于抑郁状态不能自拔，则可能导致抑郁症。

（二）焦虑

焦虑是一种伴随着某种不祥预感而产生的令人不愉快的情绪，包含着紧张、不安、惧怕、烦躁、压抑等情绪体验。焦虑与危急情况以及难以预测、难以应付的事件有关，当时过境迁，焦虑就可能解除。当然也有人在并无客观原因的情况下长期处于焦虑状态，常常无缘无故地害怕大祸临头，担心患有无药可救的严重疾病，以致坐卧不宁、惶惶不安等，这已属于神经症的症状了。焦虑本身常常不是问题，它更像一个路标，引导我们努力去认识引起焦虑的原因，并努力去解决问题。

案例 5-2

小梅是大二会计专业的女生，最近正在准备参加英语六级考试。之前她已经参加过两次考试，但是都因为准备不够充分，最终没能通过考试。这一次，她打起了十二分精神，每天背着一堆学习资料去自习室奋战，甚至有时一边吃饭一边看书，室友都笑她快要成"魔"了。眼看着考试日期一天天临近，她心里越来越紧张，生怕自己再次失败。为此，小梅每天紧张兮兮的，寝食难安，睡眠极差，总是梦到自己考试不及格，经常被噩梦惊醒。有时甚至一想到自己可能考不好，就会觉得头疼，胃部也很不舒服。

知识窗：如果焦虑来临，该如何面对？

> **分析** 在此案例中，小梅的焦虑是学习考试焦虑，还是属于正常的焦虑，即客观的、现实的焦虑，这种焦虑是一种比较普遍的情绪困扰，而非病理性的。

（三）愤怒

愤怒是当强烈的愿望受到不合理的压抑，尤其是努力追求的目标受到无理或恶意的阻挠和破坏，造成挫折或失败的情绪体验。俗话说"怒伤肝"，发怒往往容易导致心律失常、心悸、失眠、高血压、胃溃疡等躯体疾病。高职生精力充沛、血气方刚，容易冲动愤怒。有的高职生一言不合就恼羞成怒、恶语伤人；有的高职生因人际关系受挫而暴跳如雷；有的高职生因一时挫折而迁怒他人，恶言恶行，不得不吞下自己亲手制造的苦果。

> **案例 5-3**
>
> 一个叫阿明的男生又给心理咨询老师打电话了，说自己惹祸了。原来该生午休时，觉得室友说他的坏话，于是翻身下床，砸坏了该室友的电脑键盘，还大打出手，导致该室友受伤。他不仅赔了医药费，还受到学校的纪律处分。事后他又急又悔，来找心理咨询老师。这种情况已不是第一次了，阿明的脾气特别暴躁，情绪容易大起大落，经常和同学发生冲突，轻则污言秽语，吵得面红耳赤，重则拳脚相加，大打出手。其实，都是因为一些鸡毛蒜皮的小事。因为脾气暴躁、情绪不稳，别的同学都不愿意跟他打交道，同宿舍的室友没人愿意理他，还多次要求辅导员将他调出宿舍。到校两年多，阿明没有一个朋友，他感到很痛苦，其实他也很想改变自己，但不知怎么回事，一遇上不顺心的事，就总是克制不住自己的情绪。
>
>
>
> 知识窗：当遇到使自己愤怒的人和事时，该怎样控制自己愤怒的情绪呢？
>
> **分析** 阿明冲动易怒，无法控制自己的情绪，因一点小事，就对同学大打出手，做出一些不计后果的行为，既害人也害己。冲动易怒容易影响学生的生活、学习、人际交往和身心健康。

（四）恐惧

恐惧作为人类进行自我保护的本能现象，可以提醒个体意识到危险，应付所面临的问题。这种恐惧是正常的，但一些个体的恐惧超出了正常的界限，就是一种不正常、病理性的情绪。一些人因个人性格或特殊成长经历，产生了病理性的恐惧，如场所恐惧（对某些特定环境的恐惧）、社交恐惧（害怕与人交往）、单一恐惧（对某一具体的物件、动物等的恐惧）。高职生常见的恐惧心理为社交恐惧，即在人际交往中，特别是在与异性交往中产生的极度紧张、畏惧的情绪反应。

案例 5-4

小波，大二男生，性格非常内向。高中时，他曾经向一个心仪的女生表白，但是遭到了女生的拒绝。那个女生还将他写的情书分享给自己的朋友看，结果弄得整个年级的同学人尽皆知。自此之后，他非常害怕与异性接触，不敢与异性交流，害怕接触异性的目光。到了大学后，虽然脱离了原来的环境，但是小波的问题并没有得到缓解，反而愈演愈烈，不仅害怕和异性接触，就连面对同性时，他也觉得浑身不自在，心慌意乱，手足无措。

分析 这是典型的人际关系中的社交恐惧。社交恐惧在高职生中比较常见。如何克服这种恐惧心理？首先，需要树立自信，相信自己可以；其次，需要调整认知结构，改善个性品质；再次，需要进行社交适应性心理训练，善于运用交往技巧，如在交往中要善于倾听别人的意见，发现别人的优点和价值，注意自身仪表和谈话的艺术等。

（五）冷漠

冷漠是指个体对外界刺激缺乏相应的情感反应，对周围的事物漠不关心、冷淡、退让的一种消极情绪体验，具有一定的自我保护或自我防御性质。现在的大学校园中，一些学生对老师、同学态度冷淡，对国家大事、学校活动漠不关心，每天要么对着电脑打游戏，要么对着手机看视频，游离于社会群体之外，独来独往。

知识窗：如何克服冷漠的情绪呢？

冷漠的情绪状态，多是内心压抑的一种消极逃避反应。具有这种情绪的人，表面上表现平静、冷漠，但内心往往有强烈的痛苦、孤寂和压抑感。如果长时间处于这种状态，巨大的心理能量得不到释放，超过一定限度就会以排山倒海的方式爆发出来，致使心理平衡遭到破坏，影响身心健康。

案例 5-5

一位女生来心理咨询时反映："自我懂事起，父母就叫我与人竞争，别人学跳舞，我也得学跳舞；别人会弹琴，我也得会弹琴；别人考试前三，我必须第一。上了大学后，方方面面要竞争，感觉好累，身心疲惫，我觉得这样生活真没有意思，恨父母不该把自己带到这个世界来。"所以，该女生平时表情平淡呆板，对周围的事物漠不关心，冷淡退让，不思进取，情绪低落，意志麻木，对人对事都漠不关心。

分析 这位女生处在典型的冷漠情绪状态中。如果长时间处于这种状态，将会影响身心健康、学习和生活。

（六）嫉妒

嫉妒是当他人成就超越自己时产生的不快或痛苦的情绪体验。嫉妒是自尊心的一种异常表现。在日常生活中，当看到别人比自己强时，嫉妒者心里就酸溜溜的不是滋味，于是就产生一种包含着憎恶与羡慕、愤怒与怨恨、猜嫌与失望、屈辱与虚荣以及伤心与悲痛的复杂情感，这种情感就是嫉妒。"自己得不到的东西，别人也休想得到"，这是嫉妒者的真实写照。

嫉妒具有双面性，有的人将嫉妒转化为积极的行为动力，学会取人之长补己之短。而有的人则使之转向消极的一面，妒火中烧，引发不正当竞争，产生痛苦、敌意，影响人际关系，害人害己。心理学研究证明，嫉妒心强烈的人易患心脏病、头痛、胃病、高血压等。高职生因为考试被人超过、社团竞选失败、他人家境比自己优越等，或多或少都会产生嫉妒的情绪，这种情绪在高职生中是普遍存在的。

案例 5-6

小吴和小刘是中学同学，感情非常要好，算是闺蜜。高中毕业后，两个人考进了同一所大学。小刘家境殷实，为了读书方便，家人为她在学校附近买了一套房子，每个周末小吴都会"投奔"小刘。小刘喜欢追求名牌，经常提着LV的包包，用香奈儿的香水。而成长于单亲家庭的小吴家庭条件很一般，母亲省吃俭用每个月给她1 000元生活费，她觉得很不满足。看着闺蜜吃穿用都比自己好很多，她内心的嫉妒像一条毒蛇一样，不时地吐着毒液。最后，她在强烈的嫉妒心的驱使之下，趁小刘不在，偷偷潜入闺蜜的住处，偷走了小刘的一些贵重物品，并纵火烧了房子，而小吴因此也受到了法律的惩罚。

| 分析 | 小吴反常的行为正是嫉妒心理在作怪,在她的眼里,别人的幸福是她的痛苦。在强烈的嫉妒心驱动下,人们可能会从事一些破坏性的行为,正如诗人艾青所说:"嫉妒是心灵上的'肿瘤'。"

面对嫉妒,有哪些调适的方法?

一是开阔心胸。学着让自己的心胸变得开阔些,能容忍别人的长处,不能因为自己有所短而害怕别人超过自己。

二是正确比较,看清自我。对别人的成绩要有一个正确的评价和对待,要看到别人取得的成绩中蕴含的辛勤劳动,来之不易,自己可以从中受到鼓舞和教育,奋起直追,这才是积极的、自强不息的人生态度。而如果只看到自己的优点,把自己看得很重,那就接受不了别人比自己强的事实,在任何时候,把自己看平常些,就不会那么自傲和善妒了。

三是端正心态,充实生活。要彻底根除嫉妒心理,就要端正心态,在克服自我为中心方面下功夫,消除了以自我为中心的人生观,才能彻底割掉嫉妒的毒瘤。与此同时,如果我们工作学习的节奏很紧张,生活很充实,就不会让精力"被妒火烧毁",如培根所说:"嫉妒是一种四处游荡的欲望,能享有它的人只能是闲人。"

知识窗:情绪实验

单元二　做健康情绪的主人

🡲 心灵小语

成功者与失败者的最大不同在于，前者是情绪的主人，后者是情绪的奴隶。

——拿破仑·希尔

脾气暴躁是人类较为卑劣的天性之一，人要是发脾气就等于在人类进步的阶梯上倒退了一步。

——达尔文

🡲 案例导读

愤怒的"小鸟"

小廖最近一段时间以来接二连三地遇到不顺心的事情：一是父亲在建筑工地因发生意外事故去世，他对此不能接受，既伤感又愤怒。二是家里的经济状况本来就不好，现在父亲去世，家里的经济状况更差了，家里还要为自己支付学费，内心很不安，感觉压力很大，一方面他很想退学去打工，但另一方面又考虑到自己毕业后可以找一个好工作成为家庭支柱，可以让家人过上好日子，因此内心很纠结，感觉好矛盾、好迷茫。三是学业方面，有两门功课学习起来感到很吃力，跟不上，一上这两门课就打瞌睡，对这两门课的学习感到十分厌倦。四是向要好的女性朋友表白，可她表示仅当自己是好朋友，最近她和一个学长好上了，自己感到既沮丧又气恼，内心十分痛苦。五是和同宿舍的室友隔阂大，没有共同语言，自己是靠兼职赚取生活费，而他们用钱大手大脚，看不惯他们的很多行为。这一周他的心情特别郁闷、烦躁，几乎和每个室友都发生过争吵，自己心烦时曾想过杀人、打人或故意去惹事引得别人和自己打架，觉得自己就要失控了，很怕自己控制不住自己的情绪而出现暴力行为，因此来到学校心理咨询中心，希望老师能帮助自己。

分析　小廖面对生活中的一系列挫折，引起了很多的消极情绪，如何管理这些情绪，从而不至于影响正常的学习和生活，非常重要。

一、学会情绪表达

（一）情绪表达的含义

情绪表达是指在不同情境下，通过恰当的方式准确表达适当的情绪，使得自己的情绪保持在一个合理状态的能力。其基本功能是运用控制和宣泄两个途径，缓解情绪的强度，宣泄时要做到有理、有度，既不损害他人，也不损害自己。情绪表达可以分为向自我表达、向他人和环境表达及升华表达等层次。

1. 向自我表达

让情绪提高到意识层面上，说来容易，做起来不易，难在两点：一是自己根本意识不到自己的情绪变化；二是自己虽能觉察到当时情绪，但对情绪的起因、性质、特点了解不清。这两方面被称为"情绪表达不良"。

2. 向他人和环境表达

向他人和环境表达即将自己的情绪向周围的人表达出来，如亲人、朋友、老师、同学等。如向心爱的人用拥抱、高兴的表情表达自己的喜悦，伤心的时候找朋友诉说或找心理专业人士咨询；学习压力大时向亲人诉苦；在高处呐喊、拼命跑步等。

3. 升华表达

升华表达即将情绪的能量转向更高层次的需要，有转向文学艺术需要的，也有转向某种理想、信念的。这是最难的，也是情绪表达的最佳方式。如爱情受挫的人将痛苦化为文字，写成了脍炙人口的文学名著。

（二）情绪表达的策略

1. 放松法

放松法是比较实用的方法之一，这里重点介绍深呼吸放松法和肌肉放松法。

（1）深呼吸放松法。这是最简单的放松方法，可用于使人感到紧张的各种场合。具体方法：人站定之后，双肩自然下垂，两眼微闭，然后做缓慢深呼吸。深深地吸气，慢慢地呼气。一般持续数分钟便可达到放松目的。

（2）肌肉放松法。在一个光线不太亮的安静的环境中，以一个舒服的姿态，进行肌肉放松。肌肉放松的顺序：手臂放松，头部放松，躯干部位放松，腿部放松。放松的步骤：集中注意力，肌肉紧张，保持紧张，解除紧张，肌肉松弛。

2. 情绪宣泄法

情绪不好的时候，一般的人都以社会认同的方式直接或间接地表达其情绪体验。如伤心就哭，高兴就笑。将心中的愤怒、忧伤、抑郁的情绪表达出来，不良情绪就

图 5-1　情绪宣泄法

会减少，心情就会舒畅起来（图 5-1）。情绪宣泄的方式有很多，而只有合理的方式才能达到减轻情绪困扰的目的，有的人借助抽烟喝酒、疯狂购物、暴饮暴食、自我伤害，甚至自杀或损害他人来发泄心中的负面情绪，这不但没有真正解决问题，更增添了新的不良情绪。以下是几种较为合适的情绪宣泄方法，如表 5-2 所示。

表 5-2　情绪宣泄方法

方　法	情绪宣泄效果
写日记	美国学者詹姆斯的研究表明，经常写日记记下自我情绪受影响的内容，心情会渐渐趋于平衡，压力得以放松，能够增强自身免疫力，有效地预防积郁成疾。
发牢骚	科学研究证明，发牢骚有两种意义：促使发牢骚者对自己进行分析，这是解决问题的第一步；发牢骚能提高肾腺上素水平，有助于防止忧思、抑郁。
声声呼叹	对竞赛运动员和考生的研究表明，赛前或考前的长吁短叹几声，有助于他们的血压下降，心跳和呼吸平稳，有利于临场发挥，精神饱满，轻松愉快。
阵阵大吼	常言道"大吼解百忧"。通过大吼，吐出胸中秽气，呼出肺部浊气，吸入大量氧气，加快血液循环，增强胃肠蠕动，提高机体功能。
体育锻炼和文化娱乐活动	各种体育锻炼和文化娱乐活动也是消除心中郁结、宣泄不良情绪的好方法。

3. 音乐疗法

音乐对调节人的情绪有着明显的作用，不同音乐的曲调、节奏能使人产生不同的情绪体验。例如，忧郁、好静、少动的人可以多听听节奏感强的乐曲；兴奋多动、焦虑不安的人可以多听听旋律优美的乐曲（图 5-2）。与此同时，唱歌也是情绪宣泄的途径之一。

图 5-2　调节不良情绪

二、学会情绪管理

（一）情绪管理的含义

情绪管理是个体在遇到对个体发展不利的情绪时，积极寻求情绪应对策略，以有效的方法解决情绪不适的能力。每个人都有情绪失控的时候，需要对负面情绪加以控制，对于强烈的情绪，最好的方法还是疏导。

（二）情绪管理的原则

情绪管理应遵循"四不"原则，即不责备、不逃避、不遗忘、不委曲求全。

1. 不责备

既然事情已经发生了，就不要再去责备自己或他人。首先，自责是对自我的一种否定，会大量消耗个体的心理能量。其次，责备他人对解决问题没有任何帮助，情绪是有传染性的，负面情绪相互作用，只会令个体的负面情绪体验越来越强烈。

2. 不逃避

在现实生活中遇到问题时，一些个体选择做一只把头埋进沙子里的鸵鸟，企图逃避问题，不想承认痛苦或错误的存在。比如一些学生失恋后喝得酩酊大醉，还有一些学生遭遇挫折后，转而到虚幻的网络世界中寻求心理满足。虽然回避会让个体暂时避免痛苦，但问题依然存在。只有勇敢接受现实，坦然接受自己的情绪，才能尽快走出心理的阴霾。

3. 不遗忘

常常会有人问："我要怎样才能忘记这件事情呢？"他们想通过遗忘来摆脱痛苦的感觉。然而，心理研究表明：如果关于某件事的记忆被遗忘，那么个体将更难以走出这段经历所引发的情绪影响。因为，所谓的遗忘其实并没有真正的忘记，它只是转移到了潜意识层面。被压抑的负面情绪如果没有得到及时有效地处理，就像一颗"不定时炸弹"，将来可能会造成更大的麻烦。

4. 不委曲求全

委曲求全就是把攻击的矛头指向自己，牺牲个体自己的利益来换取某个结果。例如有的学生习惯于做老好人，不会说"不"，即使是一些自己不愿意做的事情也承担下来，违背自己的意愿，满足了他人，却伤害了自己。

总之，当负面情绪发生时，个体首先应该澄清事实，然后反省自己的感受，接受此刻的不完美和糟糕的心情，客观分析到底是什么原因导致负面情绪的发生，可以做些什么去缓解这种情绪，而不是去责备、逃避、遗忘或是委曲求全。

（三）情绪管理的策略

1. 培养良好的心态

心理学家斯科特·巴里·考夫曼认为乐观、敬畏、同情、感恩和善待自我，这五种积极品质有助于培养"好"情绪，帮助人们拥抱幸福。

（1）学会乐观。

乐观不仅仅指对未来保持积极的态度，它是一种应对机制，一个人如果相信生活中的事情都会好起来，这种信念将有助于他成功地应对生活中的挑战。

（2）常存敬畏。

敬畏不仅使人愉悦，而且对个人的身体健康和心理健康极其有益。不要把在公园中散步或者去博物馆只看成是一种消遣，这种经历更应该被看作改善身心健康的重要方式。

（3）拥有同情之心。

对他人幸福的善意关心能使个体更积极地对待自己和他人。积极心理学家芭芭拉·弗里德里克森发现慈爱冥想在促进同情的感觉中，可以提高迷走神经的健康状态。

（4）保有感恩之心。

个体在生活中对幸福所持有的感恩与感谢之情对其身心健康都有极大的益处，拥有感恩之心可以提高个体免疫系统的功能，提高个体的睡眠质量，缓冲压力带给个体的负面影响。

（5）善待自我。

善待自己，关爱自己，可以帮助个体预防或者控制一系列身体和心理上的疾病，采取积极的方式对待自己的健康。心理学家阿特·马克曼认为，体验一件不好的事情所带来的痛苦本身不是一件好事，但是，经历了这种痛苦之后，重要的是要振作起来，再试一次。

2. 树立合理的认知

美国临床心理学家阿尔伯特·艾利斯在20世纪50年代创立了理性情绪疗法（rational-emotive therapy），简称RET，理性情绪疗法是在艾利斯的"ABC理论"基础上建立的。

在ABC理论中，A（activating event）表示的是诱发事件，B（belief）是个人认知，即人对这一事件的想法、解释和评价，C（consequence）是情绪反应结果，即在特定的情景下，个体的情绪及行为的结果。

艾利斯认为人的情绪和行为障碍不是由某一激发事件直接引起的，而是由经受这一事件的个体对它不正确的认知和评价所引起的信念，最后导致在特定情景下的情绪和行为后果。同一情景之下（A），不同的人的理念以及评价与解释不同（B_1和B_2），就会得到不同结果（C_1和C_2）。因此，事情的结果在于我们的信念、评价与解释。如图5-3所示。

ABC理论认为个体的非理性信念是导致其情绪障碍和神经症的根本原因。非理性信念的特点有三个：绝对化的要求、过分概括化、糟糕至极。

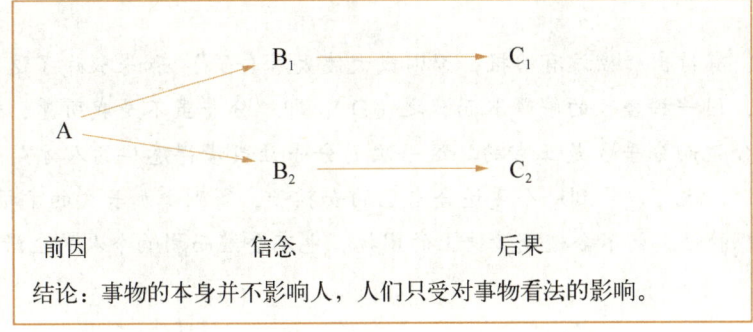

图 5-3　情绪ABC理论

（1）绝对化的要求。

绝对化的要求指人们常常以自己的意愿为出发点，认为某事物必定发生或不发生的想法。它常常表现为将"希望""想要"等绝对化为"必须""应该"或"一定要"等。例如，"我必须成功""别人必须对我好"等。

（2）过分概括化。

过分概括化是一种以偏概全的不合理思维方式的表现，它常常把"有时""某些"过分概括化为"总是""所有"等。例如，有些人遭受一些失败后，就会认为自己"一无是处、毫无价值"，这种片面的自我否定往往导致自暴自弃、自罪自责等不良情绪。而这种评价一旦指向他人，就会一味地指责别人，产生怨恨、敌意等消极情绪。我们应该认识到，"金无足赤，人无完人"，每个人都有犯错误的可能性。

（3）糟糕至极。

糟糕至极观念认为如果一件不好的事情发生，那将非常可怕和糟糕。例如，"我没考上专升本，一切都完了"。这种想法是非理性的，因为对任何一件事情来说，都会有比之更坏的情况发生，所以没有一件事情可被定义为糟糕至极。但如果一个人坚持这种"糟糕"观时，那么当他遇到他所谓的百分之百糟糕的事时，他就会陷入不良的情绪体验之中，一蹶不振。

基于ABC理论，人要改变自己的情绪，就要对不合理的信念进行驳斥、对抗（dispute），这样才能产生新的合理的情绪，即产生有效的治疗效果E(effect)。这就是理性情绪疗法的治疗模型"ABCDE"。

案例 5-7

当一名高职生失恋了（A）而情绪低落、无法专心学习时，觉得生活也毫无意义（C），这是因为他基于这样的不合理信念（B），即"我爱她，她就应该爱我，有付出就应该有回报，否则我太傻太愚蠢了"。如果驳斥了这种不合理信念，用一种合理的解释取而代之（D），即"分手虽不是我所愿，但对方觉得不合适而分手也是正常的。这一次的分手让我懂得怎样的人才是适合我的。以后，我可以找到一个更适合自己的女孩子，得到更加长久的幸福"。如果这样想的话，就不会造成情绪上的困扰，也不会继而影响个人的生活（E）。

案例 5-8

小梅，某高职院校服装设计专业大二学生。她气质好、学习成绩不错，就是有点情绪化。当心情好的时候，见了谁她都热情洋溢地主动打招呼；而当心情不好时，就很容易对别人发脾气。一天，小梅与室友小丽在晾衣服的时候大吵一架，原因是小丽晾衣服时不小心把她快干的衣服弄湿了。每当小梅发脾气或吵架时，谁都不敢理她，否则她会迁怒于人，暴跳如雷。其实，小梅平时不发脾气时也很乐于助人，但就是因为她的脾气太大，无法控制自己的情绪，同学们都不敢与她走得太近。

[分析] 案例中小梅有很多优点，气质好、学习好、乐于助人，但这些优点都被她的坏脾气掩盖了。她之所以感到无法控制自己的情绪，原因有三个方面：一是不了解自己情绪变化的真正原因。案例中小丽弄湿她的衣服，她可能认为自己明天没办法穿，这时候，她的愤怒其实并不完全来自小丽，而是有一部分来自自己第二天没有衣服穿的焦虑。二是不会体谅别人的情绪变化。案例中小梅可能将注意力放在自己衣服上，根本没有听到小丽的道歉，也没有看到小丽内疚的表情。三是不会调节和控制自己的情绪。

解决办法：① 帮助小梅重新看待与小丽发生的冲突，认识到自己当时无法控制情绪的多重原因；② 帮助小梅认识到情绪稳定性与情绪调节能力对个体人际交往的重要作用；③ 鼓励小梅学会识别自己和他人的情绪状态，合理分析自己情绪产生的原因；④ 帮助小梅学会掌握调节消极情绪的方法，如怎样控制愤怒、调节焦虑等。

知识窗：饮食与情绪

单元三　心理训练与素质拓展

一、心理训练

（一）心灵思考

请仔细阅读以下案例，并回答问题。

小明的父母离婚了，所以他感到非常难过，上课经常走神，与同学渐渐疏远，成绩也逐渐下降了。

小张与女朋友争吵，小张情绪很激动，两个人都不让步，最后，小张从三楼跳下，腿部多处受伤。

王冬是一名乒乓球运动员，他非常自信，心理素质好，虽然球技不是最好的，却经常获奖。

一位病人被误诊为癌症后，非常绝望，什么活也干不了，只是等待死期到临。后来，又查出他得的并非"绝症"，于是，他惊喜万分，来了精神，干什么事情都有劲儿。

1. 案例中一共提到了几种情绪状态？
2. 这些情绪对人的行动起到哪些作用？

_____

_____

_____

（二）活动训练

情绪"比萨"

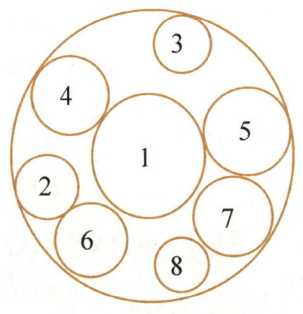

活动过程　每个同学画一个大圆代表自己近两周的情绪内容，分别用小圈面积的大小来表示以下8种情绪所占的比例（图5-4）。1快乐，2痛苦或悲伤，3愤怒，4恐惧，5爱，6焦虑，7害羞，8其他。

然后同学们分小组讨论：

1. 为什么会产生这些情绪？
2. 这些情绪对自己有什么影响？

图5-4　情绪"比萨"

> 活动分享

_____
_____
_____

红黄绿灯法

> 活动过程 "红黄绿灯法"是美国斯腾伯格教授设计的一个控制冲动的方法,包括了六个简单易行的方法。

红灯:① 停下,镇定,心平气和,三思而行。
黄灯:② 说出问题所在,并表达出你对此的感受。
　　　③ 确定一个有建设性的目标。
　　　④ 想出多种处理方案。
　　　⑤ 考虑上述方案可能产生的后果。
绿灯:⑥ 选择最佳方案,付诸行动。

红黄绿灯法应用举例

红灯:① 对方骂我:"你真是恶心!"这句话真的让我很生气,让我冷静地想一想,我应该怎么办。
黄灯:② 对方这样骂我肯定有原因,但他这样骂我实在不能接受,我感到很生气。
　　　③ 我想了解对方这样骂我的原因是什么,同时要让他知道我现在的感受是生气。
　　　④ 如何处理好呢?吵架还是打架(图5-5)?还是好好谈一谈?
　　　⑤ 吵架肯定会加深双方矛盾,不好。打架更加于事无补,搞不好会火上加油,弄出伤害事故就更加不好。好好谈一谈,不错,是个好主意。不过,如何交流一下呢?双方正在气头上,现在不是交谈的好时机。稍后另外找一个时机,双方好好交流。
绿灯:⑥ 选择最合适的时机,双方相互沟通,相互理解,相互体谅,最终和解了。

图5-5　打架

> 活动分享
>
> _____
> _____

二、素质拓展

（一）心理测试

认知情绪调节量表

┃导语┃ 每个人面对负面或不愉快的经历时，都有自己的反应方式。当你经历负面或不高兴的事情时，你通常的想法是什么？请仔细阅读每一道题目（表5-3），然后在你认为能表明你通常想法的空格中画"√"。

表5-3 认知情绪调节量表题目

序号	题　目	从不	几乎不	有时	几乎总是	总是
1	我感到自己应该被责备					
2	我感到自己是一个对发生过的事负责任的人					
3	我想在这种情况下的错误是我造成的					
4	我想事情发生的根本原因在我自己					
5	我想我必须接受已经发生的事					
6	我想我必须接受这种状况					
7	我想我不能为此改变任何事					
8	我想我必须学会去接受它					
9	我常常回想自己经历的事是怎样的感觉					
10	我沉迷于对自己经历的事的感觉和想法					
11	我想弄明白为什么对我经历的事有这样的感觉					
12	我细想由于这种形势唤起的感觉					
13	我去想比我经历过的更好的事					
14	我去想那些与现在事情无关的愉快的事					

（续表）

序号	题目	从不	几乎不	有时	几乎总是	总是
15	我去想某些好事而不是发生的事					
16	我去想愉快的经历					
17	我想我怎样才能做到最好					
18	我在想我怎样才能最好地应对这些情况					
19	我在想怎样去改变这种情况					
20	我在想一个我怎样能做得最好的计划					
21	我想我能从这些事情中学到一些东西					
22	我想所发生的事情能让我成为更强的人					
23	我想这种情况也有积极的一面					
24	我寻找事情的积极方面					
25	我想所有的事会变得更坏					
26	我想别人有更坏的经历					
27	我想和其他事情相比，这还不算太坏					
28	我告诉自己生命中有更坏的事情					
29	我常常想我经历的事情比别人经历的更糟糕					
30	我不断地想我经历的事情是多么的可怕					
31	我常想我所经历的是可以发生在一个人身上最坏的事					
32	我不断地想这件事情是多么的可怕					
33	我感到别人应该为此被责备					
34	我感到别人应对发生的事情负责任					
35	我想这些错误是别人造成的					
36	我感到事情发生的根本原因在别人身上					

> **评分规则与解释**

1. 按照题目顺序，每四题一个分量表，共9个，分别是自我责难、接受、沉思、积极重新关注、重新关注计划、积极重新评价、理性分析、灾难化、责难他人。采用五级计分方式，"从不"计1分，"几乎不"计2分，"有时"计3分，"几乎总是"计4分，"总是"计5分。每个分量表的总分为4道题目得分之和。

本次测验总分：＿＿＿＿＿＿＿。

2. 在某个分量表上得分越高，就越有可能在面临负面事件时使用这个特定的认知策略。

3. 在九个认知策略中，自我责难、沉思、灾难化、责难他人为消极的情绪调节策略；而接受、理性分析、积极重新关注、重新关注计划、积极重新评价为积极的情绪调节策略。

（二）心灵探索

情绪ABCDE的自我训练

> **活动目的** 学会应用理性情绪疗法来调节情绪和行为。

> **活动过程**

1. 理解理性情绪疗法，运用ABCDE自我分析和改进表格，就某一具体事件做出具体分析，举例如表5-4所示。

表5-4 期末考试的ABCDE自我分析与改进

A：诱发事件	期 末 考 试
B：信念（非理性的）	我一定要考得很好，否则会被人笑话的。
C：结果（情绪和行为）	紧张、焦虑、浑身发抖，无法集中注意力；越想好好复习越看不下去书。
D：驳斥（驳斥非理性的信念和建立合理信念）	D_1. 如果我没考好，结果真的有那么糟糕吗？别人会整天无事可干，天天评论我的考试成绩吗？ D_2. 我想考好，就一定能考得好吗？有些结果无论怎样，并不完全由我控制。 D_3. 我为什么非要表现那么好呢？难道别人就一定比我考得好吗？
E：效果（新的情绪和行为）	E_1. 别人不会天天这么无聊地议论我，我用不着那么在意别人。 E_2. 既然我不能控制考试结果，我只要尽力就好，考出真实水平。 E_3. 考得好的人毕竟是少数，别人也不过如此。有什么好紧张的？

2. 练一练：最近在社团认识了一个女孩，长得漂亮，性格也很好，是自己喜欢的类型，在社团活动的时候加了她的微信，晚上发微信和她聊天，开始她有简单的回复，后面没有了回复。

请完成以下表格，如表 5-5 所示。

表 5-5　ABCDE 自我分析和改进

A：诱发事件	
B：信念 （非理性的）	
C：结果 （情绪和行为）	
D：驳斥 （驳斥非理性的信念和建立合理信念）	
E：效果 （新的情绪和行为）	

（三）艺文鉴赏

1. 心理影吧

《以怒制怒》

图 5-6　《以怒制怒》海报

推荐理由

《以怒制怒》（图 5-6）讲述一位有着温文尔雅外表，看上去没有问题的问题青年控制愤怒情绪的治疗过程。影片诙谐幽默，让人不禁捧腹大笑，给人以深刻的哲理启发。电影宣传了情绪宣泄的重要性，告诉人们要学会清楚表达自己。

《头脑特工队》

推荐理由

《头脑特工队》（图 5-7）是由迪士尼电影工作室、皮克斯动画工作室联合出品的3D动画电影,该片2015年上映,讲述了小女孩莱莉因爸爸工作的变动而搬到旧金山后发生的故事。她的生活被五种情绪所掌控——快乐(joy)、悲伤(sadness)、恐惧(fear)、厌恶(disgust)、愤怒(anger),尽展脑内情绪的缤纷世界。该片获第88届奥斯卡最佳动画长片奖。

图5-7 《头脑特工队》海报

2. 心理书吧

《改变的理由:理性情绪行为疗法操作指南》

作者:[英]卓丹;译者:聂晶;出版社:中国轻工业出版社;出版日期:2009年1月。

▍推荐理由

《改变的理由》(图5-8)是一本直接针对来访者的心理症状、旨在帮助来访者自我实行结构化治疗的自助手册式读物。内容包括:从理性情绪行为的理论视角看待心理问题;理性情绪行为疗法的实践操作;开出一张问题清单并设定目标等。纵观国内市场上的心理治疗类读物,数量虽多,但绝大多数为理论概述,很少有直接针对来访者心理症状的自助手册式读物,而该书的翻译和出版,势必将填补这一领域的空白,值得推荐一读。

图5-8 《改变的理由》封面

《思维改变生活：积极而实用的认知行为疗法》

作者：[澳]埃德尔曼；译者：黄志强、殷明；出版社：华东师范大学出版社；出版日期：2008年1月。

推荐理由

《思维改变生活》是一本实用而可靠的指导书，可以帮助你征服那些挫败自己的想法和行为。它演示了如何批驳头脑中烦人的喋喋不休，并教会你更理性地处理愤怒、抑郁、焦虑和挫折感等情绪。它还包括大量的合理建议，让你的沟通更有效，并帮助你找到自己的幸福——这正是每个人都想要的。

《思维改变生活》一书有着坚实的理论基础，那就是认知行为治疗（CBT）的基本原则，这些原则已成为心理治疗师们公认的工具。CBT的目标，就是用实事求是的思维模式来帮助我们对情绪困扰做出更好的反应。作者埃德尔曼用一种明了而热心的方式解释了CBT的原则，有助于你在处理事情时更积极，更能控制事态。

佳作欣赏：说"嫉妒"

参考文献

[1] 大卫·伯恩斯. 焦虑情绪调节手册：改变生活的全新心理疗法[M]. 李迎潮，李孟潮，徐维东，译. 上海：学林出版社，2009.

[2] 约翰·A.辛德勒. 破解情绪密码：做自己的心理咨询师[M]. 刘杰，译. 北京：中国长安出版社，2009.

[3] 卡拉·麦克拉伦. 情绪的语言[M]. 林琳，译. 北京：龙门书局，2012.

[4] 道格拉斯·勒登. 正能量：正面情绪改变自己和他人[M]. 江月，译. 北京：光明出版社，2012.

[5] 孟昭兰. 情绪心理学[M]. 北京：北京大学出版社，2005.

[6] 谷元音. 情绪控制力[M]. 北京：人民邮电出版社，2013.

[7] 乔建中. 情绪研究：理论与方法[M]. 南京：南京师范大学出版社，2003.

[8] 李江雪. 大学生情绪管理与辅导[M]. 北京：北京师范大学出版社，2010.

项目 6
花开真爱　为爱导航：
做知性懂爱的高职生

➔ 学习目标

知识目标：
1. 了解爱情和性的含义，理解高职生恋爱、性的心理特点。
2. 了解高职生常见的恋爱、性的困惑。

技能目标：
通过训练和拓展，探讨爱情真谛，审视自己的爱情观，正确认识高职生恋爱和性心理，培养和提升高职生爱的能力。

素质目标：
把握和分析高职生恋爱和性心理的规律，引导树立正确恋爱观，正视恋爱、性行为误区，掌握爱的相处之道，做一名"知性懂爱"的现代高职生。

➔ 学习指导

学习方法：
通过阅读相关书籍、观看相关影视剧、参加相关讲座等方式，理解爱的真谛，树立正确的恋爱观、择偶观。

学习结构图：

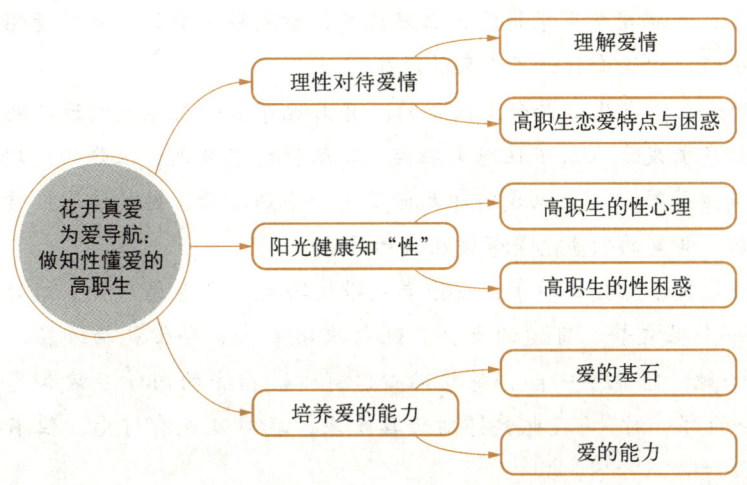

单元一　理性对待爱情

➤ 心灵小语

关关雎鸠，在河之洲。窈窕淑女，君子好逑。

——《诗经》

爱情是一种积极的情绪，爱本质上是给予而非获取。

——弗洛姆

➤ 案例导读

我该选择谁
——李杰的爱情烦恼

大一的李杰同学，认识了三位女孩：张晓、谢梦、刘婷，但他不知自己究竟该选择哪一位。下面是李杰同学的爱情烦恼诉说。

张晓是我高中时的女友，学习成绩很好，是一个很有上进心的女孩。我们一起度过了许多美好的时光。备考过程中，我们相互鼓励、相互支持，约定报考北方一所大学，非常可惜，她考上了，而我考试失利进入高职院校。我们约定大学期间，每天通电话，毕业后共同到一个城市找工作。但半个学期过去了，我越发觉得跟她没什么好说的，看到校园里的一对对情侣在一起散步、吃饭，心里有股说不出来的滋味。

谢梦是在室友生日聚会上认识的。那天她穿着一条漂亮的连衣裙，那瀑布般的黑色长发令人忍不住想去触摸。她的性格很开朗，很热情，歌也唱得好听，虽然是第一次认识我们却无话不谈。分别之后，她的倩影经常浮现在我的眼前，甜美的歌声总是萦绕在我的耳边。

刘婷是我学生会的同事，我很喜欢跟她聊天，她也愿意听；刘婷的话不多，是一个很文静、可爱的女孩。她每次回家，总会带礼物给我，我也会送礼物给她。跟她在一起，感觉贴心、舒心。宿舍的同学经常取笑我们是"学生会的那一对"。我也觉得刘婷喜欢我，我对她也有好感，但不知自己是否爱她。

分析 李杰同学面临"我该选择谁"的爱情烦恼,是高职生在校期间遇到的常见问题。的确,爱是一种幸福,但也会带来痛苦。美好的爱情可以带给人们巨大的快乐和无穷的创造力,但爱情犹如一把双刃剑,有时也带给人们紧张、不安和烦恼。高职生正处在人生春季,有着强烈的爱和被爱的情感需求,因此,了解恋爱心理,排解恋爱中的困惑,不断培养爱的能力,是高职生成长的必修课。那就让我们一起学习吧!

一、理解爱情

(一)爱情概述

1. 爱情的含义

所谓爱情,就是一对男女之间,基于一定的社会关系和共同的生活理想,在各自内心中形成的对对方最真挚的倾慕,并渴望对方成为自己终身伴侣的最强烈的感情。它是人类永恒的主题,是人类情感中最复杂、最微妙的一种情感,也是高职生极为关注的话题。

爱情具有自然性和社会性两方面的属性。自然性指人作为自然界的一部分,与一切动物所共有的自然本能,即性欲。社会性是爱情的本质属性,即爱情是人类社会生活的产物,受社会条件(政治、经济、文化、道德、习俗等)和社会关系的影响和制约。人的爱情是自然属性和社会属性的统一,是性爱和情爱的统一。

2. 爱情的构成

美国的斯腾柏格教授1986年提出了爱情成分理论,也称为爱情三角理论,他认为爱情由亲密、激情、承诺三种要素构成,如图6-1所示。

(1)亲密:指与伴侣间心灵相近、相互契合、相互归属的感觉,属于爱情的情感成分,它能引起亲密和温暖的情绪体验,包括信任、诚实、尊重、责任感、安全感、忠诚、理解、接受等。亲密是爱情的基础,是经过一定时间逐渐

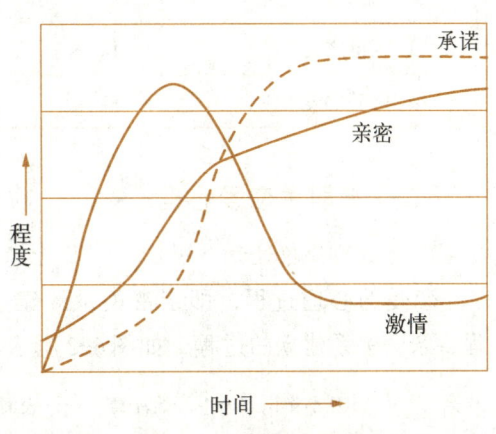

图6-1 爱情的三要素

发展起来的。

（2）激情：指强烈地渴望与伴侣结合，促使产生外在吸引力的动机，也就是与性相关的内驱力，属于爱情的动机成分，它是在爱情关系中能引起激情体验的各种动机性的唤醒源。爱情中的激情常常与亲密交织在一起，相互影响和转化。

（3）承诺：包括短期和长期两个部分，短期的是指个体决定去爱一个人，长期的是指对两人之间亲密关系所作的持久性承诺，属于爱情的认知成分，它对情绪和动机是一种控制因素，相当于人们常说的"山盟海誓""天长地久""忠贞不渝"等。

亲密、激情和承诺组成了爱情三角形的三个顶点，构成了爱情三角关系，如图6-2所示。

根据斯腾伯格的"亲密、激情和承诺"三要素在爱情中的强弱程度，可组合成八种不同类型的爱情关系组合，如表6-1所示。

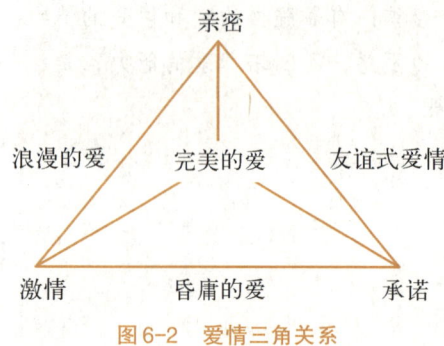

图6-2 爱情三角关系

表6-1 爱情三角形理论：爱的组合

爱的种类	亲密	激情	承诺
① 无爱	低	低	低
② 喜欢	高	低	低
③ 迷恋	低	高	低
④ 空洞之爱	低	低	高
⑤ 浪漫之爱	高	高	低
⑥ 伴侣之爱	高	低	高
⑦ 闪电之爱	低	高	高
⑧ 圆满之爱	高	高	高

（二）高职生恋爱心理

1. 恋爱的心理过程

恋爱的心理过程，即亲密关系的建立，是男女双方培养感情、发展爱情的过程。亲密关系建立的过程，如图6-3所示。

互不相识 → 开始注意 → 表面接触 → 建立友谊 → 亲密关系

图6-3 亲密关系建立

2. 恋爱的发展阶段

两个人从陌生到深深眷恋，一般要经历以下五个阶段。

（1）爱之初——"蓦然回首，那人却在灯火阑珊处"。

这个阶段是对伴侣的选择，更多地从外貌和气质上选择，如果哪一条符合或接近我们的标准，我们就会关注他。

（2）爱之迷恋——"衣带渐宽终不悔，为伊消得人憔悴"。

当我们从外貌、气质上选择伴侣后，就会关注对方，希望得到对方的好感，同时试探对方是否同样对自己有好感，如果对方也同样如此，就会出现爱之迷恋。

（3）爱之热恋——"在天愿做比翼鸟，在地愿为连理枝"。

热恋阶段中恋爱双方看到的是彼此的优点，对所有与恋爱有关的事物都有一种美好的向往。"一日不见，如隔三秋"，恋爱双方对爱情的表达更多地通过肢体语言，如拥抱、牵手、接吻等，这个时候两个人希望时时刻刻待在一起。

（4）爱之依恋——"两情若是久长时，又岂在朝朝暮暮"。

双方在日常生活中习惯了对方的陪护和存在，即使偶尔对方不在身边也能相互信任，心心相印。这个阶段相对少了些狂热化的表现，更多地则是心灵上的依赖。

（5）爱之独恋——"相互扶持，相濡以沫"。

双方看透爱恋、看破现实时，会相互释然，以双方的心灵上的依赖来相互慰藉，为对方而活，也活出自我。

3. 恋爱的类型

高职生恋爱因动机不同而呈现多样化的趋势，调查发现有以下类型。

（1）比翼齐飞型。

比翼齐飞型学生基本上具备成熟的人格，有正确的恋爱观，有较强的事业心、进取心和自控能力，不仅仅把恋爱看作人生的快乐，而且能把幸福的爱情转化为学习和工作的目标。

（2）生活实惠型。

进入大学后，毕业去向是高职生最为关注的事情之一。恋爱不可避免地融进了毕业去向的因素。大三是这类学生恋爱的高峰期，他们认为这时处对象、谈恋爱，相互了解，成功率高。

（3）时尚攀比型。

一些学生为了不让自己显得无能，或为了证明自己的魅力，也匆匆加入"恋爱"大军。他们常常"跟着感觉走"，目的性不强，常以"因为没想那么多"为借口而各奔东西，随意性大，结局被动。

（4）玩伴消费型。

某些学生精神空虚，同性的朋友少，时常感到孤独、郁闷。为了填补精神空虚，把"谈恋爱"当作一种精神需求，为充实生活而去寻找异性伙伴。

（5）追求浪漫型。

追求浪漫型学生情感比较丰富，浪漫的爱情对他们有着强烈的吸引力。对他们而言，花前月下的刺激比爱情的责任和义务更具有韵味。他们时时沉迷于两人世界，忘却了同伴，甚至忘却了学业。

4. 恋爱中常见的心理效应

（1）恋爱初期的心理效应。

① 首因效应。首因效应也称第一印象，是指人的首次接触留下的深刻印象，恋爱双方的第一印象作用重大，如果第一印象是积极肯定的，那么在以后交往中会多倾向于探求对方的良好品质。因此，恋爱初期应该多注意穿着打扮得体及言谈举止的优雅。

② 恋人效应。恋人效应指恋人之间因对方情绪情感变化而造成自身对他人或外界的异常态度。比如，两人愉快交往时，就比较友好地对待他人；两人交往不愉快时，就怨天尤人。因此，恋人之间应全面客观地了解对方，而不应主观推想、猜测、怀疑。

（2）热恋期的心理效应。

① 晕轮效应。晕轮效应也称光环效应，是指从局部出发，仅仅根据事物的个别特征就以偏概全对事物的本质妄下结论，如"爱屋及乌"。在热恋中男女双方不要被爱情冲昏了头脑，应尽量避免晕轮效应。

② 禁果效应。禁果效应也称"罗密欧与朱丽叶效应"，在现实生活中常见到这种现象：父母的干涉反对非但不能减弱恋人双方之间爱情，反而使之增强；干涉越多、反对越强烈，恋人们相爱越深。

（3）恋爱后期的心理效应。

恋爱后期的心理效应主要是磨合效应，是经过一段时间磨合而产生更加协调契合的现象。这时爱情逐趋平稳，如果双方磨合得好，就自然会携手步入婚姻的殿堂，否则，恋情也许就此结束。

（4）失恋期的心理效应。

① 失恋效应。失恋效应是指因失恋而产生的一系列心理应激现象，如痛苦、难过、悲哀、失落、绝望甚至自杀念头等。

② 酸葡萄效应。酸葡萄效应是指失恋产生挫折感时，尽量多想过去恋人的缺点，使自己从痛苦、失落中解脱出来，心理趋于平衡的现象。

③ 契可尼效应。西方心理学家契可尼发现一个奇怪而普遍的现

知识窗："悬索桥上的爱"经典实验

象：人们非常容易忘却那些已经完成或有结果的事情，而对中断了、未完成或没有取得预想成果的事情总是记忆犹新、念念不忘。

二、高职生恋爱特点与困惑

（一）高职生恋爱的特点

1. 重过程轻结果，恋爱动机简单化

当代高职生在恋爱中没有过多考虑将来能否走到一起，他们看重恋爱的过程，轻视恋爱的结果。他们恋爱，是因为需要爱和被爱，多是出于本能的喜欢和吸引。"不求天长地久，只求曾经拥有"，这种心理虽有利于恋爱双方相互了解、加深认识，也有利于恋人之间培养感情、增加心理相容度，但从另一方面来说，只注重恋爱过程，强调爱的"现在进行时"，不考虑爱的"将来完成时"，是缺乏爱情的责任意识的表现。

2. 恋爱观念开放，传统道德淡化

随着各种新闻媒体、网络文学的盛行和渲染，当代高职生对于爱情的观念趋于开放和大胆，传统道德逐渐淡化。一些高职生恋爱方式公开化，甚至在公共场所、大庭广众之下，旁若无人，做出过分亲密的动作。近年来，高职生"同居"现象增多也说明了这个问题。

3. 恋爱年龄趋低，自控耐挫弱化

受社会早恋现象和高年级同学恋爱的影响，大一学生谈恋爱的比例逐年提高，恋爱年龄越来越低。调查表明，很多学生缺乏理智处理感情事件的经验和心态，一旦陷入热恋中，往往不善于控制自己的情感，缺乏理智的驾驭能力，对恋爱对象过分依赖，稍有波折就痛苦万分。一旦恋爱受挫，经常会情绪失控，无法自拔，对学习生活造成严重影响。

4. 恋爱的不成熟，网恋日益普遍化

当前某些高职生的恋爱特点表现为对待恋爱问题简单、幼稚、不成熟与不稳定。如在择偶标准上，往往重外表，轻内在；在恋爱方式上，往往重形式，轻内容；在恋爱行为中，往往重过程，轻结果，重享乐，轻责任。随着高校校园网络的普及，高职生上网的人数越来越多，网上谈恋爱日益普遍化。甚至有些同学同网友聊过一次天，发过一次电子邮件，便一见钟情，相见恨晚。

（二）高职生恋爱的困惑

1. 单恋及其调适

（1）单恋的含义。

单恋俗称单相思，又称暗恋。单恋是一场感情误会，误认为别人爱上了自己或

明知别人不爱自己，却深深地让自己陷入爱河。其原因主要是受异性言谈举止、外貌、衣着打扮或自身各种主观体验的影响而错误地陷入虚幻的爱河。这种爱的情感越深，它所带来的情感体验就越苦涩，越心痛。

案例 6-1

小威新年时送给小玲一张贺卡，小玲很礼貌地收下了，小威误认为小玲对自己有意，并找出小玲的多种优点，整天魂不守舍，朝思暮想，失眠，不想吃饭，神志恍惚，自言自语呼唤小玲跟他说情话（幻听）。他买了许多胸花和发卡摆到自己床上欣赏，对学习毫无兴趣，经专科医院诊断小威患有青春型精神分裂症。小威是典型的单相思，他应该尽快熄灭自己点燃的爱火或大胆表白，多参加集体活动转移注意力，防止悲剧发生。

（2）单恋产生的原因。

调查研究发现，单恋产生的原因有以下的两种情况：一种是毫无原因地单相思，对方无任何表示，甚至根本还不认识自己，自己却一味地爱着对方，恋着对方；另一种是受对方言谈举止的影响，错误地认为对方对自己有感情，从而深深地陷入对对方的爱恋之中不能自拔。

（3）单恋的调适。

高职生由于心理尚未完全成熟，单恋的现象比较常见。高职生应该对单恋进行积极的调适。

① 冷静地面对自己的感情。当你无缘无故地爱上对方时，请先冷静一下，你正处在青春萌动期，这种情形是自己把潜意识中的理想恋爱对象的印象投射到现实中具体的某个人身上的结果，实际上自己爱上的是潜意识中的那个虚幻对象，并不是现实中的对方。

② 主动避免恋爱错觉。学会准确地观察和分析对方的言行，用心明辨。如某位男生经常帮助一位女生，而这位男生是副热心肠，对谁都乐于帮助，那么女生大可不必胡思乱想，当然如果这位男生只对这位女生特殊照顾，那就必须留意了。或者对方只是偶尔对你帮助一两次，你就更没有必要去"自作多情"。

③ 扩大人际交往圈。明知对方不爱自己，但依然深深地爱着对方而不能自拔时，扩大人际交往圈，用更加精彩的世界来调适相思之情。

④ 勇敢地用心灵去撞击。当单相思出现时，自己需要拿出十足的勇气，不能犹豫不决、顾虑重重，勇敢地用心灵去撞击对方的心灵，如果真是"流水有意"，

那么爱的欢乐就会来临,如果是"流水无情",那么就应挥动"慧剑"斩断情丝,通过感情的转移和升华来获得心理平衡,开始新的生活和学习。

2. 失恋及其调适

(1) 失恋的含义。

爱情是鲜花和美酒,但通往爱情之路却是有荆棘和陷阱的,既有成功的希望,也有失败的可能。失恋就是指恋爱的一方被恋爱的另一方抛弃,也就是恋爱的中断。失恋引起的情绪反应是痛苦、难堪和绝望。如果不能及时排解这种强烈的情绪,很容易导致心理失调,形成严重的心理障碍。

案例 6-2

刘某,女,21岁,某校大二学生。入学时比较内向,除了室友及个别同学外,较少与他人交流;平时遇到不开心的事情均是用哭来发泄。大一时,刘某交往了一个男友,对他用情专一且付出很多,后因男友用情不一,最终分手。失恋给刘某带来极大的伤害,为此刘某经常哭泣。室友表示每次愉快的情绪经常因刘某的哭泣而被破坏。此时,刘某与宿舍成员间的人际关系已相对紧张,成绩也出现滑坡现象。

(2) 失恋的调适。

高职生该如何消除失恋苦果的苦涩呢?

① 要学会正确看待失恋。其一,失恋只是一种选择的结果,一个人不选择自己不等于自我就全面失败。他不选择我,这不是我的错,也不是他的错,这只是他认为我不适合他而已。其二,在失恋中学习,把失恋作为一种人生的财富,使人有更多人生体验。人在失恋中变得更加成熟。其三,失恋给人再恋爱的机会。一次失恋不等于整个爱情生命的结束。

② 适当发泄情绪,找人倾诉。寻找合适的途径把痛苦、难堪和绝望的情绪发泄出来。如找朋友或亲人倾诉你的痛苦,得到他们的理解、关心和心理支持;或干脆找个没人的地方大哭一场,再擦干眼泪朝前看。

③ 转移注意力,投身到活动中去。及时适当地把情感转移到别的人、事或物上。如清理掉与昔日恋人相关的物品,不要到你们曾经常去的地方;扩大人际交往圈,积极参加一些社团活动;把身心投入学习生活当中去,把失恋的悲伤化作奋发向上的动力,塑造一个全新的自我。

知识窗:苏格拉底与失恋者的对话

④ 寻求专业帮助，进行心理咨询。当高职生遇到失恋的困扰时，可以通过专业咨询人员的帮助和鼓励，使自己重新建立起心理平衡，走出失恋的困境。当然，感情创伤的修复是需要一定时间的。

3. 网恋及其调适

（1）网恋的含义。

网恋，顾名思义就是通过网络平台来进行恋爱。网恋虽没有花前月下的卿卿我我，却是虚拟世界中两颗炽热的心在碰撞，在摩擦起电，从而放射出耀眼的火花。

（2）网恋的调适。

高职生如何调适网恋呢？

① 正确认知网络。只有对网络树立正确的认知，才有可能正确地面对网络，合理地使用网络资源，准确把握自我，认清自己的真实需要，学会处理现实与虚拟的关系，避免网恋心理问题产生。

② 强化自律意识。网络社会信息量大，各种文化与价值理念交织，各色诱惑比比皆是；网络社会缺乏强力约束。在这个多彩世界，高职生因认知偏差或侥幸心理产生困惑与矛盾，以致产生"网恋"等心理问题。这就需要高职生加强自身修养，强化自律意识，要勇于直面现实，多参加有益的社会活动，从网络的迷恋中解脱出来。

案例 6-3

我和我的男朋友刚进大学就在一起，到现在两年了，基本上都很顺利。虽然有过争吵，但很快和好了。可是前几天我却在他手机里发现了他和我室友在一起拍的亲密照片。我问他为什么背叛我，不管怎样，他必须给我一个合理的解释。

看到我真的生气了，男友才吞吞吐吐地告诉我，去年我作为交换生出国的时候，恰好那段时间我的室友失恋了，一天晚上给他打电话，他们聊了很多，他也不停地安慰她。之后他们两人的联系越来越多，不知不觉产生好感，最后走到一起。他还告诉我，他们是真心相爱的，只是不想伤害我才没有提出分手，而且相爱有半年多了。

他的这些话让我彻底死心了，我平静地提出分手。我突然觉得人生很失败，男友和室友都背叛了我。我开始不相信

知识窗：关于"同性恋"

周围的人，甚至喜欢用质疑的眼光与别人相处，我不相信友情，也不相信爱情，我很反感自己，我该怎么办？

——大二女生小王的求助信

分析 失恋是很多人要经历的事情，重要的是在失恋后对这段感情进行一个重新梳理和分析。时间能让人淡忘，也能让人成长，既然这是一个无法改变的事实，为什么我们还要自己折磨自己呢？接受现实，然后更好地生活，这才是最好的选择。塞翁失马，焉知非福，失去一段不属于你的感情，也许是为了让你在正确的时间遇到那个正确的人。

单元二　阳光健康知"性"

➤ 心灵小语

　　肉体上的两性爱，不是真正意义上的爱情……爱情是心灵上的一种狂迷，是一种人神相通的带有神秘色彩的精神状态。

——柏拉图

　　如果一个人把生活兴趣全部建立在爱情那样暴风雨般的感情冲动上，那是会令人失望的。

——居里夫人

➤ 案例导读

我到底该怎么办？

　　小雨，21岁，大三，来到学校心理咨询室找老师倾诉：

　　我和他相爱一年多了，他最近提出要和我那个（发生性关系）。一开始我没有答应他，可他再三要求，他说我上次没答应，让他很难过。看到他难过的样子，我有些动摇了。于是在他一再要求下，我们发生了关系。他说会加倍爱我。

　　但最近他的态度让我糊涂了。我时而觉得他是那么温柔，时而觉得他是那么陌生，让我觉得他不是真心爱我，只是为了跟我上床。忽然我觉得有点后怕，也许是因为这样的恋爱太累，好像心已承载不了。可是我还是爱他，面对已经不完整的自己，我又犹豫了。如果真的分手，还有男孩子要我吗？我好矛盾啊，老师我到底要怎么选择呢？

　　［分析］ 像小雨同学这样来找老师咨询的案例越来越多，学生关于"性"的问题也逐渐增多，让我们一起学习，揭开性"羞答答"的神秘面纱。

一、高职生的性心理

（一）理解性的内涵

1. "性"的含义

人类的性分为性生理、性心理。性心理是指在性生理的基础上，与性征、性欲、性行为有关的心理状况，也包括与异性交往、婚恋等心理问题。可从三个方面理解"性"的含义。

（1）生物学意义的"性"。

在生物学的范畴中，性首先是指男女在生理构造上的差异和人生来具有的性的欲望和本能，它是人类生存和繁衍后代的必要基础条件。性生理是性心理发展的生物学基础，性生理发育的障碍或缺陷，会使性心理的发展出现偏差。

（2）社会学意义的"性"。

人是社会的人，性作为人的本能需要，因此也就必然带上社会属性。人们在通过性活动去满足性需要的过程中，不是随便找一个能从事性活动的对象来满足自己的需要，而是在这个过程中还需要让自己获得审美需要、安全需要、道德平衡等。

（3）心理学意义的"性"。

从心理学的角度来说，性的基本意思是指与"性"有关的一切心理现象，它不仅包括性交、性爱抚等所有直接的性活动，还包括人们对性的情感、态度、价值观和性方面的喜好等心理方面的表现。尤其是，它不仅指人们普遍认为是"正常"的性活动，也包括所有被认为是"反常"或"不正常"的性行为。

2. 性的发展

（1）性生理的发展。

高职生正处于性生理发育的青春期，已经有了性意识的觉醒。性心理是与人类"性"有关的心理，它包括围绕性欲望、性冲动、性行为、性满足而产生的认知、情感、需要和经验等心理活动。

（2）性心理的发展。

一个人性心理的发展大致经历以下三个阶段。

① 异性疏远期。儿童在早期不能真正感觉到男女间的差异，中学时期以男女生之间的相互排斥为表现形式，开始关注异性。这时对异性显得十分疏远和冷淡，但同时，他们对两性关系又有着强烈的好奇感，似懂非懂，对性知识、性行为一知半解。因此在与异性的交往中显得羞涩、不自然，内心相互吸引却表现得相互疏远。

② 异性接近期。随着性意识的发展，青春期的男女生逐渐从彼此疏远发展为

彼此接近。这时，同龄异性之间开始产生相互接近的愿望，同时以情感吸引和实际接触需求的形式强烈地表现出来。他们开始喜欢与异性在一起活动，以各种方式对异性表示好感，希望自己在异性眼中富有吸引力，希望得到对方的积极反应。

③ 异性恋爱期。这一时期一般是在成年以后。进入青春后期，性生理成熟，性心理也逐渐成熟，自我意识、思维和人格都在积极发展。高职生对恋爱的渴求和对恋人的寻觅更加迫切，会对异性展开主动积极的进攻，许多时候都会尽量在异性面前展示自己的长处与才华，以期引起对方的关注。

案例 6-4

晓丽跟男朋友在一起发生性关系已有一年多了，她说，最近被检查出得了阴道炎，就跟他约好在治好之前不发生关系，但最后还是破格。她知道这种情况自己要负责，如果断然拒绝他，也许一切都不会发生；但他似乎也理解不了她的痛苦，他要是真关心她就不应该这样做。好纠结，到底该怎么办？在身体上和心理上，晓丽都没能很好地爱护和尊重自己。保有自己的界限，勇敢说"不"，当你真的有勇气爱自己时，你会赢得对方的尊重和高品质的爱。因为爱不是迁就和妥协，而是平等和尊重。如何尊重自己？关爱自己？是高职生需要学习的课题。

随着交往的增多，高职生的性意识逐渐发展成明确的恋爱，喜欢与自己选择的异性单独活动，对其他异性关心明显减少。这意味着他们进入了"两性恋爱期"，从泛泛的异性爱慕过渡到钟情于某个人。性意识的发展在恋爱中与广泛的人格整合联系起来，进一步追求双方整体人格的融合，并在承认对方独立性的基础上与对方在精神等方面实现一体化，这标志着健全的性意识的建立。

（二）高职生性心理特点

1. 性心理的表现

（1）对性知识的兴趣。

高职生常常借助于网络、影视、图书、伙伴交流等，力图对性知识有一个明确系统的了解，以满足心理上的要求。

（2）对异性的爱慕和追求。

高职生虽处在学习阶段，但他们经常在一起谈论理想的异性，谈论恋爱实践，憧憬未来的家庭生活。

（3）性欲望和性冲动。

由于青春期性激素的生物动因和与性有关的外界刺激等，高职生会产生性意念、性感受和性冲动。但绝大多数高职生能控制自己的欲望。

（4）性幻想。

性幻想是指在某些特定因素诱导下，高职生"自编、自导、自演"与异性交往内容有关的联想。性幻想可导致生理上的性兴奋、性器官充血，也偶尔出现性高潮。性幻想是性冲动的发泄形式之一，属于正常的生理、心理现象。

2. 性心理的特点

（1）性心理的本能性和朦胧性。

高职生尤其是低年级高职生对异性的认识还披着"一层朦胧的面纱"，对异性的兴趣、好感和爱慕主要是异性间吸引。

（2）性意识的强烈性和表现上的文饰性。

高职生闭锁心理特点导致性心理外显方式的文饰性。他们虽然十分重视自己在异性心目中的印象、评价，但表面上却表现得拘谨、羞涩；心里对某一异性很感兴趣，表面上又表现得或无动于衷、不屑一顾，或回避的样子；他们表面显得讨厌亲昵的动作，事实上很渴望体验。

（3）性心理的动荡性和压抑性。

青年期是人一生中性能量最旺盛的时期，但由于不少高职生心理还不成熟，他们的性心理易受不良影响而动荡不安，同时，由于性能量得不到合理的疏导、升华而导致过分压抑，以致出现扭曲甚至变态的行为，如窥视、恋物等。

（4）男女性心理的差异性。

高职生性心理因性别不同而有所差异。女性性意识比男性成熟更早，而男性获得某些性经验比女性要早；在对异性情感的流露上，男生较外向而热烈，女生羞涩、惊慌和不知所措；在表达方式上，男生一般较主动，女生往往采取比较含蓄、暗示的方式；此外，男生的性冲动易受视觉刺激唤起，而女生则易在听觉、触觉刺激下兴奋。

（三）高职生性心理健康标准

1. 能正确认识和接纳自己的性别

一个性心理健康的人，首先应对自己的性别角色能够正确认识并接纳，同时能成功地扮演好自己的性别角色（女生的阴柔之美、男生的阳刚之气），对自己的性别角色有相应的自尊感和自豪感。

2. 能有正常的性欲望

性欲望是一个人能够获得性爱和性生活的基础和前提，所以，一个性心理健康的人就必须具有性欲望，否则性心理健康就无从谈起。

3. 与同龄人性心理发展水平相当

不同发展阶段的人的心理特征是不同的，同样性心理特征也具有其阶段性，如果一个人的性心理与大部分同龄人不相同，那他的性心理就可能有一些问题。

4. 具有较强的性适应能力

性适应是个体的性活动与外界形成的一种和谐关系，性适应能力则是个体达成这种和谐关系的能力。简单地说，在个体出现性冲动后，知道如何排解、调控自己的性冲动，能够使自己的性行为与性活动符合社会的性规范和性要求。

5. 能与异性保持和谐的人际关系

和谐的人际关系是人类"群居"要求的体现。对高职生来说，随着其性生理和性心理的发育成熟，渴望与异性交往并保持和谐的关系，是个体自然而正常的性要求，如果这种要求得不到满足，其性心理就很难达到健康的水平。同时和谐的异性人际关系对高职生的日常生活和学习也非常重要。

知识窗：艾滋病

二、高职生的性困惑

（一）性自慰及其调适

对于性自慰，我国一直沿用"手淫"这个名称，是指用手或其他器具刺激性器官以取得性欲满足、宣泄性冲动的一种方式。

自慰在男女不同年龄皆有，在青春期男、女中均可发生，以男性更多见。许多科学研究结果证明，正常人的性自慰并无害处，无论对心理和身体均无损害。目前国内外都认为这是一种自然的、正常的、健康的行为，它是释放性能量、缓和性心理紧张的一种措施。

但过度的、不正常的性自慰却会给心理带来影响。有些学生感到性自慰是件"坏事"，有的则认为这是"危害健康的不良习惯""不道德行为"，有些学生自慰成习惯后，终日惶惶不安。因此，他们都想竭力克制，却又力不从心。这反而会引发许多心理生理反应，包括疲劳、乏力、注意力不集中、头痛以及头晕等。

（二）性梦及其调适

性梦是指在睡梦中出现的带有各种性内容色彩的景象，有些是在谈情说爱，有些则直接发生性行为，甚至得到性满足。性梦在青春期的男女中普遍存在，尤其在求爱期间出现的次数最为频繁，婚后这种现象大为减少。

性梦对他人无任何伤害，可以排解性欲，起到类似安全阀的作用，缓解青少年积蓄的性欲望。然而梦毕竟只是梦，它未必是现实生活的真实反映，更多的反而是一种变形。任何人都可能在性梦中出现荒诞不经的性事。因此没有必要以现实的道德伦理去评判这些"荒唐事"，也不必为此内疚、焦虑，更不需要将此变成心理负担。

（三）性幻想及其调适

性幻想是人类常见的性现象，是指人在清醒状态下对不能实现的与性有关的事件的想象，是自编的带有性色彩的故事，属于"白日梦"的一种，它具有自我满足的功能。每一个心智健全的人都会有这样或那样的性幻想，只是在出现频率、长短、内容、性质以及对待它的态度等方面存在着较大的差异。性幻想在入睡前、睡醒后卧床以及闲暇时较多出现。

性幻想中的对象可以是熟悉的人，或者是图画、小说中的人物，也可能是模糊易变的虚构人物。性幻想有时会给人带来很大的烦恼和不安，特别是在传统型家庭中长大的孩子。尤其是女孩子可能会担心自己的思想意识不健康，会责怪自己为什么出现这种幻想，甚至误认为自己是不是真的已经不正经或变坏了，并由此背上沉重的精神负担。

无论是性自慰、性梦还是性幻想，一旦过度都会对成长造成不良影响。可从以下几个方面来调整。首先是以平常心态对待，不要过度关注和自责。其次是调整行为，改变不健康、不科学的生活方式，平时注意把自己的精力集中到学习和其他丰富多彩的活动上去。第三是发展独立意识，把注意力转向外界，关注社会，关注学业，树立远大理想，追求高层次的心理需要。

（四）婚前性行为及其调适

案例 6-5

这是一位女高职生的求助信：我是进入大学的时候认识他的。他是我的老乡，在我离家孤独时给予我很多的安慰和帮助，不知不觉我陷入了恋爱中。随着交往的深入，他开始对我提出性要求，起初每次我都是委婉地拒绝，可是挡不住他的死缠烂打。我终究是心软，不忍拂了他的意，也深恐自己的多次拒绝会毁了彼此之间的感情，只好以身相许。于是在某个晚上，我们有了第一次。虽然我们还在恋爱，可一想到我们发生了关系，我就感到恐慌，担心自己会怀孕。我觉得所有人都知道了我们的事情，失眠、上课注意力不集中、整天胡思乱想，现在，我陷入了深深的担忧中，如果今后我们分手了怎么办？我要如何面对？

很多男女同学在恋爱过程中不能很好地控制自己的性冲动，情不自禁，出现越轨行为，品尝"禁果"。婚前性行为是指男女双方在恋爱期间发生的性行为。一般来说，婚前性行为是双方自愿的行为，它不受法律保护，不存在夫妻间的义务和权利，所以不被主流社会舆论所接受。但近来高职生大多对婚前性行为持宽容甚至支持的态度。

那么如何看待这一现象呢？有人说，性行为是双方的事，只要双方愿意就可以；有人说，双方恋爱关系已定，发生性行为是早晚的事，不愿意拒绝对方的性要求；还有人说，婚前性行为可以感受、尝试双方性生活的和谐度，为以后婚姻打下基础；更有人认为，它可以实现心灵与肉体的完美结合与有机统一。诚然，这些观点不无道理，但对高职生而言，婚前性行为的弊端也是极其明显的。

首先，损害身心健康。发生性行为的直接后果是可能怀孕。有些高职生在没有系统的避孕、了解生育知识的情况下发生性行为，极有可能导致怀孕。人流后又得不到休息和营养，因而对健康影响很大。

其次，破坏了正常的恋爱关系，导致情感变异。有人认为，性关系像催化剂，能使双方的恋爱关系更加稳固，感情发展更加迅速。其实不然。有人说，恋人应该像一本书，每次读到它总能使人有新的发现和新的感觉。但婚前性行为使自己过早暴露给对方，反而使恋人对自己失去了继续追求和探索的兴趣与动力，失去了新鲜感，以至于不懂得珍惜双方的感情。正如一位心理学家所说"热恋应该是伴随着纯洁愉快的一种期待。过早得到性的满足，使得这种优美的期待消失了，爱情也就不再有激动人心的魅力"。

最后，婚前性行为，还有可能使新婚蒙上阴影。在婚前发生性行为必然使新婚失去应有的期待、甜蜜、激情和快乐。因此，同学们要学会调控热恋中的性冲动。当你用理智战胜了感情，保持了爱情纯洁性的时候，你会欣喜地发现，你们的爱情变得更成熟、更理性、更完美了。

案例 6-6

小琴是某高职院校三年级学生，在与男友谈恋爱的过程中发生过性行为，虽然内心并不是很情愿，但怕男友有其他的想法，对男友的性要求小琴并不懂得拒绝。而且周围的同学有性经历的也不少，想想这些，小琴也就释怀了。但由于平时不注意保护措施，小琴不得不瞒着父母去医院做了一次人流，手术后，小琴觉得身体越来越差，同时感觉男友对自己也越来越不关心。很多时候，小琴甚至有离开这个世界，了断现在的生活的想法。

知识窗：预防婚前性行为的智慧

| 分析 | 小琴的例子在高校中并不少见。在两性关系中，女性因其生理特征等，比男性更易受伤害。懂得把握自己并懂得如何拒绝，会让你在两性关系中以更为成熟的态度对待性。

单元三　培养爱的能力

➡ 心灵小语

童稚之爱的原则是："因为我爱，所以我爱。"成熟之爱的原则是："因为我爱，所以我被爱。"

——弗罗姆

爱情不是花荫下的甜言，不是桃花源中的蜜语，不是轻绵的眼泪，更不是死硬的强迫，爱情是建立在共同语言的基础上的。

——莎士比亚

➡ 案例导读

爱情，该如何进行

在校园恋爱的咨询中，经常有同学问："老师，我也想谈恋爱，可是我找不到我爱的人，爱我的那个人什么时候才能出现呢？""老师，我跟她相处已经有一段时间了，但是我们经常闹矛盾，在一些问题上看法不一致，比如着装打扮，他在这方面不擅长，于是我经常给他提些建议，刚开始他还能听，可后来他越来越烦。老师，都是因为我喜欢他啊，我是为他好，希望他变得更好！"

还经常听到类似的抱怨："我那么爱你，你为什么不爱我？""我为他付出了那么多，他为什么不领情，我得不到他的爱呢？"

分析　爱不是简单的相互喜欢，它更是一种能力，是了解、关心、尊重和责任心。在爱的过程中，要学会爱自己，学会爱他人，进而完善自身的人格，提升爱的能力。这也是获得真爱的正确途径。

一、爱的基石

（一）树立健康的恋爱观

恋爱观是指对恋爱和爱情所持的基本观点和态度。要提高爱的能力，就必须树立正确的恋爱观。爱情是建立在双方相互理解和充分信任的基础上的，相互信任是自信的表现，彼此推心置腹，诚恳坦白，毫不隐瞒，绝不伪善和欺骗。

调查研究发现，当前高职生的恋爱动机包括以下几种。

1. 一见钟情

恋爱者对"白马王子"或"白雪公主"的幻想是预先就潜藏在心底的，偶遇有貌似心目中偶像的异性出现时，便以为梦幻成真，穷追不舍。精神分析学派的弗洛伊德认为，这种幻想很多都是孩童对父母印象的"收藏"，即"恋母"或"恋父"情结。

2. 摆脱压抑感

逃避痛苦是人的本能，在大学生活中，人际交往、学习考试等都可能给高职生造成身心压力，使他们产生压抑感。恋爱的建立可以使注意力转移，也可以摆脱孤独，缓解高职生所面临的压力。

3. 为证明自己的魅力

有些人非常需要他人的赞同，"有人爱"似乎是自身价值的某种证明，因此他们会寻求爱情。还有一些人，在童年时没有得到父母足够的关爱，成长期间爱的经历欠缺或不完整，因此内心深处总有一种"我拥有的还不够"的感觉。

4. 满足好奇心

未知的事物总是神秘的，充满了诱惑力。对于没有恋爱经历的人来讲，恋爱可能具有刺激物的相对特异性，因此具有很强的诱惑力。高职生正处在喜欢探究世界与自我的年龄，所以当机会出现时，即使不爱对方，也会去尝试。

5. 赶潮流

在一个群体中如果大部分人都在谈恋爱，剩下的人也会受到影响。高职生往往对自我缺乏充分的肯定，甚至有人会为自己没有恋人而自卑，这与从众心理有关。

总之，高职生恋爱的动机是复杂多样的。不健康的爱情会给自己和他人带来伤害。特别是毕业生在面临毕业、就业等多方面压力时，往往经不住挫折的考验。"大学恋情"有其脆弱性。

（二）树立正确的择偶观

在现实社会里，不同的人有不同的择偶标准，概括起来可分为事业型、美貌型、金钱型、权力地位型和兴趣志向型等。高职生在恋爱对象的选择上，应从品德、性格、爱好等内在因素综合考虑，以相互爱慕、志同道合为基础，选择与自己心理特点相匹配的恋人，这不仅符合恋爱道德的要求，也是使恋爱能够成功的前提条件。爱情要专一，这是恋爱道德的基本要求，恋爱关系一经确定，就要忠实于对方，承担相应的道德义务和责任。

一般来说，高职生择偶有以下因素。

1. 情投意合

一些高职生认为爱情是最纯洁、最真挚的感情。选择恋人不过于看重金钱、家庭背景等，只要彼此感觉不错，有的欣赏对方的聪明才智，有的喜欢对方的温柔体贴，有的是在一起很开心。只要情投意合，便可成为恋人。

2. 外在形象

外在形象是高职生选择恋人的重要标准。

3. 来自父母的影响

人的成长过程中，最初对男人、女人的认识，以及与男人、女人关系的建立，就是从父母开始的。高职生在选择恋人时，会受自己对父母的印象和态度的影响。另外，父母的感情如何，也会直接影响到其对男人、女人的态度。

4. 心理需要满足

选择什么样的恋人也与每个人的成长经历、特殊的心理需要有关。在心理上如果对某一方面特别渴望，就会特别看重对方的某一点。曾有一个女生去看望一个生病的男生，女生对生病的男生照顾得特别细心周到，令这个男生特别的感动，觉得她特别善良，爱慕之心油然而生。

5. 性格特点

性格特点是高职生选择恋人的一个重要因素。人们习惯对男性与女性特征作不同的描述。在选择恋人时，人们一般会觉得女性选男友，希望男友更具有男子特征，比如勇敢、坚强；而男性选女友注重女性特征，比如温柔、体贴等。不过现实中越来越多的高职生在选择恋人时，会在男友选择标准上加上一些女性化的特征如温柔、体贴；在选择女友时加上坚强、独立等男性化的特征。

二、爱的能力

爱是一门艺术，也是一种能力。爱的艺术是需要学习的，爱的能力是需要培养的。爱的能力对人一生的发展具有重要意义。

（一）识别爱的能力

识别爱是指能分清什么是好感、喜欢和爱情，什么是理智和冲动。对于渴望爱情的高职生来说，学会识别爱的真伪，是迎接爱情的必要准备。

1. 好感不是爱情

好感是一种知觉性的比较浅表的感情，如果把爱的历程描绘为"好感、爱慕、相爱"三部曲的话，好感只是爱情的前奏，但不一定发展为爱情。好感以直觉和印象为基础，而爱情则以心灵的融合为基础。

2. 感情冲动不是爱情

感情的冲动常常是暂时的、脆弱的，往往使人头脑发昏、忘乎所以，甚至做出不久便后悔的愚蠢举动。尽管爱情也需要激情的表达，但这种激情犹如地下滚烫的岩浆，炽热、深沉、持久。

3. 异性友情不是爱情

爱情是以两性吸引为基础的强烈情感，而友情则超越性的欲念，是同学、朋友之间的一种平等、诚挚、相互信任的感情。同时，爱情具有排他性和封闭性，是忠贞不贰的感情，而友情则产生于普遍的人际关系中，是开放、广泛和可以传播的。另外，它们承担的义务不同。友情一般只承担道德义务，朋友之间要以诚相待，互敬互助；而爱情总是与婚姻家庭联系在一起，还必须承担法律义务。

（二）迎接爱的能力

迎接爱包括表达爱和接受爱，前者是主动给予爱，后者是被动接受爱。

1. 敢于表达爱

爱，要勇于追求，敢于表达。既然爱，就要告诉对方。当爱上一个人时，能否用恰当方式和语言向对方表达出来，是衡量一个人爱的能力高低的重要标准。当然，表达爱需要勇气，需要信心；同时，敢于表达爱也是一种境界，因为这种表达可能得不到回报。

表达爱要注意的三个原则：① 时机要适宜，相互了解再表白，以保证双方情绪轻松愉快；② 地点要合适，一般是私下场合；③ 方式要恰当，考虑双方性格。表达爱的方式有很多：送礼物和卡片；邀请对方出去玩；发微信、短信或写信；他人转达；面对面直接表达；眉目传情。

2. 勇于接受爱

当对方对你产生爱意，面对对方的表达，首先要做出判断，再做出接受、谢绝或再观察的选择，这也是一种爱的能力。接受别人的爱，一定要慎重，不可草率、盲目地接受。首先要了解自己，明确知道自己喜欢什么、需要什么、适合什么、自己的择偶标准是什么。

（三）拒绝爱的能力

当接收到你所不愿得到的求爱信息时，就需要你具备拒绝爱的能力。因为爱情来不得半点勉强和将就，你要学会勇敢地说"不"。

怎样才能培养拒绝爱的能力呢？

要有拒绝爱的勇气。拒绝爱的态度要明确，表达清楚，切不可含含糊糊、拖泥带水，贻误他人，也困扰自己。

要掌握恰当、适度的拒绝方式。要善意理解对方的爱意，尊重他人，要感谢对方对自己的欣赏和厚爱，不要让人难堪或心生恨意。

注意选择拒绝的时机、方式等，防止激化对方的不良情绪。

（四）发展爱的能力

两个相爱的人走到一起，如何经营他们的爱情？追求和保持美好的爱情是人人的心愿，然而怎样才能给爱情"保鲜"呢？这就需要具有发展爱的能力。

案例 6-7

爱情中的信任

小刚和小梅是大学中的一对恋人，感情一直很好，但最近他们出现了一些矛盾，原因是这样的，小梅是校学生会文艺部干事，近期一直在筹备一台文艺晚会，所以周末和晚上都不能经常陪小刚。和小梅合作设计晚会的是一位男生，这位男生也曾追过小梅，但被小梅拒绝了。这时小刚心里有点不舒服，再加上有人在旁边添油加醋，更加深了小刚的猜忌。所以，小刚和小梅一见面就吵架，心情都很烦。

如何培养发展爱的能力呢？

1. 培养经营爱的能力

爱情需要用心经营，大学校园里的浪漫爱情更是如此。如何与恋人相处，怎样呵护美好的爱情，是必须学会的事。

2. 培养爱的责任感

责任撑起真爱。爱的责任感要求恋爱中双方必须尊重彼此的生活方式和生活态度，爱需要宽容、理解、信任、善待对方。学会用建设性的方式解决冲突。沟通是非常有效的方式，要避免伤害性的争吵和冷战。

3. 培养爱的博大

情感世界是广博而丰富的，除了爱情，还有亲情和友情等。因此，不要要求你的恋人把你放在首位，更不要追问"我和你妈同时掉进河里你先救谁"的问题。只有将爱情、亲情和友情相互交融，升华成一种大爱、博爱，这种爱才能久远。

案例 6-8

小林是某系二年级学生,他最近最困惑的问题是"大学生该不该谈恋爱"。不谈吧,周围的同学都成双成对了,平时自己一个人也挺孤独的,周末一到,宿舍的室友都有活动,自己一个人显得挺无聊,没有女朋友好像朋友一起聚会的时候显得挺没面子的。但是要谈恋爱吧,自己又觉得现在学业重要,爱情也挺消磨时间的。可是小林周围的同学对小林的观点都嗤之以鼻,认为大学不多谈几场恋爱太浪费校园美好的生活了。

小玉是某系三年级学生,二年级的时候交了一个男朋友,并与之发生了性关系。其后,男方又喜欢上了其他的女孩子,提出与小玉分手。小玉不肯,几次自残相逼,手上的伤痕多达七条,小玉想通过自残的方式挽回对方的心,但换来的却是自己加倍的痛苦。

分析 案例中小林的困惑是很多进入大学后的高职生共有的困惑,谈恋爱变成了一种从众的行为。案例中的小玉引起人们的思考:女性应该如何在爱情中保护自我,如何在两性关系中把握自我。爱情是成长中重要的课题,更多的时候,爱情只是一种对生活的尝试,尝试就包含着结果可能是失败或是成功。失败了,需要总结经验教训和鼓起勇气重新生活,成功了,就要懂得好好珍惜。

知识窗:如何判断异性确实喜欢你

知识窗:如何确定自己真正喜欢某个人

单元四　心理训练与素质拓展

一、心理训练

（一）心灵思考

爱 是 什 么

活动目的　通过活动让同学们思考自己的爱情观，领悟爱的真谛。

活动过程

1. 请同学们静静思考一下爱是什么，并在白纸上写出5条你认为的爱的实质，如爱是：需要、关怀……（更多地关注直觉的、第一印象的内容）。
2. 写完后每个同学在各自小组汇报自己的选择及感受。

活动分享

个人分享：你在活动中有何感受？对你来说，爱的实质是什么？它对你曾经或目前的恋爱有何影响？你的选择与你的爱情观是否相符？其他同学的爱情观对你有何影响？

班级分享：每个小组将排在前5位的爱的实质写到黑板上，在全班进行分享。教师点评、总结。

_____

_____

（二）活动训练

"失恋"助我成长

活动目的　通过活动学会正面看待失恋，学习承受失去爱的能力。

活动过程　请每个小组齐心协力寻找失恋的十大好处。请以下面的句型为模板，完成10句话。找出最合理、最可行的建议，以此作为自己的情感自卫盾牌。

因为我失恋了，所以我获得了：_____

因为我失恋了，所以我获得了：_____

因为我失恋了，所以我获得了：_____
因为我失恋了，所以我获得了：_____
因为我失恋了，所以我获得了：_____
因为我失恋了，所以我获得了：_____
因为我失恋了，所以我获得了：_____
因为我失恋了，所以我获得了：_____
因为我失恋了，所以我获得了：_____
因为我失恋了，所以我获得了：_____

● 活动分享

_____
_____
_____

如何表白爱情？

● 活动过程　表达爱的方式多种多样，可以有以下方式：

1. 用你的眼睛传达爱的信号。这是一种比较含蓄的方法，当对方注意到你的注视时，不要逃避，镇定地、坦然地凝望着对方，把你的爱意表现在眼睛里。

2. 以你的关爱行动来表示。用实际行动来表示对倾慕对象的关心、帮助和亲昵，如下雨天送雨伞，在对方生病时前去看望，或者投其所好。

3. 用书信和写字条来传情。如果你无法用言语大胆地说出来的话，写下你的爱的誓言也是很好的方法。

4. 送去代表相思之情的爱情信物，如红豆、有着心形相框的自己照片、亲手做的首饰、荷包等，让对方睹物思人，知道你的心思。

请选择其中一种方式，或独创一种方式进行角色扮演，之后评论、交流。

● 活动分享

_____
_____
_____

如何拒绝一个我不爱的人？

● 活动过程　如何婉转而又坚定地拒绝一份不想要的感情确实是一件不容易

的事。

说"不"需要很大的勇气。在人际交往，尤其是密切交往的关系中，如果一方提出了某项请求是你不能接受也无法允诺的，尽管你十分想拒绝，但最后要说出"不"来，不是件容易的事，因为他是你在意的人，你并不想伤害他。但如果你一时心软，说了声"是"，则很可能在不久的将来既伤了自己，又伤了他，而且伤得更重。人的感情勉强不得，更何况这是一份揉不进一粒沙子的爱情。

不过，在拒绝之前，你一定要好好地问一下自己："我有没有真正弄清自己对他的感情？我是不是回答得太快了？我是不是还需要好好地想一想？"

如果你确定不爱他，那么就坚持离开他，勇敢而温柔地说上一句："对不起！"爱是一份美好的感情，不论你是否想要，简单、粗暴乃至伤害性的拒绝是必须避免的。"你可以拒绝一个爱你的人，但请你不要伤害一颗爱你的心！"

请考虑一种方式进行拒绝爱的角色扮演，之后评论、交流。

活动分享

_____

_____

我心目中的恋人

活动目的 使同学们对恋人的选择有一定的认识。

活动过程

1. 你心目中的天使（男生填写）。依次写出女生最吸引你的三项特质以及其他你认为重要的特质：

_____

2. 你心目中的王子（女生填写）。依次写出男生最吸引你的三项特质以及其他你认为重要的特质：

_____

3. 讨论：女生为什么看重男生的这些特质？男生为什么看重女生的这些特质？这对你有何启示？

与心目中的天使、王子相处，我能给对方什么？我希望从那里获得什么？我们有时候是不是很自私，以自己的喜好去主宰别人的生活，却没有想过别人是不是愿意。而当你尊重别人、理解别人时,得到的往往更多。

活动分享

_____

_____

_____

二、素质拓展

(一)心理测试

恋爱态度自测量表

导语 下面一组有关恋爱态度方面的自测题,共26道题,请认真阅读,并选择与你实际情况的符合程度,然后从每个项目所附答案中"五选一"。(注:回答A是"坚决同意"、B是"比较同意"、C是"不确定"、D是"有些不同意"、E是"坚决不同意")

1. 当你真正恋爱时,你对任何别的人都不感兴趣。　　A　B　C　D　E
2. 爱没有什么意义,它就是那么回事。　　A　B　C　D　E
3. 当你完全陷入爱情时,就会确信它是现实的。　　A　B　C　D　E
4. 恋爱绝不是你所能客观地加以研究的,它是高度的情感的状态,不能对其进行科学观察。　　A　B　C　D　E
5. 和某人恋爱而不结婚是个悲剧。　　A　B　C　D　E
6. 有了爱,就知道什么是爱。　　A　B　C　D　E
7. 共同兴趣实际上并不是重要的,只要你俩真正相爱,就会彼此协调。　　A　B　C　D　E
8. 只要你知道你们是相爱的,虽然彼此认识的时间还很短,马上结婚也不要紧。　　A　B　C　D　E
9. 只要两个人彼此相爱,即使有着信仰差异,实际上也不要紧。　　A　B　C　D　E
10. 你可以爱一个人,虽然你不喜欢这个人的任何一个朋友。　　A　B　C　D　E
11. 当你恋爱时,你经常是茫然的。　　A　B　C　D　E
12. 一见钟情往往是最深切的、最永恒的爱。　　A　B　C　D　E
13. 你能真正爱上并能在一起幸福生活的人世界上只有一两个。　　A　B　C　D　E

14. 不用管其他因素，如果你确定是爱上了一个人，就可以和这个人结婚了。　　A B C D E

15. 要得到幸福就必须对你要与之结婚的人有爱情。　　A B C D E

16. 当你和所爱的人分离时，世界上的一切仿佛都暗淡下来且一切都令人不满意。　　A B C D E

17. 父母不应该劝说儿女同谁约会，他们已经忘记恋爱是怎么回事了。　　A B C D E

18. 爱情被看成婚姻的主要动机，那是好的。　　A B C D E

19. 当你爱上一个人时，你就想到将来要和那个人结婚。　　A B C D E

20. 大多数人都会在某些地方有一个理想的对象，问题是怎样去找到那个对象。　　A B C D E

21. 妒忌通常是直接随着爱情而变化的，就是说，你越是爱就会越有妒忌心。　　A B C D E

22. 被任何人都爱上的人大约只有少数几个。　　A B C D E

23. 当你恋爱时，你的判断力通常不是太清楚的。　　A B C D E

24. 人的一生中爱情只有一次。　　A B C D E

25. 你不能强迫自己爱上某一个人，爱情说来就来，说不来就不来。　　A B C D E

26. 和爱情相比，在选择结婚对象时，社会地位和宗教信仰的差别是无关紧要的。　　A B C D E

▍评分规则与解释

1. 选A得1分，选B得2分，选C得3分，选D得4分，选E得5分。

2. 把全部项目的得分相加就是本测验的总分。本次测验我的总分是 _____。

（1）分值越低，则表示恋爱态度越趋于浪漫；反之，得分越高，表示恋爱态度越现实。

（2）可以把爱情的态度分为两种类型：

浪漫型：把爱情看成一种神秘的、永恒的力量，对爱情充满了激动、渴望和幻想，较少考虑与爱情有关的各种现实问题。

现实型：以注重现实为特征，恋人之间的关系比较稳定、牢固、和谐。

（二）心灵探索

如 何 约 会

▍活动过程　　建立感情、维系感情不是一件简单的事。约会，也要动动脑子，不断地变换约会的内容和形式。约会可有多种形式，如：

1. 消遣游玩：逛街、看电影、听音乐会、参观博物馆、游动物园、野餐、逛书店、看话剧、旅行、品尝不同风味的食品、看日落、钓鱼、雨中散步、游公园、乘观光船游览……

2. 运动：打网球、打羽毛球、放风筝、爬山、游泳、打乒乓球、跑步、练健身操、骑单车、玩保龄球……

3. 社会服务：当图书馆义工、到社区当义工……

4. 学习与进修：参加讲座、参加兴趣班、参加提高班、阅读书籍、听录音带……

5. 扩大社交圈子：参与朋友聚会、参加集体活动……

进行约会的角色扮演。角色扮演后讨论、交流。

【活动分享】

_____
_____
_____

如何面对婚前性行为

【活动目的】 通过辩论会的形式，对婚前性行为进行利弊分析，引导学生对自己的性行为负责。

【活动过程】 将全班同学分成甲、乙两组，双方分别持赞同婚前性行为和不赞成婚前性行为的观点进行辩论，最后请老师点评。

【活动分享】
你赞同的观点是什么？为什么？你会以怎样的态度去面对性？请分享。

_____
_____

（三）艺文鉴赏

1. 心理影吧

《真爱至上》

【推荐理由】

《真爱至上》（图6-4）是一部于2003年上映的爱情喜剧，电影用十个故事来探讨爱的真谛，每一个故事都能让人感受幸福的温度。电影里面的爱不仅是情侣之间的爱，也包含亲人之间的爱、同伴之间的爱。电影讲述爱的开始、爱的勇气、爱的放弃、爱的错误、爱的忍耐……这些关于爱的情感，维系着我们的世界。

图6-4 《真爱至上》海报

《罗马假日》

推荐理由

1953年出品的黑白电影《罗马假日》（图6-5），被人们奉为爱情电影中的经典之作。电影情节简单，却凭借男女主角的成功出演以及罗马的街头风景成为世界经典。电影讲述的是一个美妙年华的公主，短暂逃出皇室的藩篱，在街头喧闹的阳光下放肆真性情，贪婪地享受作为平民的自由。一个是厌烦宫廷礼节的枯燥烦琐的小公主，另一个是囊中羞涩的小记者，在罗马的一日，虽然短暂，可是轻松惬意的时光让他们体会爱情甜美。虽然最终他们因为各自的身份和职责没有走到一起，但罗马城却成为他们永久爱情的象征。

图6-5 《罗马假日》海报

2. 心理书吧

《自爱的艺术》

作者：［德］尼娜·拉里什-海德尔；译者：张勐；出版社：文汇出版社；出版日期：1999年12月。

推荐理由

本书作者悉心地告诉你什么是自爱、自爱的重要性，以及如何步步迈向自爱，还剖析了不能自爱的种种原因、不自爱的后果等。读完本书你会有种豁然开朗的感觉，让你更懂得自爱。

《爱的艺术》

作者：［美］艾里希·弗洛姆；译者：刘福堂；出版社：上海译文出版社；出版日期：2018年12月。

推荐理由

《爱的艺术》（图6-6）自1956年出版至2018年已被翻译成至少32种文字，在全世界畅销不衰，被誉为当代爱的艺术理论最著名的作品。在《爱的艺术》这本书中，弗洛姆认为，爱情不是一种与人的成熟程度无关，只需要投入身心的感情。如果没有爱他人的能力，如果不能真正谦恭地、勇敢地、真诚地和有纪律地爱他人，那么人们在自己的爱情生活中永远得不到满足。弗洛姆进而提出，爱是一门艺术，要求想要掌握这门艺术的人有这方面的知识并付出努力。

佳作欣赏：上善若水，浮生如茶

图6-6 《爱的艺术》封面

参考文献

[1] 霭理士.性心理学［M］.潘光旦，译.北京：商务印书馆，1997.

[2] 理查德·格里格，菲利普·津巴多.心理学与生活［M］.王垒，王甦，等，

译.北京：人民邮电出版社，2003.

［3］盖瑞·查普曼.爱的五种语言：创造完美的两性沟通［M］.王云良，陈曦，译.南昌：江西人民出版社，2010.

［4］戴维·西蒙.自由地爱，自由地疗愈［M］.王晓波，译.深圳：深圳报业集团出版社，2013.

［5］苏珊·亨德里克.因为爱情：成长中的亲密关系［M］.洪菲，译.北京：世界图书出版公司北京公司，2013.

［6］陈一筠.现代婚姻与性科学［M］.2版.北京：社会科学文献出版社，1998.

［7］吴淡如.相爱并不容易：爱情的60个简单道理［M］.武汉：长江文艺出版社，2014.

［8］倪林英，谢文静.高职院校大学生恋爱观与主观幸福感的关系探讨［J］.教育理论与实践，2013（18）.

项目 7
珍爱生命　应对危机：
做活出精彩的高职生

➡ 学习目标

知识目标：
1. 了解生命、心理危机的含义，理解生命的价值，珍爱宝贵生命。
2. 了解心理危机的产生，掌握心理危机识别与应对技巧，提升生命的价值。

技能目标：
通过训练和拓展，培养和提升珍爱生命、应对危机的能力。

素质目标：
感受生命的意义，完善生命的智慧，具有心理危机识别与应对的能力，健康生活，幸福成长。

➡ 学习指导

学习方法：
通过阅读相关书籍、参与训练活动等方式，对自己的心理状况进行分析，了解生命价值，学会调适方法，有效维护自身心理健康。

学习结构图：

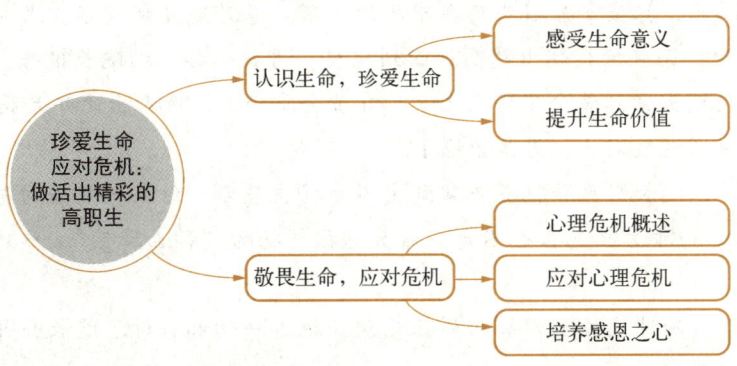

芳菲心灵：大学生心理健康教程

单元一　认识生命，珍爱生命

➔ 心灵小语

　　尊重生命，尊重他人，也尊重自己，是生命进程中的伴随物，也是心理健康的一个条件。

——弗洛姆

　　人，最宝贵的是生命。生命对每个人只有一次。人的一生应当这样度过：当回首往事的时候，他不会因为虚度年华而悔恨，也不会因为碌碌无为而羞愧。

——奥斯特洛夫斯基

➔ 案例导读

生命的价值

　　有一个生长在孤儿院的小男孩，常常悲观地问院长："像我这样没人要的孩子，活着究竟有什么意义呢？"院长总是笑而不答。

　　有一天，院长交给男孩一块石头，说："明天早上，你拿着这块石头到市场上去卖，但不是真卖。记住，无论别人给多少钱，绝对不能卖。"

　　第二天，男孩拿着石头蹲在市场的角落，意外地发现有不少人对他的石头感兴趣，而且价钱越出越高。回到院里，男孩兴奋地向院长报告，院长笑笑，要他明天拿到黄金市场上去卖。在黄金市场上，有人出比昨天高出10倍的价钱来买这块石头，男孩拒绝了。

　　最后，院长叫男孩把石头拿到宝石市场去展示。结果，石头的身价又涨了10倍。由于男孩怎么也不卖，石头竟被传扬为"稀世珍宝"，参观者纷至沓来。

　　男孩兴冲冲地捧着石头回到孤儿院，把这一切都告诉了院长，并问院长为什么会这样。

　　院长亲切地望着男孩，慢慢地说道："生命的价值就像这块石头一样。在不同的环境中就会有不同的意义。一块不起眼的石头,由于你的珍惜而提高了它的价值,竟被传为稀世珍宝。你不就像这块石头一样吗?只要自己看重自己,珍惜自我,生命就有意义,有价值。"

分析 珍惜独一无二的自己,珍惜短暂的几十年光阴,再去不断地充实自己,最后世界才会认识你的价值。

一、感受生命意义

生命意义的问题一直是人们在思考探索的问题之一,只要生命存在,人们对生命意义的追问就不会停止。探寻生命的意义,就让我们从认识和感悟生命开始。

(一)认识生命

1. 生命的含义

生命是什么?对于这个问题历史上存在许多不同的观点。中国古代哲学家认为,生命是"气"的活动,"人之生,气之聚也;聚则为生,散则为死……故曰通天下一气耳"。也有中国哲学家从死亡的角度来理解生命,"有血脉之类,无有不生,无生不死,以其生,故知其死也"。

古希腊医师盖伦认为人和动物把原本充斥在空气之中的灵魂或精神吸进肺里,进入心脏之后跟血液结合在一起,就组成了生命有机体的原动力。

随着时代的发展和科技的进步,人们对生命的认识越趋深刻。19世纪下半叶,恩格斯认为,生命是蛋白体的存在方式,这种存在方式本质上就在于蛋白体的新陈代谢功能。现代对生命的最新观点认为:生命是具有稳定的物质和能量代谢现象、能回应刺激、能进行自我复制(繁殖)的半开放物质系统。

对于生命的定义,至今尚没有一个公认的结论,但不管怎样,在浩瀚的宇宙中,目前仅在地球上发现存在生命现象,就这一简单而明确的事实而言,对生命,我们要心怀敬畏。

2. 生命的特性

(1)生命的唯一性。

德国哲学家莱布尼茨说:"世界上没有完全相同的两片叶子。"对于个体生命而言也是如此,从遥远的过去到现在以及将来,也只有唯一的你,不存在另外一个跟你完全一样的人,即使是同卵双生的兄弟姐妹,也拥有各自不同的DNA、虹膜、指纹和声纹等生理特点。万物都是独一无二的存在，每个生命都无可替代。

（2）生命的不可逆性。

一篇短文这样描述："人生是一趟单程旅行，每一个人，从呱呱坠地来到这个世界上那一刻起，就不由自主地投入了这趟旅行，不容有选择的余地。这趟旅行对每个人都是唯一的，永远不会再有第二次。"生命本是开弓没有回头箭，一旦出生，就不可避免地走向死亡，对于每个人而言仅有一次宝贵的生命。

（3）生命的精神性与超越性。

人的生命既包含自然赋予人的肉体生命，又包括后天获得的精神生命，一个完整的生命是自然生命和精神生命的和谐统一，舍去两者中的任何一个，生命都是不完整的。人生既存在于世界之中同时又存在于自我的意识当中，人要从自身生命的自然存在出发，珍惜自己的生命，并在此基础上，超越自然的存在和本身的局限，追求实现人生的价值和意义。

（二）感悟生命

1. 生命的价值

从生命的特性可以知道，生命本身是无价的，奥斯特洛夫斯基说："人，最宝贵的是生命。生命对每个人只有一次。"生命的价值不在于获得，而在于付出；不在于你拥有多少财富，而在于你承担了多少责任。

人的生命价值还在于能创造价值，即人的生命具有潜在的创造性劳动能力，这种劳动能力所构成的生命价值有两重含义：一是可以用一个确定的量来衡量的物化形态价值，创造出一定的物质财富；二是无法用确定的量来衡量的，基于人的道德品质修养、教育水平等创造出来的属于一定的精神财富的伦理思想价值，这两种价值都推动着人类进步与发展。

2. 生命的意义

哲学家赫舍尔指出："人的存在从来就不是纯粹的存在，它总是涉及意义。意义的向度是人所固有的。""探索有意义的存在是人生存的核心。"人的独特之处，就在于其对意义的追求，如果找不到生命的意义所在，人的生存便会被空虚感笼罩，引发许多心理疾病，严重的甚至会导致轻生。

生命的意义在于参与生活本身，积极生活，追求梦想，不断超越自我，在追寻意义的过程中去提升自己的生命价值。

维克多·弗兰克说："人类的目标不是寻求心理或灵魂的安宁，而是在现实到理想的健康奋斗中体验生命的意义。"

被誉为IT业拿破仑、创新教父的苹果公司创始人乔布斯自称"记住你即将死去"是一生中遇到的最重要箴言。他每天早晨都会

知识窗：尊重生命

对着镜子问自己:"如果今天是我生命中的最后一天,我会不会完成今天想做的事情呢?"当答案连续很多次为"不是"的时候,乔布斯便知道自己需要改变某些事情了。

虽然我们不能延长生命的长度,但我们可以拓宽生命的宽度。每一天都尽量选择去做最让你兴奋有意义的事,你的人生也必将是精彩纷呈的。

二、提升生命价值

(一)珍爱生命

生命是地球上最宝贵的资源,也是一切价值的根本。从纵向角度来看,珍爱生命是立体的、多层次的,具有保护生命、珍惜生命、发展生命等含义。

珍爱生命的基层含义:保护生命。首先要树立保护生命的意识,尊重个体生命的生存权,即不轻易放弃生命,不轻视亵渎生命。

珍爱生命的中层含义:珍惜生命。哲学家伯格森把时间视为生命的基本要素,他把生命的本质看作时间的绵延,生命在时间中流淌。因此,珍爱生命就要珍惜时间,不浪费生命,即不消极地面对生活,不虚度浪费光阴。

珍爱生命的深层含义:发展生命。珍爱生命不仅是要"活着",更重要的是"活出生命的价值",即超越生命的有限,追求生命的无限,活出生命的精彩。

上述三种含义是统一的动态进程,保护生命是前提,珍惜生命是保证,发展生命是目的。

老吾老以及人之老,幼吾幼以及人之幼,推己及人,将心比心,这是人类的美德,也是人类文明得以延续发展的基础,没有任何理由去漠视、伤害他人的生命,莫以善小而不为,莫以恶小而为之。尊重、善待他人的生命,就是尊重、善待自己。

(二)尊重生命

生命对每个人来说都只有一次,生命与生活紧密相关。没有生命,就没有生活;没有生活,生命就没有快乐。所以我们要尊重生命、热爱生活。

尊重生命、热爱生活,首先要接纳生命、关爱生命。每个人的生命都可能会有各自的长处和不足,都会遭遇到失败与挫折。我们需要接纳自我的一切,包括优点和不足、成功与失败,这样的生命才是真实的。

尊重生命、热爱生活,还要对生命抱有积极的态度。积极的人生态度可以创造积极的心理环境,创造生命的奇迹,成就精彩的人生。

尊重生命更要热爱生活、珍爱生命。生命是宝贵的,每个人的生命都不只属于自己，每个人都要对生命负起责任，善待自己的生命，享受美好的生命。无论遇到多大的困难，都不要厌恶甚至放弃自己的生命。

（三）享受生命

生命是美好的，只有懂得享受生命的人才能体会到生命的美好。所谓享受生命，并不是说要及时行乐、游戏人生，相反，它要求我们以认真的生活态度对待生命的每一个细节，感受生活中美好的点滴。怎么享受生命呢？有以下几种方法。

1. 亲近大自然

自然的多样性让人们体会到生活的丰富性。如果有条件，抽空出去旅游，不一定到名山大川凑热闹，可以就近爬爬山、钓钓鱼，在外野炊。若没有条件，也可以到公园散散步，闻闻花香，听听鸟鸣，躺在草坪上看看蓝天。

2. 积极乐观

对着半瓶美酒，你可以高兴地说："呀，还有半瓶呢！"也可能会沮丧地说："唉，只剩半瓶了！"这全凭你如何看待它。若你把注意力放在所有美好的东西上，你就会欣然接受生活，并努力使它变得更美好。

3. 活在当下

什么叫活在当下呢？顾名思义，就是活在现在，活在今天。活在当下，既不要活在过去，因为过去的已经过去，没必要过多地惋惜和伤悲；也不要活在未来，未来还没到，没必要过多地忧愁和焦虑。活在当下，就要抛却过去的烦恼，发现和享受当下的美好。活在当下，才是真正的生活，生命的真正乐趣在于旅行的过程，这样的人生才更有意义。

4. 学会独处

学会独处，做自己思想的主人，才能真正地为自己追求人生价值；学会独处，坚持强烈的自律意识，才能增强学习的主动性，真正地为自己去学习；学会独处，具有独特的思维能力，才能和许多高尚的人对话和交流，体验一种甜美的、满足的感觉。

单元二　敬畏生命，应对危机

➡ 心灵小语

没有感恩就没有真正的美德。

——卢梭

世界上只有一种英雄，那就是了解生命而且热爱生命的人。

——罗曼·罗兰

➡ 案例导读

李兰的故事

李兰是一位大一学生，在外人眼里，她是一个性格活泼、长相甜美的女孩，本该没有太多烦恼忧愁。可最近她却感觉糟透了，她与多位男生交往频繁，闹出了很多感情上的纠纷。临近期末考试，想到平时没怎么认真学习，本来平时睡眠状况不佳，现在就更难以入眠了，好不容易睡着了也容易惊醒。曾经有一次为了借酒消愁，她背着人偷偷买了一瓶白酒把自己灌醉了。可是酒醒以后，自己的生活依然一团糟糕，她感到绝望极了，有时会忍不住用木棍捶打自己，拉扯自己的头发，用手拧自己的胳膊，致使胳膊上常青一块紫一块的。她曾经对同学透露："活着是种挣扎，很累，不想再活了。"有一次突然冲出自习教室试图跳楼，幸好被同学及时拦住。经过学校心理咨询中心老师的心理咨询辅导，李兰逐渐打开了心结，心情慢慢得到了平复，学习、生活终于回到了正轨。

分析 文中的李兰同学因感情纠纷、学业压力等陷入了心理危机，幸亏心理咨询老师及时介入，采取了干预措施，帮助李兰同学重新树立了生活的信心。校园心理危机事件时常见于报纸、网络，我们有必要了解心理危机，预防心理危机的发生，做到防患于未然。

项目 7　珍爱生命　应对危机：做活出精彩的高职生

一、心理危机概述

（一）心理危机的含义

心理危机是危机的一种，对于心理危机的定义，有多种解释，比较得到公认的定义是美国心理学家卡普兰提出的："当一个人面对困难情境，而他先前处理问题的方式及其惯常的支持系统不足以应对眼前的处境，即他必须面对的困难情境超过了他的能力，这个人就会产生暂时的心理困扰，这种暂时性的心理失衡状态就是心理危机。"

综合多种对心理危机定义的解释，可以将心理危机概括为三个方面：① 存在内外部双重的重大应激；② 用通常应付方式暂时无法应对；③ 是一种主观的认识和体验。当事人感受到的是一种心理失衡的状态，产生抑郁、焦虑等急性情绪扰乱。如果不能得到及时的缓解和控制，当事人在情感、认识、行为方面会出现功能紊乱，甚至导致精神崩溃。

（二）心理危机的特征

1. 普遍性

在人的一生中，每个人在一定情况下都有可能发生心理危机，对于正处在由不成熟走向成熟的过渡阶段的高职生来说尤其如此，由于自身心理的不完全成熟和不稳定性，心理危机在高职生群体当中更具有普遍性。虽然心理危机具有普遍性，但是完全相信个体能够通过自我调节的方式来正确、冷静地处理任何危机是不明智的，在必要之时还是必须进行干预。

2. 复杂性

心理危机的复杂性表现在：引起心理危机的原因是多种多样的，有内部的、外部的原因；心理危机的发生不一定遵循一般的因果关系规律；心理危机发生的程度与生活刺激事件的强度不一定成正比，有些个体能够成功战胜危机，有些则不能，这更多地取决于个体对生活事件的认识、应对能力和人格特征等。

3. 动力性

动力性是指心理危机中焦虑的过程和冲突是永远存在的，这为情绪紧张提供了动力的变化。汉语中的"危机"一词包含着双重的含义："危"有危险之意，"机"有机会、机缘之意，在危险之中暗藏着转机。

4. 时代性

高职生心理危机的发生与时代背景密切相关，往往打上了深刻的时代烙印，体现着社会发展新的要求。

（三）心理危机的类型

根据心理学家布拉默对危机所作的分类，结合高职生在成长过程中所遇到的心理危机的诱因分析，高职生心理危机可分为三类。

1. 发展性危机

发展性危机又叫适应性危机，是指个体在其成长过程中，遭遇环境或其他生理的急剧变化所导致的异常应激反应。根据埃里克森提出的人的一生经历八个阶段的成长理论，个人在成长的不同阶段要完成不同的成长任务，每个成长阶段的更替都可能是一次危机。如能顺利度过，则能得到成长，这是正常的成长过程中的烦恼。但如果不能顺利度过，则可能导致真正的心理危机的发生。

2. 境遇性危机

境遇性危机是指个人无法控制或预测的突发或超常事件引发的心理危机。如亲人去世、父母离婚、自然灾害等，这种危机具有随机性、突然性和强烈性，给当事人带来巨大的内心冲击。

3. 存在性危机

存在性危机是指一些人生中的重要事件出现问题而导致的个人内心的冲突和焦虑，是伴随重要的人生目的、人生责任和未来发展等内部压力的冲突和焦虑而导致的危机。高职生对死亡、自由、孤独和自我认同等问题的深入思考、存在性心理危机的顺利解决，对他们树立正确的人生观、价值观和世界观有着重大的影响。

（四）心理危机的发展阶段

心理学研究发现，个体对危机的心理反应通常经历四个不同的阶段，但由于个体应对和处理危机的方法不同，不同的个体在各阶段的行为表现以及所得到的结局可能有所不同。

1. 冲击阶段

当危机事件突然发生时，个体感到震惊、恐慌、不知所措。如突然听到家乡发生了地震或洪水的消息，亲人被诊断患了某种严重的疾病时，个体会表现出无比的担心、恐惧和焦虑情绪。

2. 防御阶段

个体在应对突发的、从来没有遭遇过的危机事件时的本能反应就是在"逃避或拼搏"之间做出选择。当个体发现无法以自己的力量来抗衡的时候，大多数人就会选择逃避；继而又会在心理上努力寻求恢复心理上的平衡，控制自我的焦虑和情绪紊乱，恢复受到损害的认知功能。当危机事件的冲击超出了个体的承受能力时，个体通常就会采取否认和合理化等应对反应。

3. 解决问题阶段

个体会积极尝试采取各种方法接受现实，寻求各种资源努力设法解决问题。如果应对顺利，焦虑开始减轻，自信增加，社会功能得到恢复。

4. 成长阶段

经历了危机之后，个体会重新体验和反思自己的心理变化过程，可能变得更加成熟，获得更多和更有效的应对心理危机的技巧。但也有人采取消极应对而出现种种心理不健康的问题。

（五）心理危机的影响因素

心理危机的产生是一个复杂的过程，通常情况下是应激源因素和个体易感性因素共同作用的结果。应激源是能引发心理危机的事件，如失恋可以是一个应激源，但事件本身不一定会直接引发心理危机，还要通过个体的应对因素发挥作用，即个体的易感性因素，包括人的性格特征、应对方式等，如特别敏感和内向的人在面对失恋的时候，比外向的人更容易产生心理危机。如图7-1所示。

同样的事件发生在不同的人身上，其结果会不一样。比如，A和B两个人同时失恋，A的朋友比较多，失恋后有很多人安慰他，同时A又是一个乐观的人，那么A因为失恋这个事而产生心理危机的可能性就比较小。而B则相反，B是一个性格孤僻的人，本身没有什么朋友，对待社会和恋爱又比较敏感，还有人嘲笑他，因此B产生心理危机的可能性就比A要大。如图7-2所示。

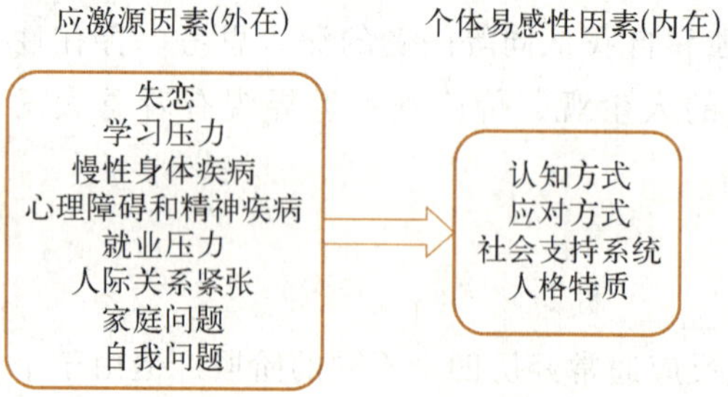

图7-1 心理危机产生机制

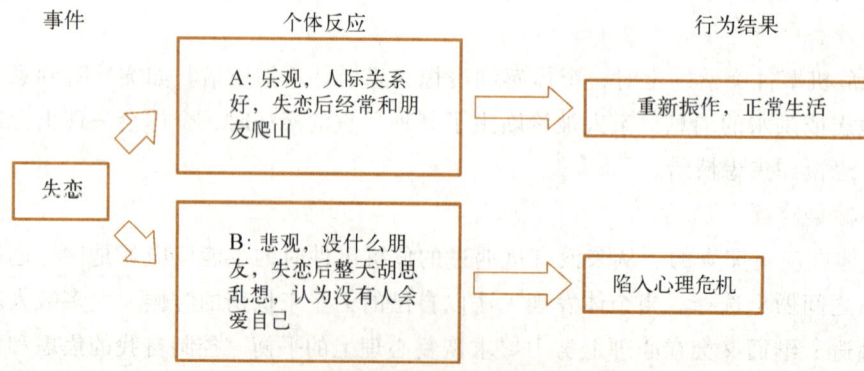

图7-2 心理危机产生举例

引发高职生心理危机的应激源因素和个体易感性因素有哪些？

1. 应激源因素

所谓应激（stress），是指个体对察觉和认知的某种有威胁的情境或事件所做出的一种保护性反应。引起应激反应的刺激叫应激源。人类所面临的山崩地裂、风雨雷电、火山爆发、洪水猛兽等自然灾难是最古老和持续的应激源。随着社会的发展，人类认识自然和改造自然的能力逐渐提高。人际间的生活事件上升成为主要的应激源。这些事件包括陌生的环境、拥挤、噪声、人际关系冲突、各类考试、婚姻矛盾、工作压力等。心理学研究发现，高职生正处在生理发育基本成熟和部分心理发展相对滞后的特殊时期，人生观、价值观和世界观逐渐形成，心理状态还不稳定，极易受到外界的影响。当前引发高职生心理危机的具体问题有：

（1）一些长期的、慢性的身体疾病和精神疾病，特别是心理障碍如抑郁症、焦虑症等。

（2）学习压力和对大学环境的不适应。

（3）情感问题，如失恋的打击、三角恋的纠纷等。

（4）人际关系问题，和别人发生冲突、被孤立等。

（5）就业形势严峻，未进行生涯规划。

（6）家庭问题，如丧亲、家境突变等。

2. 个体易感性因素

个体遇到问题，并不一定会发生心理危机，在现实生活中，并不是每一个失恋的人都会伤心欲绝，并不是每一个找不到工作的人都会悲观绝望，绝大多数的人都会从阴霾中走出来。其决定性因素就是个体易感性因素。有了应激源的存在，是否会发生心理危机，其实是通过个体易感性因素起作用的。一般个体易感性因素主要有以下几种。

（1）认知方式。

认知方式是个体对自我及周围环境的认识。对外在事件的认知在个体应对危机事件的过程中起着重要作用。比如归因风格，有的人习惯把失败归结为自己的原因，而把成功归因为运气，这类人就比较容易产生心理危机。还有人习惯负面思维模式，看问题总看到消极的一面，在遇到问题和挫折的时候也易产生心理危机。

（2）应对方式。

应对方式又称应对策略，是个体在应激期间处理应激情境、保持心理平衡的手段。有的人遇到问题时积极想办法解决问题，而有些人就回避问题；有的人会寻求他人帮助，而有些人宁愿自己一个人去解决问题。相比而言，回避问题和独自解决问题的人易产生心理危机。

（3）社会支持系统。

社会支持系统是个人可用于整合以充实应对资源的社会联系。高职生的社会支持系统包括家人、同学、朋友、老师、学校各级组织等。个体如果没有一个质量较高的社会支持系统，就容易陷入危机。

（4）人格特质。

人格特质包括气质和性格两个部分。气质有四种类型：胆汁质、多血质、黏液质和抑郁质。胆汁质的人往往比较急躁、情绪易激动、做事冲动，容易走极端，而抑郁质的人则相反，他们比较敏感、不善于与人交流，情感体验深刻，在困难面前常常怯弱、自卑，容易走进死胡同，所以，胆汁质和抑郁质的人易产生心理危机。对于性格来说，内倾型和顺从型性格的人易产生心理危机。

知识窗：人格特质

二、应对心理危机

（一）心理危机识别

研究表明，高职生心理危机的识别主要从以下情绪、认知、行为、躯体四个方面进行。

1. 情绪方面

高职生心理危机的情绪表现，如突然发生改变，明显不同于往常，表现出高度的焦虑、紧张、丧失感和空虚感，且可伴随恐惧、愤怒、羞惭等，就有发生心理危机的可能。

2. 认知方面

高职生心理危机的认知表现，如身心沉浸于悲愤忧虑中，导致记忆和知觉改变，难以区分事物的异同，体验到的事物间关系含糊不清，做决定和解决问题的能力受影响，有时害怕自己发狂等，这些都是在应激状态下认知功能受到损害的结果。

3. 行为方面

高职生心理危机的行为表现，如不能专心学习或劳动，交往意愿下降，回避他人或以特殊方式使自己与社会的关系破裂，可发生对自己或周围的破坏性行为；拒绝帮助，认为接受帮助是软弱无力的表现；行为和思维情感不一致，出现过去没有的非典型行为。

4. 躯体方面

高职生心理危机的躯体表现，如出现失眠、头晕、食欲不振、胃部不适等症状。

（二）危机应对的结果

因为个体的心理素质和应对方式不同，以及所拥有和利用的社会资源的差异，不同的个体经历心理危机时的表现和结局是千差万别的。

心理危机应对的常见结果有如下几种。

（1）个体顺利渡过危机，个体心理健康状况恢复到危机事件之前的水平。有些个体更从危机事件的处理过程中学会了应对危机的策略和方法，心理素质进一步提高，危机被化作人生阅历的财富和精彩人生的故事。他们会从所经历的危机中总结出一些人生的经验，并且可以谈笑风生地向别人讲述这些经验。

（2）个体勉强度过了危机，但留下心理创伤，这些创伤成为个体一个较持久的心理阴影和情结，对个体的认知、情绪情感和行为模式、社会功能带来负面或消极的影响。个体从此表现为不能接触可能诱发这些与创伤记忆有关的事物或情景；他们回避谈论与创伤有关的话题；他们憎恨和仇视那些造成创伤的相关的人。

（3）个体经受不住强烈的应激刺激和危机事件的打击，或表现为精神失常等应激性疾病障碍，或采取自残等极端的消极应对方式。但这些极端的反应方式可以是即时冲动的，也可以是延迟发生的。

（4）个体未能顺利度过心理危机，或从此出现神经症等慢性心理疾病，或表现多种多样的身心疾病。

（三）心理危机预防：从"健心"做起，构筑心灵防火墙

构筑心灵防火墙，主要从"健心"做起。具体包括以下几个方面。

1. 培养积极认知

认知对于人在应对危机事件的过程中起着非常重要的作用。在《追寻生命的意义》一书中作者描述了他在奥斯威辛集中营的生活，他看到了三类不同的人：一类人主动寻求死亡；一类人主动寻求生存；还有一类人是被动地生存。这三类人面临同样的集中营生活：残酷、冷漠、随时对生命都有威胁。他们一直处于危机中，但他们的反应却不一样，在这里起重要作用的就是认知。

消极认知：我做什么都没有用，在这里太痛苦了，我还不如主动结束自己的生命。

积极认知：我要努力生存，就算环境再恶劣，我也要生存下去，这种日子总会结束的。

2. 建立良好应对方式

应对方式会直接影响到心理危机是否能够得到有效解决。

通常情况下人的应对方式主要有以下三种：

第一种，解决问题——求助成熟型。这类人在面对应激事件时，常采用"解决问题"和"求助"等成熟应对方式，在生活中表现出一种成熟的人格特征。

第二种，自责——不成熟型。这类人在生活中常以"退避""自责"和"幻想"等应对方式应对困难和挫折，表现出退缩的人格特征。

第三种，合理化——混合型。合理化既表现为第一种成熟应对方式，也有第二种退避、自责应对，这类人的应对方式是集成熟与不成熟于一体，表现出一种矛盾的心态和两面性的人格特征。

3. 构建社会支持系统

构建社会支持系统就是要构建一个来自他人关心和支持的系统，包括家人、同学、朋友等。作家汤姆拉斯认为，有八种朋友必不可少，分别是成就你的朋友、支持你的朋友、志同道合的朋友、牵线搭桥的朋友、为你打气的朋友、开阔眼界的朋友、给你引路的朋友、陪伴你的朋友。

4. 培养符合主流文化价值的人生观、价值观和爱情观

心理危机除了有一定的具体诱因外，最重要的就是受当事人的人生观、价值观和爱情观的左右。从这种意义上说，许多因心理危机发生极端行为的青年，都是偏执地将生命价值与某些具体的生活问题（例如爱情）捆绑在一起，当这种具体问题受挫时，就错误地认为人生的意义和价值随之终结。所以，正确的人生观、价值观和爱情观对预防心理危机事件具有基础性的意义和作用。

5. 通过各种社会实践，提高抗挫折能力

高职生要自觉参加军事训练、社会调查、体能训练、生产劳动、实习设计等各种实践活动，提高对挫折和困难的承受能力和自主解决问题和克服困难的能力。

（四）心理危机进行时：自助与求助

有人说："我可以拿走人的任何东西，但有一样东西不行，这就是在特定环境下选择自己的生活态度的自由。"的确，当我们不能回避失败和危机时，我们可以选择自己的态度和应对策略。当个体遭遇到心理危机时，一是要学会自助，二是要学会求助，三是学会帮助他人。

1. 心理危机的自助

（1）理智。

在激情状态下，人们往往缺乏理智，感情容易失控，从而产生更为严重的行为后果。因此，在不良情绪状态下，特别是激情状态下，要善于用理智来控制情绪，如通过自我暗示来提醒自己，努力使自己平静和冷静下来，仔细分析一下自己情绪产生的各种前因后果，想一想自己的行为和情绪反应可能给自己和别人造成什么样的后果，这样做是否合理，是否值得，是否还有其他更适合的方法来解决所面临的

问题，做到"三思而后行"。

（2）代偿。

通过理智分析，有时会发现原来的目的是无法实现的，在这种情况下，可以转移方向，以其他能获得成功的活动来代替，借此弥补因失败而丧失的自尊与自信。如我国著名的田径运动员胡祖荣，因腰部受伤造成瘫痪，不能在运动场上称雄，转而钻研体育理论，同样取得了巨大成功。

（3）升华。

升华是指将不为社会所认同的动机或欲望导向比较崇高的方向，使其具有创造性、建设性，有利于社会和本人时。我们经常说"化悲痛为力量"，就是这个意思。这是一种较高水平的自我防御方式。贝多芬和歌德年轻时都曾遭受过失恋的打击，但他们能把失恋的痛苦化为奋斗的动力，终于成为世界闻名的音乐家和诗人。

（4）宣泄。

将内心不良的情绪体验宣泄出来，往往可以减轻情绪反应的强度，缩短情绪体验的时间，从而使情绪得以较快恢复平静。如遭受挫折或委屈后大哭一场，把心中的不满和愤怒倾诉给别人，或写在日记上，都能起到宣泄情绪的效果。

（5）转移。

将自己的注意力从引起不良情绪的刺激上移开，也可以控制不良情绪的蔓延和加重。在烦闷的时候，可以找一些知心的朋友聊聊天，做一些自己感兴趣的事情，参加体育运动，或回想以前发生的令自己感到愉快的事，这些做法都可以使不良的负面情绪得以减轻。

（6）合理化。

当一个人追求某项事物而得不到时，为了冲淡内心的不安，常为失败找一个冠冕堂皇的理由，用以安慰自己，这叫"合理化"。如，有的高职生失恋了，便贬低对方，说不值得自己爱，这叫"酸葡萄心理"。与此相反的是"甜柠檬心理"，即百般强调凡是自己所有的东西都是好的，以减少内心的冲突和痛苦。这两种看似自欺欺人的方法，如果运用得当，也不失为一种帮助高职生接受现实，接受自己的好方法。

2. 心理危机的求助

（1）寻求社会支持。

当自己在生活中遭遇一些危机事件，如家庭重大变故、身体疾病、失恋等，要寻求必要的社会支持，如学校老师、同学和朋友等，集众人的力量帮助自己走出困境。如老朋友交流，寻求认同感；校园同乡、室友交往，寻求归属感；老师、辅导员帮助，寻求安全感。这时要注意的是，当我们在寻求他人帮助时都会担心是不是会给别人添麻烦，别人会不会不愿意帮助自己。在有危机时，要相信大多数人会愿意伸出援助之手。

（2）寻求专业帮助。

当遭遇心理危机后，往往会出现一些应激症状，如情绪低落、失眠、面容憔悴、胃口不好等，通常这些应激反应都会在一两周左右减少或消失。如果这些症状持续两周以上，那就要寻求心理咨询中心等专业机构的帮助，切勿讳疾忌医。

3. 救助他人

当你身边的同学在学习、生活中遇到困难时，一句温暖的话语、一个微笑也许能给予他信心和力量；当你发现同学出现心理问题和危机后，你个人力量可能无法帮助他走出困境，这时要鼓励他到专业的心理咨询机构寻求帮助；当发现同学情绪、行为异常时，要立即向学校或心理咨询机构报告，以便及时进行干预。

案例 7-1

某职业院校大二学生王某，就读动漫设计专业，喜欢动漫和网络游戏。她平时人际关系良好，担任班级文娱委员，是系里文艺汇演的骨干。可是在2018年某天，她从教学楼的七层一跃而下，结束了自己年轻的生命。经当地公安调查，排除了他杀。原来，她在大一时交了一个男朋友，两人是同乡，感情迅速升温。可是暑假回校后，该男生对她逐渐冷淡，最后提出分手。王某经受不了打击，多次找该男生理论，仍然无法修好，最终选择了结束自己的生命。

知识窗：广州心理危机干预中心

分析 王某因为感情问题无法得到正确、及时的解决，想不开而导致了自杀的后果，这实在让人惋惜。高职生应当树立正确的恋爱观和爱情观，在感情遇到挫折时，不要偏执，应与朋友多交流，学会正确的处理感情问题。

三、培养感恩之心

（一）孕育感恩之情

1. 感恩的含义

"感恩"意为慈悲、好心和感激。它是中华民族的传统美德，影响了一代又一代的中国人，如"知恩不报非君子""投我以桃，报之以李"，均是表达感恩之情，至今广为传诵。关于感恩的定义存在多种观点，如"乐于把得到好处的感激呈现出来且回馈他人"。

哲学界认为感恩是所有美德之父，是一种推动个体关心他人和传递支持性社会联系的道德情感；或者认为感恩是一种即时的情绪体验，是个体在受到恩惠时产生的一种感激和愉悦的感受。总而言之，感恩，是对外界施与自己的恩惠在心里产生认可并意欲回馈的一种认识、情怀和行为。哲学家尼采说："感恩即是灵魂上的健康。"真正的美德必然包含着感恩，它是一种宝贵的精神品质，带给人们光明和温暖。

2. 人为何要感恩

人为什么要感恩？感恩能带给我们什么？对于这个问题，人们常常不知道自己对感恩的需要往往超过了外界对我们感恩的需要。

（1）感恩促进身体健康。

感恩与爱、满足感一样，能让我们的身体变得更强壮，更能抵御疾病的侵袭。美国心脏病数据研究院的罗林·麦克克拉提博士对1 550人进行了长达5年的跟踪调查，结果发现，那些对周围的人或事怀有感恩之心的人，健康状况更好，发生高血压的概率也更低。同时研究表明，感恩也可以促进睡眠，通过积极的睡前认知（如不会做噩梦、好人有好报等）提升个体睡眠质量和数量，减少睡眠潜伏期，从而促进精力恢复。

"无论是对已经取得的成就，还是对自己依然健在这个事实本身，对你现在所拥有的一切心怀感激，这份感激之情和满足感可以促进催产素的分泌。"研究人员解释，催产素号称"信任激素"，由下丘脑分泌，它能调节自主神经系统，也能调节脑部其他主管情绪和社会行为区域的活动，能起到放松神经系统，释放压力的作用。感恩之心能增强身体的免疫功能，令身体更加健康。

（2）感恩提升个人幸福感。

研究表明，感恩是对个体幸福感影响最大的人格特质之一，美国心理学家埃蒙斯说："充满感激之心的人会感受到更多积极的情感，比如喜悦、热情、爱恋、幸福和乐观。"感恩让我们珍惜生活中的已有之物，大大提高了个体对幸福的感受能力。

被誉为继爱因斯坦之后最杰出的理论物理学家斯蒂芬·威廉·霍金说："我的手还能活动；我的大脑还能思维；我有终生追求的理想；我有爱我和我爱着的亲人与朋友；对了，我还有一颗感恩的心……"这是霍金在轮椅上生活三十多年以后说的话。

感恩不是一种表面化的感谢和报恩，它更是一种知足、宽容的生活态度以及对他人的付出所表示的理解与尊重。一个人的快乐不在于他拥有得多，而在于他计较得少。一个有感恩之心的人更懂得珍惜自己拥有的东西，会对这个世界有更多的宽容和接纳，他不会抱怨，不会觉得世界欠了自己什么，会为自己无以回报这个世界的慷慨而内疚不安。一个心怀感恩的人，必然是一个热爱生命的人。

就像霍金所说："尽管生命看似很坏，但你总能找到事做，也会像别人一样取得成功。有生命，就有希望。"

（3）感恩促使良好社会风气的形成。

心理学研究发现，感恩是一种促进个体亲近社会的道德情感，通过施惠者对受惠者的帮助能使受惠者产生感激之情，这种感激之情能够促进良好的人际关系，增进彼此的信任。感恩遵循了等价有偿原则，符合社会公平观，它传递的是人与人之间的善意、尊重和许可，当我们对他人的付出由衷地表示感激和尊重时，这份感恩之心将拉近人们之间的距离，消除彼此之间的隔阂，使人与人之间的关系变得更加和谐，我们的社会也会因此变得更加美好。

（二）明晰感恩之路

1. 感恩的对象

（1）感恩父母。

感恩的对象当中首先要感谢父母，俗语云"百善孝为先"，父母赋予生命，从呱呱落地那一刻起，父母就用他们的肩膀给我们撑起了一片爱的晴空，在我们的成长过程当中付出了无数的心血。古人云：哀哀父母，生我劬劳。父母的恩情比海还深。谁言寸草心，报得三春晖？父母的恩情是怎么也报答不完的。

感恩父母，不需要做惊天动地的大事，只需要从心出发，用心体会父母的艰辛和不易，为父母多做一些力所能及的事情，比如在父母劳累后为他们揉揉肩，捶捶背，与父母多说说知心话，多交流。《常回家看看》这首歌唱道："老人不图儿女为家做多大贡献，一辈子不容易就图个团团圆圆。"孝敬父母、感谢父母是做人之本。

（2）感恩老师与亲朋好友。

感恩老师的传道授业，在人生道路上，老师带领我们遨游知识的海洋，启迪了智慧，开化了蒙昧，让我们一步步从幼稚走向成熟，从无知走向文明。感恩亲朋好友的信任与支持，无论是欢乐幸福还是痛苦失落的时刻，都伴随在我们身边，与我们一起分享快乐，分担痛苦。在成长的道路上，离不开所有这些给予无私教导、帮助与支持的人，感恩老师与亲朋好友是立德之本。

（3）感恩挫折。

有一个关于美国前总统富兰克林·罗斯福的故事。一次，罗斯福家中被盗，丢失了许多财物。一位朋友闻讯，忙写信安慰他，劝他不必太在意。罗斯福给朋友写了一封回信："亲爱的朋友，谢谢你来安慰我，我现在很平安，感谢生活。因为，第一，贼偷去的是我的东西，而没伤害我的生命；第二，贼只偷去我的部分东西，而不是全部；第三，最值得庆幸的是，做贼的是他，而不是我。"对任何一个人来说，被盗绝对是不幸的事，而罗斯福却找出了感谢和庆幸的三条理由，从不幸的事情当中寻找到正面的意义，不耽溺于负面的情绪之中，这是人生智慧的体现。

"生于忧患，死于安乐。"感恩挫折，让人们学会了坚强，学会了成长，磨砺了人们的品格、意志，激发起奋发向上的雄心和勇气，使人生变得更加丰富和充实。生命不息，奋斗不止，迎接挑战，人生才能取得长足的进步。

2. 感恩的过程

感恩具有其特定的过程性以及阶段性。高职生的感恩过程主要由识恩、知恩、念恩、报恩、传恩、施恩等基本环节构成。

（1）识恩。

人有内在的良知，认识恩德，感知恩惠，这是感恩的最初的一步，也是心灵的第一次飞跃。俗话说：熟视无睹。明明有恩于你，但你视而不见；别人有恩于你，觉得是应该的。由此，当代高职生迫切需要有一个认知、体验"恩"的经历。这种认知感受、体验越真切、越丰富，就越知道自己承载着的"恩"有多少。

（2）知恩。

理解恩德，觉悟恩德。这是在识恩的基础上的又一次飞跃。明白要感谁的恩，感什么恩，恩情究竟有多深，如感知父母之恩、师长之恩、家乡之恩、祖国之恩、社会之恩等。虽然别人对你的恩情，你可能感受了、体验了，但并不等于理解了、觉悟了，需要有一个知恩的过程。在这一过程中，应理解恩之意义和真谛。这样才能达到感恩的理性认识，即知恩。

（3）念恩。

从知恩到报恩往往不会是短暂时间即能达到的，而应是一个需要坚持努力的过程。在此期间，则需要对得到恩德的"知恩"加以强化、巩固，以免淡化或是遗忘，念恩就是对知恩的强化的具体体现。没有情感体验的知恩是肤浅的，没有强化的知恩是短暂的。高职生要通过情感、行为的持续体验，在学习中体验，在想象中体验，在生活中体验，形成对自己所感知的恩惠的刻骨铭心记忆。

（4）报恩。

回报恩德，报答恩情，是中国传统伦理道德。恩情有很多，养育之恩、救命之恩、知遇之恩、培育之恩等。感恩、知恩是认识上的两次飞跃、两个阶段，报恩则是见诸行动、实践上的飞跃。每个人的能力有大小，但只要是真正地去用行动来报恩，对被报答者来说同样都是幸福的。报答恩德，不一定非要钱财珠宝，哪怕是一封书信、一个电话、一个短信、一声问候、一次探望，只要是真诚的，只要是尽心尽力了，就是感人的、难得的、美好的。

（5）传恩。

在报恩的前提下，还需要努力做到传恩。所谓传恩，指的是一个人得到恩惠之后，有义务向外界传播、颂扬施恩者的善行善心，能够让更多的人知道现实世界中的好人好事，分享快乐与幸福，给更多的人带来真情的感动与美好的期盼。

（6）施恩。

感恩的最高境界是施恩。施恩不图报，施恩不索报，是超越自我价值的一种更高的精神境界。脱离了个人的利益局限而面向公众实施善举，这样的人才会心情愉快地去帮助别人，也才会让接受帮助者感到舒心。

（三）投身感恩之举

1. 感恩冥想

感恩冥想会帮助个人建立感恩的思维模式，获得更佳的生活状态和发自内心的真正喜悦。每天醒来时，不妨这样提醒自己："我真是个幸运的人！今天又能安然地起床，而且又是一个崭新的完美一天。我应该好好珍惜，去扩展自己的内心，将自己对生活的热情传递给他人。我要常怀善心，要积极地帮助别人，而不要对别人恶言相向。"

每天花上两分钟时间，默想自己想要为之感恩的三件事，例如：我今天吃了一顿不错的午饭、今天感觉精力充沛等，这三件事不仅让你觉得需要感恩，而且如果没有这三件事的发生你的生活将会变得很糟糕，接着再想想这些事之所以会发生的原因。长此以往，养成感恩的思维模式，个人对生活的满意度、幸福感会大大提升，同时你也为其他人树立了一个良好的榜样，让他们看到，感恩可以改变生活。

2. 写感恩日记

记录下让自己感恩的事情，不在于记录得多或少，而在于形成一种习惯。心理学家埃蒙斯建议每隔一天写5～10分钟日记，他说："你真的需要专心投入，如果你都写下来，最终会成为习惯。就像做锻炼需要有一个计划，你要有一个感恩行动计划，无论是早起写日记还是晚上睡前写都可以。"但是要注意，在记录下这些感恩的事情的时候，如果没有真正感受到感激的情绪，只是表面功夫，并没有太大意义，重要的是在记录的时候，要真正用心感受这些让你觉得感恩的事情。

3. 使用正确的语言表达

正确的语言表达，主要是指使用正面的、积极的词汇要多于使用负面的、消极的词汇。语言具有暗示的作用，心理学家安德鲁·纽伯格和马克·瓦德门的研究发现，人们所使用的词汇会改变人的神经系统的活动，有些正面的词汇，比如说"爱、和平、感激"等，可以激发人的大脑前额叶的神经冲动，让人们更加智慧，更加聪明，更加愿意从事有利于他人和自己的行动，而且人们的心理抗压能力也更加坚强。正所谓心口一致，言行统一，多使用正面的、积极的词汇可以让人们的生活变得更加的美好。

4. 用实际行动对他人表达感恩

将感恩之心付诸行动，面对感恩的对象，写一封感恩的信，打一个感恩的电话，或者送一个小礼物、一个拥抱等，用实际行动来表达对他人的感恩。在行动的过程中，就会产生一种正面、积极的心理体验，他人也会因为我们的感恩行为而倍感生活的美好。

单元三　心理训练与素质拓展

一、心理训练

（一）心灵思考

导语　假如今天就是世界末日，现在给你一艘船，你可以带9样东西上船，比如各种物品、食物等，也可以带上自己的亲人朋友。但记住只能带9样。请你把他们一一写在纸上，记住一定要写9样，不能多也不能少。

接下来，船开始遇难，你每次可以抛一样东西，请按顺序把想抛掉的东西画掉，最后只留下一样东西，你和＿＿＿＿＿＿＿＿＿＿＿＿＿＿＿＿＿上岸，理由是＿＿＿＿＿＿＿＿＿＿＿＿＿＿＿＿＿＿＿＿＿＿＿＿＿＿＿＿＿＿＿＿＿＿。

（二）活动训练

我的生命线

活动目的　通过游戏，对"过去的我""现在的我"和"未来的我"做出评估和展望。

活动过程

1. 指导老师请每个同学画一条生命线，起点标示出生，终点是预测的死亡年龄。在生命线上标出你现在的位置，闭上眼睛静静思考一下你过去最难忘的三件事情，明确将来最想做的三件事情。

2. 同学们填写好之后，大家一起分享交流。每个人都拿出自己的生命线给其他人看，边展示边说明，注意自己与他人内心的反应。

活动分享

假如生命还有三天

活动目的　让学生明白人的生命是短暂的，也是宝贵的。使其从现在开始就去做自己想做的事，不要给自己的人生留下太多遗憾。

> 活动过程

1. 给每位学生发一张纸，每人在纸上写出假如生命只有三天自己会去做的事情。
2. 然后依次向右传，请其他学生写下他们对这位学生的鼓励或建议。直到这张纸最后落到主人的手里。
3. 每位学生仔细阅读他人写给自己的鼓励或建议。
4. 请学生们大声念出自己"三天生命的规划"，并对他人表示深深的感谢。

其实每个人都有遗憾，也都想去挽回，只是没有去做，与其等到那个时候，不如现在就去做。如果把每一天都当作生命的最后一天来过，那生命一定更加精彩。

> 活动分享

_____
_____
_____

二、素质拓展

（一）心理测试

心理承受力自测问卷

导语 请仔细阅读下列题目，并根据自己的实际情况，对下列题目做出"是"或"否"的回答。对这些问题的回答不要做过多时间的考虑。

1. 你认为自己是个弱者吗？　　　　　　　　　　　　是　　否
2. 你是否喜欢冒险和刺激？　　　　　　　　　　　　是　　否
3. 你生活在使你感到快乐和温暖的团队里吗？　　　　是　　否
4. 如果现在就去睡，你担心自己会睡不着吗？　　　　是　　否
5. 生病时你依旧乐观吗？　　　　　　　　　　　　　是　　否
6. 你是否认为家人和朋友需要你？　　　　　　　　　是　　否
7. 晚睡两个小时会使你第二天明显地精神不振吗？　　是　　否
8. 看完惊险片很长一段时间内，你一直觉得心有余悸吗？是　　否
9. 你常常觉得生活很累吗？　　　　　　　　　　　　是　　否
10. 你是否有一些无话不谈的知心朋友？　　　　　　 是　　否
11. 当工作业绩不理想时，你会感到非常沮丧吗？　　 是　　否
12. 你认为自己健壮吗？　　　　　　　　　　　　　 是　　否

13. 当你与某个同事闹意见后,你一直无法消除相处时的尴尬吗? 是 否
14. 大部分时间你对未来充满信心吗? 是 否
15. 你有一个关心、爱护你的家吗? 是 否
16. 当你的工作出现失误时,你在事情过后很久还会感到郁闷吗? 是 否
17. 每到一个新地方,你是否常常会出些问题,如吃不下饭、失眠、腹泻、头晕等? 是 否
18. 即使在困难时,你还是相信困难终将过去吗? 是 否
19. 你明显偏食吗? 是 否
20. 当你与朋友、同事发生不愉快时,你是否有过绝望的念头或极端行为? 是 否
21. 你是否每周至少进行一次所喜爱的活动,如登山、打球、跳舞等? 是 否
22. 你觉得自己有些神经衰弱吗? 是 否
23. 你认为你的老师喜欢你吗? 是 否
24. 心情不愉快时,你的饭量与平时差不多吗? 是 否
25. 看到苍蝇、蟑螂等讨厌的东西,你感到害怕吗? 是 否
26. 你相信自己能够战胜任何挫折吗? 是 否
27. 你是否常常与同学们交流看法? 是 否
28. 你常常因为想心事而躺在床上久久不能入睡吗? 是 否
29. 在人多的场合或陌生人面前说话,你是否感到窘迫? 是 否
30. 你是否认为你受到的挫折与其他人相比,根本算不了什么? 是 否

评分规则与解释

第2、3、5、6、10、12、14、15、18、21、23、24、26、27、30题答"是"记1分,答"否"记0分。其余各题答"是"记0分,答"否"记1分。各题得分相加,统计总分。本次测验我的总分是_____。

总分0~9分:你的心理承受能力差。你遇到困难易灰心,常有挫折感。

总分10~20分:你的心理承受能力一般。你能轻松地承受一些小的压力,但遇到大的打击时,还是容易产生心理危机。

总分21~30分:你的心理承受能力强。你能在各种艰难困苦面前保持旺盛的斗志。

（二）心灵探索

快乐小虾成长记

活动目的 体验成长过程的艰辛。

活动过程

各小组成员蹲着围成一个圆圈，此时大家各自扮演小虾。每只小虾找到跟自己相同等级的成员猜拳，胜出者成长为中虾，成半蹲状，失败者继续扮演小虾蹲着，并继续寻找同为小虾的成员猜拳；成长为中虾的成员可以继续寻找同等级的中虾猜拳，中虾胜出为大虾，大虾站直了可以继续和其他小组胜出的大虾猜拳，大虾胜出后可以回到座位上，算成长结束。

活动分享

1. 成长的过程要经历很多困难，你的活动感受是 _____。

2. 生命无疑是非常宝贵的，成长的过程更是艰辛，一只小虾的成长尚且需要经历各种磨砺，更何况是人，因此，我们要 _____。

（三）艺文鉴赏

1. 心理影吧

《美丽人生》

推荐理由

《美丽人生》（图7-3）是1997年意大利出品的一部影片，描写第二次世界大战时残酷黑暗的纳粹统治和集中营的生活。影片以德国法西斯捕杀犹太人为背景，讲述一个心地善良而且生性乐观的犹太青年与一位美丽的意大利姑娘邂逅相识并很快结婚生下一名男孩。然而美好的生活没有持续多久，法西斯占领了他们所在的城市，将他们抓进集中营做苦役。年幼的孩子并不知道自己处于怎样残酷的环境之中，慈爱的父亲为了不让孩子幼小的心灵印上战争的阴影并试图拯救孩子，便谎称他们是在做一个游戏……最终，父亲为保护孩子而牺牲了自己的生命。很多年后，孩子才明白是那场规则极其严厉的游戏保全了自己的生命，他的美丽人生是父亲用生命换来的。

图7-3 《美丽人生》海报

电影《滚蛋吧！肿瘤君》

> **推荐理由**

《滚蛋吧！肿瘤君》（图7-4）讲述的是熊顿的故事。29岁生日前那天，熊顿因吐槽奇葩老板而丢了工作，又遭遇极品男友劈腿而丢了爱情，还莫名其妙进了趟派出所，但坏运气并没到头，在生日聚会上欢腾过后，熊顿突然晕倒在了自己的房间。那一刻起，熊顿踏上了一段虽然痛苦但仍然充满欢乐、囧事不断的抗癌之旅……在医院里，跟熊顿相遇的每一个人都从熊顿这里获得了一种力量，即便身处人生最艰难的时刻，也一样可以对着命运微笑。同时，这些形形色色的人也给熊顿有限的生命带来了无限的精彩。令人伤心的是，熊顿还是离开了我们。令人开心的是，她走之前已经教会了我们如何用微笑赶走这个世界的阴霾。

图7-4 《滚蛋吧！肿瘤君》海报

2. 心理书吧

《活出意义来》

图7-5 《活出意义来》封面

作者：［德］维克多·弗兰克；译者：赵可式、沈锦惠；出版社：生活·读书·新知三联书店；出版日期：1991年12月。

> **推荐理由**

著名心理学家弗兰克是20世纪的一个奇迹。纳粹时期，作为犹太人，他的全家都被关进了奥斯威辛集中营，他的父母、妻子、哥哥，全都死于毒气室中，只有他和妹妹幸存。弗兰克不但超越了这炼狱般的痛苦，更将自己的经验与学术结合，创造了意义疗法，替人们找到绝处再生的意义，也留下了人性丰富光彩的见证。《活出意义来》（图7-5）曾经感动千千万万的人，它被美国国会图书馆评选为最有影响力的十本著作之一。

《超越死亡：恩宠与勇气》

作者：[美]肯·威尔伯；译者：胡因梦、刘清彦；出版社：生活·读书·新知三联书店；出版日期：2013年6月。

推荐理由

美丽、活泼、聪慧的女子崔雅，36岁邂逅肯·威尔伯，彼此一见钟情，于是喜结良缘。然而，就在婚礼前夕，崔雅却发现患了乳腺癌，于是一份浪漫而美好的因缘，引发出了两人共同挑战病魔的故事。他们煎熬过五年时间，崔雅因肿瘤恶化，终而不治。在这部死亡日记中，女主人公的叙述与男主人公的解说浑然交织为一体，宛如对话、交流、相互解读，使其内心体验成为真实的生命经验。

佳作欣赏：坚守本心，无畏现实

参考文献

［1］弗兰克尔.追寻生命的意义［M］.何忠强，杨凤池，译.北京：新华出版社，2003.

［2］克里斯多福·孟.找回你的生命礼物［M］.张德芬，汤维正，译.太原：山西经济出版社，2009.

［3］杰克·伦登.热爱生命［M］.曹剑，译.天津：天津教育出版社，2010.

［4］甘丽华.生命教育：有灵性的生命力［M］.新北：高立图书有限公司，2011.

［5］王文科.大学生生命教育概论［M］.广州：广东高等教育出版社，2013.

［6］张大均.大学生心理健康教育［M］.北京：科学出版社，2010.

［7］张建华，王自华.大学生心理健康教程［M］.北京：科学出版社，2012.

［8］李献云，费立鹏，张艳萍.负性生活事件与自杀行为研究［J］.中国神经精神疾病杂志.2008（3）.

项目 8
生涯规划 行稳致远：做有创业梦的高职生

➡ 学习目标

知识目标：
1. 理解职业内涵，了解创业具备的心理素质。
2. 掌握高职生求职面试、创业创新的基本规律。

技能目标：
通过训练和拓展，做好职业准备，培养高职生具有职业选择和应对冲突的能力，培养创业创新人才。

素质目标：
针对高职生求职创业的问题和困扰进行指导，帮助他们认识社会、了解社会，认识自我、了解自我，做好择业前的心理准备和职业准备，做一名有创业梦想的高职生！

➡ 学习指导

学习方法：
通过阅读报纸、登录相关招聘网站等方式，掌握正确选择职业和创业的方法。与优秀的学长、学姐交流座谈，了解职场和学校的区别，做好择业前的心理准备和入职准备。

学习结构图：

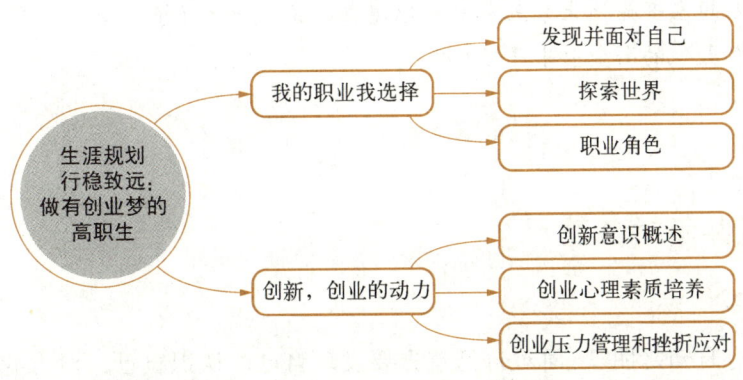

单元一　我的职业我选择

➜ 心灵小语

在职业生涯发展的道路上，只要不放弃目标，每一次挫折、每一次失败都是有价值的。

——佚名

职业生涯成功必须具备的素质：如何做正确的事，怎么正确地做事，怎样有效地做事。

——戴尔·卡耐基

➜ 案例导读

现场模拟招聘

同学们熟悉模拟面试的题目，并组成模拟面试团队进行角色扮演。角色扮演后进行分析、评价，发现自己的优势与劣势，增强就业信心。

面试参考题目：
1. 我们为什么要聘用你？
2. 为什么你想到我们这里来工作？
3. 这个职位最吸引你的是什么？
4. 你是否愿意去公司派你去的那个地方？
5. 从现在开始，未来五年里，你想自己成为什么样子？
6. 你最低的薪金要求是多少？
……

一、发现并面对自己

（一）发现自己

"人贵有自知之明。"面对自己首先要发现自己、认识自己，对自我进行恰当的评估，才能对自己的职业做出正确的选择。发现自己包括自我探索的内容和方法。

1. 自我探索的内容

自我探索的内容非常广泛，包括了解自己的性格、兴趣、特长、学识、技能、思维和道德观。对高职生而言，往往需要回答以下几个问题：

我喜欢做什么职业？
我想过什么样的生活？
我能做什么样的工作？
我愿意在什么环境下工作？

这也就是职业自我探索的三个体系：职业导向系统、职业动力系统、职业功能系统。

（1）职业导向系统。

职业导向系统包括价值观、世界观、职业伦理，这些成分引导我们去选择特定的职业，追求职业目标，接受和内化职业价值，建立正确的职业角色以及努力使职业成功，其中职业价值观是关键因素。

（2）职业动力系统。

职业动力系统包括需要、动机、兴趣、信念、理想，这些成分推动和维持我们努力去实现职业目标，克服各种困难，实现职业成功，其中兴趣是核心。

（3）职业功能系统。

职业功能系统包括气质、性格、能力，这些成分保证我们能胜任特定的职业，同时适应职业要求，并实现职业与生活的平衡，其中性格是基础，能力是保证。

我的兴趣是最好的动力源泉，帮助我进行职业聚焦，因为这些职业我可能做得最长久；我的价值观则是我看中的职业给我的回报，是我对终身追求以及工作与生活平衡的思考；我的能力决定了我适合的职业范围，是否符合职业要求；我的性格（人格类型）是喜欢与人打交道还是做事，这决定了我能否适应工作环境，是否感到舒适。如图8-1所示。

2. 自我探索的方法

自我探索并不仅仅是一个人的事，自我评价和他人评价相结合才能更全面地了解自己。对高职生来说，具体有以下方法。如图8-2所示。

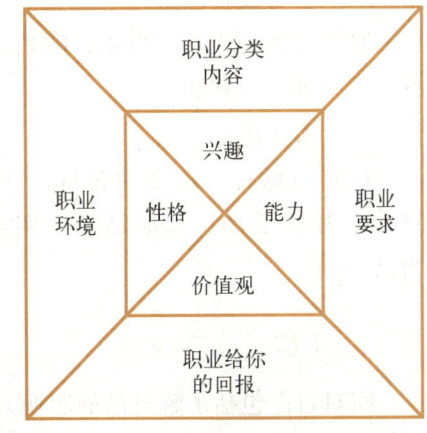

图8-1 职业自我探索分析

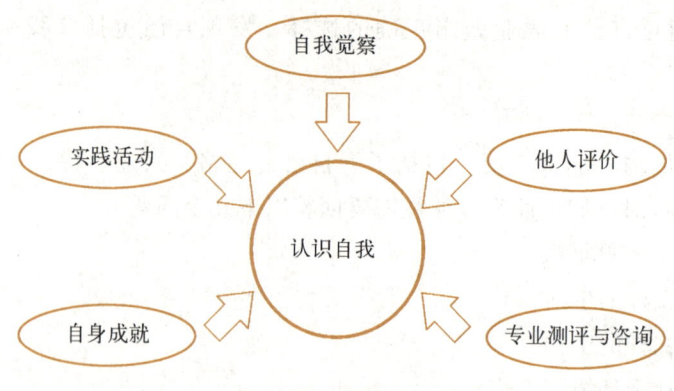

图 8-2　自我探索的方法

（1）自我觉察。

自我觉察的前提是评判，只有你对所有的发现不妄下结论才能有更多的发现，过早的评判会打扰你的反思，并带来不必要的情绪困扰。

（2）他人评价。

"当局者迷，旁观者清。"可能你会担心朋友、家人因为你们的关系而不表达真实想法，但其实如果你强调他们观点的重要性，他们大多数会给你建设性的意见。你必须说清楚你的要求并表达出诚意，你可以通过当面提问、发邮件和信件、打电话或在线聊天等多种形式来获得他人的意见。

（3）专业测评与咨询。

许多书籍、网络、期刊等都会有专业测评问卷，通常能为你的喜好、价值观和个性特点提供帮助，当然对这些测试结果只能作为参考。除此之外，你还可以通过求助于职业咨询和心理咨询专业机构来获得专业的测评和咨询以便更好地了解自己。

（4）自身成就。

那些你做得成功的事情，哪怕再小也蕴含着你的能力，一定是你的兴趣所在，并符合你的价值观和偏好。

（5）实践活动。

只有拓宽自己的活动领域，在更广阔的空间中做事情才能获得更全面的信息，如社团活动、志愿活动、实习参观，通过活动让自己有更多发现并了解自己。

（二）面对自己

面对自己包括了解自己的职业兴趣、职业价值观、职业性格以及本人的能力与优势。

1. 职业兴趣

兴趣具有极强的推动力，但不是每个人都清楚自己到底对什么样的职业感兴趣。美国著名职业心理学家约翰·霍兰德提出以下6种职业兴趣类型：

实际型（R）：喜欢与事物打交道，一般具备较强的动手操作和运动能力，喜欢户外活动。

研究型（I）：一般具备数学和科学才能，喜欢独立工作，独立解决问题。

艺术型（A）：通常有艺术才能，喜欢创造性和新颖的工作，有较强的想象力。

社会型（S）：通常喜欢与别人在一起，关注人们应如何融洽相处，喜欢帮助别人。

企业型（E）：通常具备领导和公众演说能力，对金钱和政治感兴趣，喜欢影响别人。

常规型（C）：具备文书和文字能力，喜欢室内、稳定和整理事物的工作。

了解与职业有关的兴趣，可帮助人们定位职业类型，如果能把兴趣和职业结合起来，工作本身也就成了乐事。

2. 职业价值观

价值观是指个人对人、事、物的看法，凡是你觉得重要的、想追求、很在乎的，就代表你的价值观。它能帮助人们了解自己生活的目标和意义，使人在面对决定时有较明确的选择。职业价值观也是指人们通过工作而达到的目标或取得报酬，是个体价值观在职业生活中的表现。

舒伯把职业价值观分为15种，即利他主义、美感、创造力、智力刺激、成就感、独立性、声望、管理权力、经济报酬、安全感、工作环境、与上级关系、社会交往、生活方式、变化性。调查发现，发现自己的才能和创造性、符合个人兴趣、收入高、成就实现、公平竞争以及协调人际关系等一直是高职生择业时比较看重的因素。

3. 职业性格

性格就像一种偏好，让你在适合的环境中得心应手，而在不适合的环境里感到压力倍增。性格差异渗透到生活和工作的方方面面，产生不同的影响。面对自己，就需要进行个人性格分析，MBTI量表是一种有效探索自己的心理测评工具，同学们可以在网络上搜索进行测试。

在你对自己的兴趣、价值观、能力和性格有所了解后有什么样的感受？有没有什么地方触动了你内心的某些感受？记住这些都是你的资源，是进一步自我完善的起点。

4. 能力和优势

调查表明，雇主们通常对员工的能力有自己的要求。

下面列举一些知名企业的用人标准，或许对高职生有所启迪：

壳牌公司：思考力、成就意识、分析力。

联想公司：勤奋、认真、创造性、沟通力。

一份对雇主的调查发现他们最看重的能力如下：

善于学习；读、写、算能力；良好的交流能力；创造性思维和解决问题的能力；自尊、积极，有奋斗目标；有个人和事业开拓精神；团队合作精神；良好的组织和领导能力等。

二、探索世界

（一）职业世界分类

目前世界上有数万种职业，而且知识经济、全球化、信息化的影响，市场需求的变化，不断催生出新型的职业。职业的信息浩如烟海，了解一些基本的分类，能够给我们的探索提供一些方向。我国职业的基本分类情况（据《中华人民共和国职业分类大典（2015年版）》），如下表（表8-1）所示。

表8-1 我国职业基本分类

大　　类	中类	小类	细类
1.党的机关、国家机关、群众团体和社会组织、企事业单位负责人	6	15	23
2.专业技术人员	11	120	451
3.办事人员和有关人员	3	9	25
4.社会生产服务和生活服务人员	15	93	278
5.农、林、牧、渔业生产及辅助人员	6	24	52
6.生产制造及有关人员	32	171	650
7.军人	1	1	1
8.不便分类的其他从业人员	1	1	1
合计	75	434	1 481

当然，职业的更新速度非常快，有的行业现在看起来需求旺盛，但很可能会在你毕业时已经饱和。另外，每年都会产生大量的新兴职业，还有新生的创业项目。这些都需要高职生拓宽思路，收集更多信息。

（二）进行职业聚焦

在了解职业分类的有关信息之后，并不需要把所有职业都了解一遍，而是要根据自我探索的结果和可行性原则进行聚焦，确定需要下一步探索的职业范围，最好对3～5个职业详细了解。对于职业，需要有所侧重地了解一些内容。

下面的PLACE职业分析法能给高职生们一些启示。

1. P：职位（position）

你首先需要了解该职位在职业中有哪些具体职位、职位的经常性任务、所需负担的责任、工作层次等。比如法律顾问包括个人法律顾问以及服务于企事业单位的法律顾问。经常性任务是制订并审核单位的法律文书，包括各种合同、协议等；为单位人员提供法律咨询服务、协助有关人员解决法律问题等。

2. L：工作地点（location）

工作地点包括地理位置、环境状况、工作条件、工作地点的变化、安全性等。比如法律顾问的工作地点一般在办公室，但也可能会出差，也可能出现在比较激烈的法律纠纷现场，有一定危险性，但总体比较安全。而高空作业人员和刑事警察的职业风险性相对较高。

3. A：升迁状况（advancement）

升迁状况包括工作的升迁通道、升迁速度、工作稳定性、工作保障等。升迁状况一般与单位的组织结构有关系，比如机关事业单位以及一些企业采用的事业编制组织结构。

4. C：雇佣状况（condition of employment）

雇佣状况包括薪水、福利、进修机会、工作时间、休假以及特殊雇佣规定等。这里薪水是最容易比较的维度，但要考虑到职业发展后劲，进修和培训是必不可少的福利内容。比如一个职位目前薪水是每月3 000元，但能提供业内最好的培训，而参加培训会提高就业能力，这样的职位是非常具有竞争力的。

5. E：雇佣条件（entry requirement）

雇佣条件包括工作所需要的教育程度、资格证书、训练能力、人格特征、职业兴趣、价值观等。这些雇佣条件与企业的规模、发展阶段以及企业文化有密切的关系。一般大公司注重员工的潜力，而小公司喜欢有经验、工作上手快的员工，这与企业的发展阶段有关。

（三）职业探索行动

职业探索行动的过程是主动走出"安全区"，对职场生活进行预热，积极主动收集信息的过程。如何收集职业信息，下面介绍几种途径。

1. 广泛收集"情报"

各类情报获取渠道的分析如下表（表8-2）所示，对高职生有所帮助。

表8-2 各类情报获取渠道分析

情报来源	优势	劣势	怎么获得	举例	提示
1. 小道消息	提前得知	不一定准确	广交朋友	内部邮件	需要甄别
2. 求职网站	海量资源	含金量不高	上网	上求职网站	不能只网投简历，需电话确认
3. 网络论坛	大量信息	含金量稍高	注册上网	大学生求职网	论坛有解答
4. 电视报纸	大量信息	时效性不强	观看阅读	大学生就业杂志等	职业信息、求职技巧有价值
5. 就业中心	服务全面	针对在校生	电话、网站	高校就业中心网站	提前浏览

2. 实地考察

国外有种"工作跟随"形式非常流行，即在感兴趣的职业中选择某个员工，通过一天或一段时间的跟随，观察他是如何开展工作的，获得有关职业的各种信息。这类似于我们的校外参观、见习，获得丰富的直观体验，有利于职业探索。

3. 生涯人物访谈

生涯人物访谈是指通过向已经工作的目标人物进行访谈，直接了解职业有关工作环境、内容、福利待遇、所需技能等信息。这种与他人的互动，是一种重要的学习经验。

4. 实习

实习是深入了解某一职业的方法，能获得直接经验，所以说实习是了解职业最为有效的方式。实习也是个人与单位双向选择的重要途径。

三、职业角色

思想家伊拉斯谟说过："幸福快乐的首要之点，就在于一个人愿意成为他自己。"

（一）职业角色的转换：从高职生到职业人

大学阶段是高职生从学校走向社会、逐步完成社会化的关键发展过渡期，这个时期必须完成三大角色转换。

（1）从"学校人"到"社会人"。

学校和社会是两个完全不同的概念，从"学校人"到"社会人"的转换时间越短，赢在职业起跑线上的机会越大。这成为社会衡量和选拔优秀大学毕业生的重要标准。

（2）从"知识人"到"能力人"。

学校以学知识为主，而工作岗位以学会做事为主，而且必须有积极、勤奋的工作态度，只有这样，你才能获得工作、干好工作、成就事业。

（3）从"学生角色"到"职业角色"。

职业更注重团队精神，要树立"我为人人，人人为我"的思想，树立主动服务思想。

在个人职业生涯里，这三大角色转换成功与否，将直接关系到个人事业的发展，尤其是第三种角色的转换，更是提升职业素养的关键。

（二）职业角色的迷惘：我是职场新人

用人单位的要求、生活环境的转变、心理变化的锤炼，既能使人成长，也使一些高职生产生了角色转变障碍，也就是所谓的迟迟"没有进入角色"。

角色转变障碍可归纳为以下三种类型：角色固恋、角色迷失和角色退行。

1. 角色固恋

角色固恋指个体成长的环境发生变化，但个体仍采用过去的、不适应的思想观念和行为模式应对当前环境。例如，有的学生进入职场后，认为自己年轻刚毕业，遇到困难时就寄希望于同事或领导协助或指导，没有及时转变心态、主动解决问题，这就是一种不合时宜的角色固恋。

2. 角色迷失

角色迷失也称角色混乱，指个体与他人所做出的各种认同（或角色原型）之间缺乏协调。时常有高职生对职业及未来的前景没有明确规划，甚至非常茫然，这些都是角色迷失的表现。

3. 角色退行

角色退行是个体因挫折而改用过时的角色行为模式来应对当前的环境。如当遭遇挫折时，采取一个人生闷气、躲在房间里大哭等一些儿时的角色行为模式来应对挫折。

（三）职业角色的选择：选择我的职业

美国职业生涯理论家里尔登等人提出职业生涯规划要经历五个步骤：C（沟通）、A（分析）、S（综合）、V（评估）、E（执行），如下图（图8-3）所示。

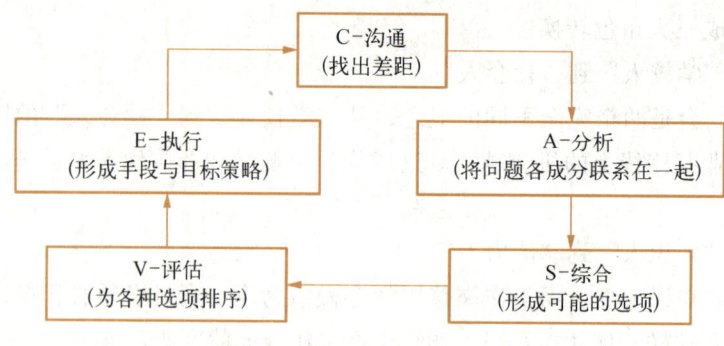

图 8-3 职业生涯规划五步骤

1. 沟通

通过沟通交流，意识到理想与现实的差距，确认某些问题需要解决。沟通包括内部沟通和外部沟通。沟通是职业生涯规划的第一步。

2. 分析

分析是指通过思考、观察和研究，对兴趣、能力、价值观和人格等有关自我进行分析，将问题各成分联系在一起，从而更好地理解现存状态与理想状态的差距。分析包括了解自我（兴趣、能力、价值观和人格特质四个方面）和了解职业，做到知己知彼。这是职业生涯规划的关键。

3. 综合

综合是根据分析阶段得到的信息，先把选择范围扩展开来，然后初步缩小，最终确定3~5个最可能的职业选项。最后可以问自己："假如我有这3~5个职业选择，是否可以？"如果可以，就进入"评估阶段"。

4. 评估

评估是对综合阶段得出的3~5个职业选项进行具体的评价，比如，可以问："对我个人而言什么是最好的？""对我生活中的重要他人而言什么是最好？""对我所在社区、学校而言什么是最好的？"

5. 执行

执行就是将所有的想法付诸实践。比如，当确定以某一个职位作为求职目标之后，首先需要对该职位进行了解，然后根据职位的要求，有针对性地书写求职信和简历，投递简历，争取面试机会，准备面试，在面试之前写感谢信，对面试进行总结。

（四）职业角色的适应：职业舞台属于我

职业角色的适应，由以下四步组成：

第一步：角色领悟阶段。

与学生时代的单纯和自由相比，工作之后压力倍增，要学会承担更多的工作责任，这就要求高职生有独立意识，能培养和强化职业意识，按照理想的职业岗位对角色的要求不断塑造自己。

第二步：角色认知阶段。

在工作之余，应主动与单位的领导和同事交往，了解情况；对本职工作所需的知识、技能，尽早有针对性地注意积累，这样才能在适应角色上领先一步，帮助自己明确合理的个性化职业方向。

第三步：角色实现阶段。

生活中充满挑战，职业之路未必一路平坦。面对不顺，要树立理智的择业价值观，结合实际，可考虑"先就业、后择业、再创业"。还要特别注意培养协作意识，培养团队精神。

第四步：角色流动阶段。

许多人第一次选择的职业未必就是终身职业，合理的职业角色转换不仅能满足社会的需要，也符合个人追求成就的愿望。但不管未来发展如何，先要立足本职，努力做好工作以求得进一步的发展。要培养主动积极的职业角色素质，在行业竞争中具备更强的应变能力、心理承受能力和自我表现能力。

（五）职业角色的冲突应对

现在都在说就业难，大学生是否真的供过于求呢？在相当长的时间内，我国大学毕业生所谓饱和或过剩并非实际意义上的供大于求，而是整体社会结构需求的不平衡导致的。现实生活中，高职生职业选择常常面临一些内心冲突，包括自主与被动的冲突、工作与兴趣的冲突等。

1. 自主与被动的冲突应对

调查发现，高职生习惯于听从父母的安排或参考大多数同学意见，不习惯在重大问题上做出自己的决定。作为当代中国高职生，不应该只是被动地等待别人告诉你应该做什么，而是主动去了解自己要做什么，并且规划自己的人生，然后全力以赴地去实现。学会"自己的事，自己负责，自己解决"。

2. 工作与兴趣的冲突应对

调查发现，有很多高职生会问：一份工作是自己的兴趣所在，但收入却差强人意；或工作很无聊，可收入却不错，为了生存不得不坚持下去。当工作与兴趣之间冲突时，究竟该做何选择？

（1）找饭碗为生存之本。

如果你的工作就是你的兴趣，那你可以把心力放在你的兴趣也就是你的工作上；如果你的工作不是你的兴趣，那么就做一份你并不绝对喜欢但可以保障你安全生存的工作，然后用你做这份工作的收入来维持你的兴趣。生活下去是你的第一需要，这是务实的选择。

（2）等待兴趣的变化或积淀。

人的兴趣是会变化的，人会耳濡目染地喜欢自己做的事情，当初并不感兴趣的工作也会变为兴趣。美国汽车大王亨利·福特曾说过："工作是你可以依靠的东西，是可以终身信赖且永远不会背弃你的朋友。"去热爱工作，是每个人都需要成长的方面，把工作变成兴趣，这是高职生处理工作与兴趣冲突最好的方法。

案例 8-1

晓雯是某职业院校应届毕业生，刚开始找工作时，她对自己的就业前景非常有信心，因为她打算进一家国企，上一届有两个学姐都顺利地进入该国企。然而不久，她就发现并不是自己想的那样简单，因为该单位招聘标准提高了，不要专科生、本科生，只要研究生。晓雯受到很大打击，开始变得焦虑起来，拼命地投简历。

知识窗：钻石的故事

为了帮助晓雯尽快找到理想的工作，心理老师先从了解自己、了解职业、了解就业形势等方面对其进行指导。晓雯重新调整自己的就业思路，最终找到了一家网络公司的工作。这是一家发展迅速的互联网公司，虽然不大，但公司上下朝气蓬勃，正是晓雯所喜欢的那一类企业。现在晓雯在这家公司已工作七个月了。

分析 像晓雯这样求职遇到挫折后，决定逮住什么工作就做什么工作的人在毕业生中不在少数。他们往往是最初的期望很高，一旦遇到了挫折，就乱了阵脚。而晓雯是幸运者，在心理老师的帮助下，她找到了比较如意的工作。

单元二　创新，创业的动力

➜ 心灵小语

要选择一个适合自己的职业，关键是要战胜自我，调整好自己的心态，对自己的职业能力、个性特点等做出客观的评价。

——巴斯德

正确的选择能造就你，而错误的选择可能毁掉你。一个不称心的职业最容易糟蹋人的精神，使人无法发挥自己的才能。

——詹姆斯·罗宾斯

➜ 案例导读

杨晓娟的故事

杨晓娟原来就读于某高职院校的烹饪专业，毕业后一直没有找到合适的工作。她的理想是拥有自己的面点店，可是由于家境困难，没有足够的资金开店。于是，她决定先小本经营，以后再谋求发展。她批发了一些日用品，拿到附近几所大学去卖，生意不错。

两年下来，杨晓娟用积攒的钱在学校附近租了一个门面，开始经营她的面点生意。然而开业几个月了，她的店铺门前冷落，连交房租都困难，面临着倒闭的困境。父母劝她，还是做以前的小本生意吧，风险小，再这样下去，本钱就赔光了。在痛苦的抉择中，她想起读书时老师说过："创业活动必然有风险，事业越大，风险也越大，对人的心理素质考验就越强。只要目标合理，就应该敢冒风险，敢于拼搏……"想到这里，她带着自己的面点请大学生们免费品尝，提出建议。通过调查分析，她了解到自己的面点品种太少，没有什么特色。于是，她关闭店铺，去拜师学艺，经过一年的勤学苦练，终于掌握了制作精细面点的技术，并对传统的面点进行了创新。

一年后，杨晓娟的面点店重新开业，生意非常火爆，许多顾客纷纷排队来购买，有附近大学的学生，还有闻讯而来的当地居民……

┃分析┃
1. 杨晓娟为什么能成功？
2. 你觉得创业需要哪些心理素质？

一、创新意识概述

（一）创新的内涵

创新，顾名思义，即创造新的东西，含有始创、首创之意。走前人没有走过的路，做前人没有做过的事，创造前人没有创造过的，就是创新。

创新包括以下几个方面。

1. 目标创新

企业的经营目标是追求利润最大化，创业的最终目的也是追求利润，但高职生创业必须通过其自身的活动来谋求生存和发展。因此，在新的经济背景中，创业的目标必须调整为："通过满足顾客需要来获取利润。"既然目标确定为满足顾客的需要，接着要了解顾客需求，进行目标设计。

2. 思想创新

经济学家冯玉忠说，创新先要思想创新。从哲学思想来说，物质决定意识，意识对物质具有能动作用。而创新意识和创业精神是形成和推动创业行为的内驱力，因此思想创新是创业成功的强大动力，是在创新性创业中必须考虑的方面。高职生应多参加各种创业活动与创业实践，培养创新意识，作为内驱力推动创新创业的成功。

3. 项目创新

好的项目意味着创业成功了一半，那什么样的项目才算是好的项目呢？当前市场竞争如此激烈，想要有一席之地，就必须另辟蹊径，才能闯出一番事业，获得属于自己的第一桶金。

（二）理解创新意识

创新意识是指人们根据社会和个体生活发展的需要，引起创造前所未有的事物或观念的动机，并在创造活动中表现出的意向、愿望和设想。它是人类意识活动中的一种积极的、富有成果性的表现形式，是人们进行创造活动的出发点和内在动力。

创新意识包括以下六个层次。

1. 创新需要

人一旦在原有的常态思维和方法遭到不顺和困难时,就会产生不满足、遗憾等心理不平衡状态,就需要寻找新的方法和手段以革新旧的方法和手段,这种"问题意识"就是创新的最初动因和原动力。

2. 创新动机

创新动机是指能引起和维持创新活动的心理过程,是形成和推动创新行为的内在动力,也是产生创新行为的前提。

3. 创新兴趣

创新兴趣是一种积极的情绪和态度,源于创新需要,是创新动机的进一步发展,是从事实践活动的强大动力之一。

4. 创新理想

创新理想表现为人们对创新实践的奋斗目标的持久向往和追求,能够调动起人们的全部情感、意志、理性和智慧,是创新实践更为强大持久的动力。

5. 创新信念

创新信念是人们"知、情、意"高度统一的创新意识,也是创新理想得以实现的支撑力量。

6. 创新世界观

创新世界观是由一系列创新信息组成的逻辑系统,是创新意识的最高层次,但又必须建立在前面所述的创新意识的层次的基础上才能形成和完善。

(三)创新意识的培养

1. 树立正确的创新价值观

伟大的教育家陶行知说过:"人类社会处处是创造之地,天天是创造之时,人人是创造之人。"创新不是少数天才的专利,人人都可以创新;创新也没有时间限制,随时都可以创新。

2. 优化知识结构

知识是创新的基础和前提。在学习过程中,要优化自己的知识结构,不但要学好基础知识,还要学习和掌握专业知识和各种技能技巧。

3. 强化个性培养

个性和创新能力密不可分,创新个性属于创新的动力系统,是创新力萌芽与生长的土壤,包括不懈的追求、自主性、好奇心、挑战性、求知欲、坚韧性等。

4. 深化创新实践

在学习和生活中,要有意识地培养自己的创新意识,如换一种角度去思考,改变一种交往方式，不断提高自己的创新能力。

二、创业心理素质培养

创业心理素质是指在创业活动中表现出的相对稳定的心理特点，是创业者创业所必备的能力、品性、习惯等各方面的综合素质。这里主要从创业自信心、良好个性特征以及创业精神三方面进行阐述。

（一）培养创业自信心

自信心和创业密切相关。创业是一种开拓性的行为，自信心是创业成功的一个极其重要的因素，创业者都必须具备强大的自信心。

1. 评估自我资本

客观、全面、积极的自我认识是自信的基础。这里的资本指的是你的经历、知识、能力、人品、性格、社会资源中那些有价值的东西，以及你的人生经历中所取得的各种成就。你可以找一张纸，把自己所有的优点和长处都一条条记录下来，成为自己的"个人价值清单"，并经常阅读，提升自信心。

2. 丰富专业知识技能

丰富的知识和高超的技能是自信的另一个重要基础。你想要提升自己在哪个方面的自信心，就去努力锻炼那个领域的专业技能，让自己成为这个领域的专家。所以，学习创业的有关知识，深入了解创业的规律，熟悉和你创业领域相关的市场、产品、价格、客户、政策等情况，通过创业实践，不断积累创业经验。

3. 积极的自我暗示

积极的暗示会一步一步自我诱导到成功的方向。可以经常想象一下自己的积极形象，比如想象自己成功创业，自己的办公室在高档的写字楼里，各项业务运转良好，自己感到巨大的成就感……也可以经常对自己说一些积极的、自我激励的话，可以大声说出来，也可以在心里默默地说，比如："我真棒！""我一定会成功的！"

4. 自我突破

自我突破，就是把自己从某种束缚中突破出来。比如，有人认为自己"不善于同陌生人沟通"，这个评价就无形中束缚了他的行为，使他从来不敢采取同陌生人讲话的行动。自我突破就是要通过采取各种措施，使这个人能够做出同陌生人讲话的举动。自我突破往往以行为训练为主要方法。

5. 自我激励

自我激励即通过心理调节或行为调节以提高自己的自信心和积极性的过程。自我激励的方法有以下几种。

（1）为自己设定目标。一个有吸引力的目标能激发起个人极大的热情和信心。

（2）获得工作绩效的反馈。经常搜集和自己工作结果有关的信息，这样做的目的是肯定自己的工作是有成效、有意义的，也有助于巩固信心和热情。

（3）寻找工作的内在动机。工作动机分内在动机和外在动机两类。外在动机是指他人的夸奖、奖金、奖品、报酬、社会声望等来自身外环境的东西所激发的动机。内在动机是指个体的成就欲、审美欲、兴趣、快乐感、自我挑战、自我满足感等内在精神需要所激发的动机。研究发现，内在动机对个体的激励作用更加持久。因此，寻找工作的乐趣或工作本身的价值是自我激励的一个很重要途径。

（4）对自己的行为进行奖励。给自己一定的奖励是一种很好的自我激励的方法。你可以先确定好哪些特定的行为是自己所期望的，然后制订好奖励规则，也就是一旦自己完成了符合期望的行为，就以某种方式奖励自己。比如给自己买个小礼物、请自己吃个甜品、赞美自己等。

（5）提升对工作价值的认识。如果你认为自己从事的工作是非常有意义的，你自然很容易被激励，更愿意积极地投入工作。因此，在投入工作之前，你应该进一步了解自己的工作，对它的意义有更加深刻的认识。

知识窗：不同人格特质创业者的成就路径

（二）培养良好个性特征

当前高职生成功创业需要具备以下几种良好个性特征。

1. 独立性

独立性是独立思考、选择行动的心理品质，是创业者最基本的个性品质。

独立性主要表现在：一是抉择上要独立思考，即在选择人生道路、创业目标和路径时，要有自己的见解和主张。二是行为上要独立自主，即行动上能按自己的主张贯彻到底。三是行动上要独辟蹊径，即不因循守旧，开拓进取。四是风格上独树一帜，即要打造自己的精品，拥有自身的特色。五是事业上要独领风骚，即品质源于魅力，魅力源于实力，通过创业实践来体味人生价值，通过创业来提高自身的幸福指数。

2. 坚韧性

坚韧性是坚持不懈、不屈不挠的心理品质。具有坚韧性的人，能在创业行动中长期不懈地去努力，锲而不舍地去奋斗。

3. 敢为性

敢为性是果断坚定、敢冒风险的心理品质。创业的价值就在于创造出自己独特的东西，要有独特的东西就必须敢于冒险，敢于走前人和别人没有走过的路。

4. 克制性

克制性是善于调节、克服冲动的心理品质。克制是一种积极、有益的心理品质，而冲动是一种急躁情绪的反应。在创业中要自觉接受法律的约束，合法创业、合法经营、依法行事；自觉接受社会公德、职业道德的约束，文明经商、诚实经营、互助互利。

5. 适应性

适应性是适应调整、灵活转换的心理品质。面对市场的变化多端，激烈竞争，创业者要有敏锐洞察力，应势而"动"，灵活变化，做到"胜不骄，败不馁"。在创业初期要做好失败的准备，承认失败、利用失败，在困难和挫折中前行。

6. 合作性

合作性是设身处地体谅对方的心理品质。俗语说得好，"一个好汉三个帮"，在创业中要学会合作与交往。通过合作，取长补短；通过交流，获得信息；通过沟通，排除障碍，化解矛盾，这样才能有助于创业的成功。

（三）培养创业精神

1. 关爱社会

无论何时，都要诚心诚意地去关爱社会，别害怕表达你的爱意。让爱像一本打开的书，让所有人都能读懂。让爱自由自在地流淌，创造的活力会在你的内心涌动。当你关上心灵之门，让爱停止流动，你创造的故事就会结束。

2. 开放心灵

任何时候，别关上心灵的门，别害怕新奇、陌生和超越常规的事物，要随时准备聆听内心的感受。

3. 忘却过去

总是沉浸在旧日的时光中，你就无法创新。有时你必须忘却过去，这样才会拥有自己的创业精神。精神世界的生活也是这样。生活不会倒转，它只能一直向前，永远向前。

4. 喜迎变革

你必须为新时代中发生的神奇变化做好准备。如果你像一块"吸墨纸"那样接受和吸纳这种种变化，种种变化就会以极为和谐宁静的方式在你的身内、身外发生。你将发现，自己会随着种种变化而变化，却不会受到它们过多的影响。你会像一条游在水中的鱼，在变化中从容自如地生活、行动、呼吸。

5. 百折不挠

不要被世间的烦恼和世人困窘的处境吓倒。你一旦屈服，便会卷入混乱与动荡之中。不要让消极的情绪遮住了你心中的烛光，要让心中绽放出亮丽的火花。

6. 积极乐观

健康的态度、积极的想法会促使你把今天变成你曾拥有的最奇妙无比的一天。明白哪些想法是积极肯定的、充满爱意的，那么你会发现自己正在用着积极、仁爱的方式谈话、行动。事实上，你所有的观念都会是乐观的，你的生活将充满爱、欢乐、幸福、健康、成功与和谐。

7. 宁静安详

要学会从内心深处寻找答案。在静默中安坐片刻，在沉寂和宁静中找到答案。你的博识应来自心灵深处，从那里汲取你的所需。你会为自己内心的容量深感惊讶。

8. 永不自满

尽管变化的速度迅疾得令人惊讶，你应该始终将尽善尽美当作自己的生活目标，然后不断地前进，不断地接近那看似不可能到达的终点。任何时候，不要自足自满，停滞不前，要长久不懈地增强自己的心智与理解力。生活中，总有更多的知识需要学习，总有许多新奇的事物需要发现，要扩大意识和想象的疆域，为新事物留存一处空间。

三、创业压力管理和挫折应对

（一）做好压力管理

1. 调整压力源

压力是压力源引发的，因此，最有效的管理压力的方法就是调整压力源。比如，当前的工作是你的最主要的压力源，那么尝试换一份工作，你的压力水平可能就会降低。

2. 认知调节

压力源之所以会引发压力，关键取决于你对压力源的认知。比如，你负责一项业务，这项业务会成为你的压力源。如果你认为这项业务对你来说并不重要，你并没有对它太在意，它引发的压力感就比较小；相反，如果你非常重视这项业务，把它看成是影响你事业前程的重大契机，它引发的压力感就会比较大。

事实上，人们在日常生活中遇到的压力，相当一部分来自对压力源错误的或不恰当的认知，夸大了压力源的危险性和重要性，从而导致了当事人过度的反应。通过有目的地认真反思，对压力源做重新评估，可以降低压力水平。

3. 任务管理

对生活中的任务无法控制是引起压力的一个重要原因。也许你会感觉到每天总有做不完的事情，不知道自己每天都忙了些什么，或者总是有一些事情突然出现在你眼前，让你手忙脚乱、疲于应付。也许你每天总是有一些时间比较无聊，被轻易打发掉了。如果你的日常生活中经常出现这种状况，说明你没有将你的生活任务管理好。

有效的方法是学会规划、管理自己的生活任务和时间，并养成一种习惯，把生活事件控制在自己手中。

可以通过以下四个步骤实现任务管理：

步骤一：把你日常生活、学习和工作中要做的事情进行整理，列出一个清单，并按事情的重要性、紧急性程度进行分类。

步骤二：将你每天、周、月、年可支配的时间分隔成若干个相对独立的时间段。

步骤三：将你的任务清单（步骤一）和你的时间清单（步骤二）对照，把各项任务安排在特定的时间段中，形成你的日计划表、月计划表或年计划表。

步骤四：在现实生活、学习和工作中，严格执行计划。

4. 社会支持

社会支持系统会对你的人生幸福、心理健康产生非常积极的影响，对于帮助你应对压力同样可以发挥非常积极的作用。你可以把你内心的压力向你的父母、朋友、同学、亲戚等人倾诉，他们的倾听、鼓励、安慰以及帮助，会让你感觉到压力得到缓解。

5. 放松法

压力最主要的一种后果，是让我们的神经紧绷、内心紧张、焦虑不安。常见的放松法有运动、沐浴、睡觉、游戏、听音乐等，在日常生活中可以根据每个人的实际情况灵活运用放松法。

（二）正确应对挫折

1. 理性认知，正确归因

面对创业挫折情境，归因时要客观认知挫折情境，冷静分析挫折的原因。要从自己内部找原因，主动承担相应责任，但也不要过于自责，要尽量找到可以通过努力改变的因素。

2. 自我心理调节，化解不良情绪

遇到挫折后，第一时间把自己的情绪调整好，告诉自己，人生道路上遇到挫折是正常的，使自己的心情平静下来。

3. 重新评估形势，确立新的策略

创业受挫后，冷静分析思考目标是否合适，及时审视并适时调整，找到问题解决的办法。

4. 主动寻求他人帮助

当自己难以承受挫折，及时寻求相关人士的帮助，不仅是应对创业挫折的重要方法，也是创业者勇敢自信的表现。

5. 坚持在实践中锻炼

机会与风险总是并存的，只要从事创业活动，就一定会伴随着机会和风险。因此，不惧挫折，在实践中磨炼自己，在创业中不断迎接新的挑战、克服困难的过程，也是不断提高挫折承受力的过程。

知识窗：创业者最重要的素质与能力

单元三　心理训练与素质拓展

一、心理训练

（一）心灵思考

一件事情，两种结果

某超市连锁公司的老总命令新来的两名年轻人去某地区调查市场。两个年轻人都兢兢业业，认真工作。年轻人A走遍了该地区的每一个角落，看到街上只有一个卖烤红薯的小贩。返回后，他告诉老总，该地区商业经济落后，根本没有适合本公司经营模式与规模的超市发展潜力。年轻人B则走访了当地的居民区、学校及企事业单位。他还针对当地人做了一份市场调查，了解了当地人的消费观念、消费水平，更出乎意料的是，年轻人B无意中从卖烤红薯的小贩口中得知了一个未公开的消息，该城市某著名大学选择了此地作为分校区。年轻人带着他的调查结果回到公司，建议老总，这是一个具有巨大潜力的地方，适合公司的投资。一个月后，老总辞退了年轻人A，雇用了年轻人B。5年后，年轻人B成为该公司的新总裁。

请你思考：

1. 你有过类似于年轻人A的失败经历吗？请分析他失败的原因。
2. 假如你也接到了同样的命令，你会怎样去做？
3. 你还有什么比年轻人B更有效的获取信息的办法吗？

（二）活动训练

丛 林 漫 步

活动目的　学会欣赏与沟通。

活动过程

1. 同学们在场内随意走起来。
2. 先是不准做目光接触。
3. 再是允许做目光接触。
4. 再是提倡大家做合适的身体接触。

没有目光接触时，人与人之间是有隔膜的，没有温情的。有目光接触时，人与人之间不由自主地点头、微笑，甚至会握手、拥抱。在创业团队中，懂得欣赏自己及他人，不断沟通，有助于激发集体智慧、创建学习型组织。

> 活动分享

_____
_____
_____

二、素质拓展

（一）心理测试

职业及择业倾向自测量表

┃导语┃ 下面是一组有关职业及择业倾向方面的自测题，请你根据自己的实际想法判别。请认真阅读，并决定其与你实际情况的符合程度，然后从每个项目所附答案中二选一。

1. 就我的性格来说，我喜欢同同龄人而不是同年龄大的人在一起。　　是　　否
2. 我心目中的丈夫或妻子应具有与众不同的见解和活跃的思想。　　是　　否
3. 对于别人求助我的事情，我总乐意帮助解决。　　是　　否
4. 我做事情考虑较多的是速度和数量，而不在精雕细琢上下功夫。　　是　　否
5. 我喜欢新鲜这个概念，例如新环境、新旅游点、新朋友等。　　是　　否
6. 我讨厌寂寞，希望与大家在一起。　　是　　否
7. 我读书的时候就喜欢语文课。　　是　　否
8. 我喜欢改变某些生活惯例，以使自己有一些充裕的时间。　　是　　否
9. 我不喜欢那些零散、琐碎的事情。　　是　　否
10. 我进入经理室，经理抬头瞅了我一眼，说声请坐，然后就埋头阅读他的文件不再理我，可我一看旁边并没有座位，这时我没站在那里等，而是悄悄搬来个椅子坐下等经理说话。　　是　　否
11. 我读书的时候很喜欢数学课。　　是　　否
12. 看了一场电影、戏剧后，我喜欢独自思考其内容，而不喜欢与人一起谈论。　　是　　否
13. 我书写整齐清楚，很少写错别字。　　是　　否

14. 我不喜欢读长篇小说，喜欢读议论文、小品文或散文。　　是　　否

15. 业余时间我爱做智力测验、智力游戏。　　是　　否

16. 墙上的画挂歪了，我看着不舒服，总要想法将它扶正。　　是　　否

17. 手机、电脑出了故障，我喜爱自己动手摆弄、修理。　　是　　否

18. 我做事精益求精。　　是　　否

19. 我对一般服装的评价是看它的设计而不大关心是否流行。　　是　　否

20. 我对经济开支能控制，很少有"月初松月底空"的现象。　　是　　否

评分规则与解释

选择"是"的计1分，选择"否"的计0分。将各题的得分相加，即得总分。本次测验我的总分是_____。

1. 总分为14～20分：说明你最大长处是思想活跃，善与人交往。你喜欢把自己的想法让别人去实现，或者与大家共同去实现，适合你的职业是记者、演员、导游、推销员、采购员、服务员、节目主持人、人事主管、文宣人员等。

2. 总分为7～13分：说明你具有耐心、谨慎、刻苦钻研的品质，是个稳重的人。适宜于选择编辑、律师、医生、工程师、会计师、科学工作者等职业。

3. 总分为6分及以下：说明你不仅能独立思考，也能维持、处理良好的人际关系。供你选择的职业包括教师、教练、护士、秘书、美容师、理发师、公务员、心理咨询员、各类管理者等。

创业心理素质自测量表

导语 下面一组有关创业心理素质的自测题，是美国创业协会研究出来的，请认真阅读，并决定其与你实际情况的符合程度，然后从每个题目所附答案中四选一。（注：回答A是"从不"、B是"很少"、C是"有时"、D是"经常"）

1. 在必须决策时，你是否在想"让我考虑一下吧"？　　A　B　C　D
2. 你是否为自己的优柔寡断找借口说"得谨慎，怎能轻易下结论呢"？　　A　B　C　D
3. 你是否为避免冒犯某个有实力的客户而有意回避一些关键性的问题，甚至有意迎合客户？　　A　B　C　D
4. 你是否无论遇到什么紧急任务都先处理日常的琐碎事呢？　　A　B　C　D

5. 你是否非得在巨大压力下才肯承担重任?   A   B   C   D

6. 你是否无力抵御妨碍你完成重要任务的干扰和危机?   A   B   C   D

7. 你在决策重要行动和计划时,常忽视其后果吗?   A   B   C   D

8. 当你需要做出很可能不得人心的决策时,是否找借口逃避而不敢面对呢?   A   B   C   D

9. 你是否总是在晚上才发现有要紧的事没办?   A   B   C   D

10. 你是否因不愿承担艰巨任务而寻找借口?   A   B   C   D

11. 你是否常有来不及躲避或预防困难的情形发生?   A   B   C   D

12. 你是否总是拐弯抹角地宣布可能得罪他人的决定呢?   A   B   C   D

13. 你喜欢让别人替你做你自己不愿做而又不得不做的事吗?   A   B   C   D

评分规则与解释

1. 选A计1分,选B计2分,选C计3分,选D计4分。

2. 把全部题目的得分相加就是本测验的总分。本次测验我的总分是 _____。

3. 得分50分以上,说明你的个人素质与创业者相去甚远。

4. 得分40~49分,说明你不算勤勉,应改变拖沓、低效率的缺点,否则创业只是一句空话。

5. 得分30~39分,说明你在大多数情况下充满自信,但有时犹豫不决,不过没关系,这也是稳重和深思熟虑的表现。

6. 得分13~29分,说明你是一个高效率的决策者和管理者,有望成为成功的创业者。

(二)心灵探索

我理想的工作

活动目的 通过活动探索职业兴趣,为求职做好准备。

活动过程

准备白纸若干张,笔若干支。请如实填写以下项目。

1. 思考:我理想的工作,它是怎样的?

(1)行业、职业的发展前景。

(2)工作单位的特点和氛围。

(3)通常的发展路径。

(4)人际关系。

(5)典型的一天。

2. 分析：为了得到这份工作，我要具备什么条件？
（1）所需要的技能。
（2）所需要的教育和培训。
（3）工作条件。
（4）求职过程。

"我理想的工作"不需要一步到位，特点在于可经常进行修改和更新。通过对目标的描述，有助于你集中精力于最重要的事情上，使自己的职业生活建立在自己的价值和成长之上。

活动分享

___

___

___

（三）艺文鉴赏

1. 心理影吧

电影《勇敢的心》

推荐理由

也许英雄并不是无所不能的神明，但英雄一定是无所畏惧的勇士。在你站在霓虹闪烁的街头，当你面对卑鄙委琐的笑脸，你又想起了那个让你汗颜的华莱士，这时你收起脸上惯带的笑容，默默地向梅尔·吉布森致敬，从来没有这么庄重。因为他让我们明白，什么才是真正的英雄。"Freedom！"华莱士临死前的一声呐喊，把你的血也点燃了。

《勇敢的心》（图8-4）是一部史诗般的片子，主题深沉凝重却又不失轻快，场面宏大，视觉和音乐效果一流，优美流畅。虽然最后结局令人遗憾，但其悲壮程度足可以感染所有的观众。

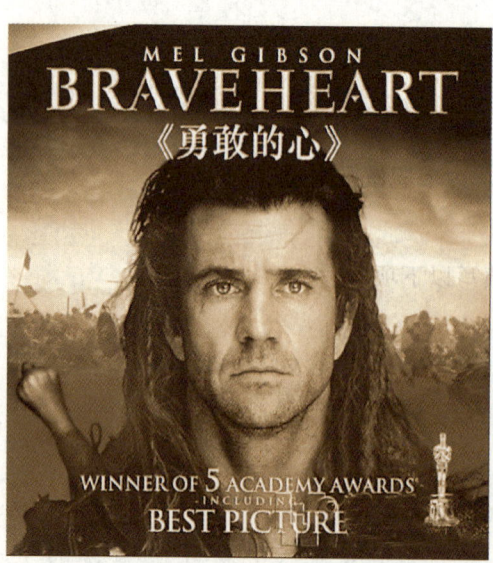

图8-4 《勇敢的心》海报

电影《当幸福来敲门》

推荐理由

《当幸福来敲门》（图8-5）改编自美国著名黑人投资专家克里斯·加德纳出版的同名自传。这是一个典型的美国式励志故事。人生总有起伏，不可能一帆风顺，在最不如意的境遇时，保证积极、乐观的心态，选对目标，坚持下去，未来将会很美好。黎明前的黑暗才是最可怕的，只要能挺过去，过后就是阳光，这是一部让人看到希望的影片，"希望"也许是上天给予人类最美好的事了。

图8-5 《当幸福来敲门》海报

2. 心理书吧

《世界上最伟大的推销员》

作者：[美]奥格·曼狄诺；译者：安辽；出版社：世界知识出版社；出版日期：2002年8月。

推荐理由

每一位销售经理都应该读一读《世界上最伟大的推销员》（图8-6）。这是一本应该随身携带的好书，好像一位良师益友在道德上、精神上、行为准则上指导你，给你安慰，给你鼓舞，是你立于不败之地的力量源泉。

这本书记载了一个感人肺腑的传奇故事。一个名叫海菲的牧童，从他的主人那里幸运地得到十道神秘的羊皮卷，遵循卷中的原则，他执着创业，最终成为一名伟大的推销员，建立起了一个庞大的商业王国。这是一本在全世界范围内影响巨大的书，适合任何阶层的人阅读。它振奋人心，激励斗志，改变了许多人的命运。本书一经问世，英文版销量

图8-6 《世界上最伟大的推销员》封面

当年突破 100 万，随即被译成多种文字。

　　这本书告诉我们如何对待财富和幸福。读了这本书，我们会觉得生活更充实，目标更明确，人生更有意义。

《斜杠青年：如何开启你的多重身份》

　　作者：Susan Kuang；出版社：湖南文艺出版社；出版日期：2017年1月。

推荐理由

　　职业是指拥有专门的知识和技能，参与社会分工，为社会创造价值，并获取合理报酬，满足物质、精神生活需要的过程，简单说就是付出的努力要获得价值回馈。所以，斜杠青年，并不是将自己的职业侧面简单罗列，而是真正拥有多种行业间平行切换并获得价值的能力。

佳作欣赏：但愿不负韶华

参考文献

［1］杰弗里·H.格林豪斯，杰勒德·A.卡拉南，维罗妮卡·M.戈德谢克.职业生涯管理：第3版［M］.王伟，译.北京：清华大学出版社，2006.

［2］罗伯特·斯腾伯格，陶德·陆伯特.创意心理学：唤醒与生俱来的创造力潜能［M］.曾盼盼，译.北京：中国人民大学出版社，2009.

［3］玛蒂·兰尼.内向者心理学［M］.杨秀君，译.上海：华东师范大学出版社，2014.

［4］M.斯科特·派克.少有人走的路：心智成熟的旅程［M］.于海生，译.北京：中国商业出版社，2013.

［5］张建东，线联平.大学生就业案例教程［M］.北京：中国人民大学出版社，2002.

［6］武志红.七个心理寓言［M］.北京：世界图书出版公司北京公司，2008.

［7］曾美英，窦秀明.大学生职业生涯规划与辅导［M］.北京：北京航空航天大学出版社，2008.

［8］何海燕，汪磊.高职大学生创业导航［M］.北京：高等教育出版社，2014.

［9］周旺东，李树生.大学生创业问题研究［M］.北京：北京理工大学出版社，2014.

［10］郝宏伟.大学生创业心理拓展［M］.广州：广东高等教育出版社，2015.

［11］陈玉刚，王林飞.员工职业倦怠、应对方式、生活满意度与心理健康的相关研究［J］.社会心理科学，2009（2）.

［12］刘玉新，张建卫，张建设.论组织角色失调与应对策略［J］.华北电力大学学报：社会科学版，2000（1）.

郑重声明

高等教育出版社依法对本书享有专有出版权。任何未经许可的复制、销售行为均违反《中华人民共和国著作权法》，其行为人将承担相应的民事责任和行政责任；构成犯罪的，将被依法追究刑事责任。为了维护市场秩序，保护读者的合法权益，避免读者误用盗版书造成不良后果，我社将配合行政执法部门和司法机关对违法犯罪的单位和个人进行严厉打击。社会各界人士如发现上述侵权行为，希望及时举报，本社将奖励举报有功人员。

反盗版举报电话　（010）58581999　58582371　58582488
反盗版举报传真　（010）82086060
反盗版举报邮箱　dd@hep.com.cn
通信地址　北京市西城区德外大街4号　高等教育出版社法律事务与版权管理部
邮政编码　100120

高等教育出版社

教学资源索取单

尊敬的老师：

您好！

感谢您使用袁一平、秦喆、王新香主编的《芳菲心灵：大学生心理健康教程》。为便于教学，本书另配有课程相关教学资源，如贵校已选用了本书，您只要添加QQ服务号800078148，或者把下表中的相关信息以电子邮件或邮寄方式发至我社即可免费获得。

我们的联系方式：

联系电话：（021）56718921/56718739　　电子邮箱：800078148@b.qq.com

大学语文、写作教师QQ群：279433803　　通识论坛QQ群：278499548

地址：上海市虹口区宝山路848号　　邮编：200081

姓　　名		性别		出生年月		专　　业	
学　　校				学院、系		教 研 室	
学校地址						邮　　编	
职　　务				职　　称		办公电话	
E-mail						手　　机	
通信地址						邮　　编	
本书使用情况		用于_____学时教学，每学年使用_____册。					

您对本书有什么意见和建议？

您还希望从我社获得哪些服务？
□ 教师培训　　　　□ 教学研讨活动
□ 寄送样书　　　　□ 相关图书出版信息
□ 其他 _____